姚洋
秦子忠
著

良治

来自儒家政治的启示

生活·讀書·新知 三联书店

Copyright © 2024 by SDX Joint Publishing Company.
All Rights Reserved.

本作品版权由生活・读书・新知三联书店所有。
未经许可，不得翻印。

图书在版编目（CIP）数据

良治：来自儒家政治的启示 / 姚洋，秦子忠著．
北京：生活・读书・新知三联书店，2024.9. (2025.1 重印)
ISBN 978-7-108-07876-6

Ⅰ．D69

中国国家版本馆 CIP 数据核字第 20245KH530 号

选题策划	何	奎
责任编辑	万	春
装帧设计	康	健
责任校对	陈	格
责任印制	董	欢

出版发行　生活・讀書・新知 三联书店
　　　　　（北京市东城区美术馆东街 22 号 100010）
网　　址　www.sdxjpc.com
经　　销　新华书店
印　　刷　河北松源印刷有限公司
版　　次　2024 年 9 月北京第 1 版
　　　　　2025 年 1 月北京第 2 次印刷
开　　本　635 毫米 × 965 毫米　1/16　印张 24
字　　数　278 千字
印　　数　3,001 – 6,000 册
定　　价　69.00 元
（印装查询：01064002715；邮购查询：01084010542）

目录

第一章 导论
- 6　西式民主政治及其理论
- 13　儒家政治
- 21　儒家政治与自由主义
- 24　迎接全球文明的到来
- 28　如何阅读本书？

第二章 从华盛顿到特朗普
- 29　光荣革命
- 34　华盛顿的遗产
- 38　民主化
- 46　民主之殇
- 59　尾声

第三章 理论的嬗变
- 62　霍布斯和洛克
- 72　密尔的代议制民主

- 76 马克思的批判
- 83 罗尔斯：从正义二原则到政治自由主义
- 91 尾声

第四章　儒家的世界

- 96 灵长目动物的启示
- 101 儒家人性论
- 106 儒家的人格世界
- 114 大同世界

第五章　活在当下的中国人

- 124 实用理性辨析
- 129 务实主义的认识论
- 135 务实主义的实践论
- 142 儒家人性论与务实主义
- 152 儒家没有原则吗？

第六章　层级结构

- 160 层级的意义
- 164 差序格局：中国人文化心理的内核之一
- 170 好的层级制度、坏的层级制度

第七章　选贤任能

- 175 民主的"斜坡效应"
- 181 贤能与职位

187　论德定次，量能授官

189　开放性和竞争性

195　与民主制的比较

第八章　民何以为贵？

202　敬德保民

204　民贵君轻

208　"天下为主，君为客"

214　从民本主义到主权在民的现代性转换

219　余论

第九章　谏议与监督

223　谏鼓谤木

225　"以道事君"

230　谏议在儒家政治中的地位

第十章　儒家政治的宪法架构

236　政治秩序与优良政体

241　混合政体

244　儒家政治的宪法架构

249　分权、制衡与治理绩效

第十一章　历史上的儒家政治

255　贵族政治的时代

262　汉唐风范

270　北宋：中国古代政治的样板

279　南宋：中国转向内在

第十二章　理解当下的中国

288　从党的百年历程看党对中国传统的回归

296　理解中国共产党

303　选贤任能

308　选拔制与民主制的对比

第十三章　儒家政治与自由主义

315　自由之辨

319　自由主义的内在矛盾

329　近现代自由儒家的境遇

332　儒家眼里的个人价值

338　儒家眼里的个人自决

347　儒家的平等观

354　小结

第十四章　融入世界的姿态

359　儒家与西方的第一次相遇

366　儒家能够为世界贡献什么？

374　打开新叙事的篇章

第一章
导论

1989年11月9日,柏林墙倒塌,冷战"铁幕"被撕开。美国政治学者弗朗西斯·福山很快以胜利者的姿态向世界宣示,历史将终结于自由主义民主。[1]这个断言让当时年轻的福山声名远播。然而,冷战结束之后的世界并没有如福山当初所设想的那样,迅速地收敛到自由主义民主。转型之后的苏联和中东欧各国出现严重的分化,俄罗斯和其他一些前苏联国家重返威权政治,排外和新纳粹主义在一些中东欧国家找到市场;非洲陷入长达十年的混战,卢旺达大屠杀更是让文明蒙羞;在亚洲和拉丁美洲,民主始终没有摆脱裙带政治的羁绊;而处于自由主义民主核心地带的美国和西欧,身份政治和民粹主义成为政治常态,特朗普当选为美国总统,更对自由主义民主的核心价值提出严峻挑战。然而,在世界的另一侧,中国却逆势而上,从一个积贫积弱的国家成长为世界第二大经济体;一个普通中国人享有的收入,超越85%的地球居民,而他所享有的自由空间也空前扩大。无论以何种标准而论,中国经济增长都堪称

---

[1] [美]弗朗西斯·福山:《历史的终结与最后的人》,陈高华译,孟凡礼校,广西师范大学出版社2014年版。

奇迹。与西方极力鼓吹的不同，中国没有西式民主，却取得如此辉煌的成就，这已足以挑战那些把西式民主作为经济发展前提条件的政治和经济理论。

尽管福山本人已经对历史终结论做出了重大修正，[1]但这个理论并没有消失，而且，在中美竞争的格局之下，它愈发成为西方对抗和打压中国的工具。新冠肺炎疫情更加深了西方和中国的对抗。在扭曲的心理作用下，中国抗疫的成功非但没有得到西方的赞赏，反而成为西方进一步攻击中国政治体制的借口。然而，西方的有识之士已经意识到，中国在世界性议题（如应对气候变化）方面的努力和成就不得不促使西方认真思考补救西式民主弊端的途径。[2]对于中国学者来说，任务要更进一步，就是从中国的历史和当代实践出发，思考自由民主的替代物。世界是多元的，人性是多元的，各国历史和文化是多元的，由此，国家治理模式也必然是多元的。中华文明是人类历史上少有的从未中断的文明，我们的先哲们在人类文明的孩提时代就创造了近于现代的强大国家，[3]并发展出相应的政治哲学和实践。在当代，中国共产党继承了中国传统中的优秀成分，特别是务实主义和贤能主义，成就了自改革开放以来的宏伟基业。从中国传统中汲取养分，创造与自由主义民主不同的政治哲学和治理模式，让中国以一种新的姿态屹立于世界民族之林，是当代

---

[1] 参见［美］弗朗西斯·福山：《政治秩序与政治衰败：从工业革命到民主全球化》，毛俊杰译，广西师范大学出版社2021年版。

[2] 参见Ross Mittiga, "Political Legitimacy, Authoritarianism, and Climate Change", *American Political Science Review*, 2021, pp. 1–14.

[3] 参见［美］弗朗西斯·福山：《政治秩序的起源：从前人类时代到法国大革命》，毛俊杰译，广西师范大学出版社2014年版。

中国知识分子义不容辞的责任。

本书即是这方面的一个尝试。我们为自己设定的任务是,从经典儒家思想出发构建新的儒家政治理论,在自由民主之外提供一个国家治理的选项。儒家是中国历史上的主流政治哲学,也是中国人深层心理结构的总结。在自西汉以降至新中国成立的两千多年里,中华文明走过了由盛而衰的过程,前一千年是上升期,后一千年是停滞和衰落期。中国古代政治也走过了同样的历程,儒家思想亦不例外。本书回到先秦儒家,从孔子、孟子和荀子的著述里发现和汲取养分,用现代分析哲学的方法对之进行现代阐释,构建以儒家思想为基础的现代政治哲学。我们回到先秦儒家,并不是对儒家进行简单的还原,而是以儒家思想特别是儒家人性论为基础,从儒家开掘出与现代世界主流价值相通的政治原则和政治价值。本书的目的既不是"复古",也不是"反西方",而是在一个统一的框架内发掘儒家与启蒙运动以来发展出来的人类价值的相通之处,同时也用儒家来纠正这些价值中的矛盾之处。

每个国家都需要一个主流意识形态理论,为这个国家的政治体制进行合理化辩护。中国共产党是一个马克思主义政党,自成立以来一直致力于把马克思主义的基本原理和中国的实践相结合,在夺取政权、进行社会主义革命和建设以及改革开放时期取得了伟大的成绩。进入新时期之后,马克思主义的中国化提上了党的理论议程。如果说党在前一百年的任务主要是"破"的话——夺取政权并进行社会主义革命是颠覆阻碍生产力发展的旧制度,改革开放是摒弃计划经济的弊端、实行社会主义市场经济——党在新时期的任务就主要是"立",即建立稳定的社会主义制度,其中最为重要的工作之一是构建与这个制度相适应的新理论。这个理论必须同时满足几个条件：一是能够反映党将马克思主义基本原理与中国实践相结合的历程，从而保证党的理论的连续性；二是能够解释党的百年特别是改革开放四十多年成功的经验，从而为党的实践提供理论支撑；三是必须与中国民众的底层心理结构相适应，从而获得民众的广泛认可；四是吸收世界主流价值，从而获得世界主流的认可。在过去的一百年里，党创造性地把马克思主义基本原理与中国实践相结合，其中包括对中国优秀传统文化的吸收。特别是在1978年之后，党从中国的务实主义哲学传统中汲取养分，采取了渐进式的改革路径，避免了苏东震荡疗法对经济和社会的破坏；党还发扬了中国选贤任能的传统，为干部队伍的新老更替提供了活力。因此，深入推进马克思主义中国化是创建新的理论的关键所在。这不仅需要把马克思主义基本原理与改革开放实践相结合，而且需要挖掘中国传统文化的优秀元素，补充和丰富马克思主义的论述。马克思主义的理论体系已经非常完善，但对中国传统文化的当代意义的研究仍然非常缺乏，因此，在马克思主义中国化的过程中，吸收优秀传统文化是关键的一步，也是当前党的理论工作的重点。本书的重点是挖掘儒家文化的现代意义，因而可以看作是马克思主义中国化方面的一个努力。

具体而言，本书从先秦儒家思想出发为国家治理构建一个理想原型（ideal type），我们称之为"儒家政治"。所谓理想原型，是指一个政治制度理想中应有的样子。自由主义民主是当代西方政治的理想原型，它的核心是基于个人自由、个人价值和平等主义三大理念基础之上的自由主义哲学，而建立在这三大理念之上的政治制度则是一人一票的选举制度和三权分立的权力制衡制度。但是在现实中，西方各国的政治离这个理想原型或多或少都有一定的距离，而在模仿西方政治的诸多发展中国家当中，民主的实践更是严重走样。然而，自由主义民主这个理想原型仍然是有用的，因为它为民主提供了哲学的合法性，并为实践中的民主指明了完善的方向。同样的道理，我们希冀构建的理想原型并不全面折射在现实之中，但是，这个理想原型足以为自由民主之外的一种治理模式提供哲学合法性，同时也为现实中的制度指明今后的改进方向。

与当代一些儒家学者的进路不同，本书从儒家人性论开始论证儒家政治。自创立以来，儒家被多次改造，特别是宋明理学之后，儒家学说与经典儒家如孔子、孟子和荀子的思想已经产生很大的差异。经典儒家既谈个人修养，也谈国家治理，但宋明理学却只剩下前者，没有了后者。因此，我们所构建的政治哲学回到经典儒家，从他们的人性论出发，推演出儒家的理想政治形态。我们所理解的儒家人性论，与西方人性论的不同之处在于，西方人性论认为人性是单一的、恶的，而儒家人性论认为人性是多样的、流变的和可塑的。在此基础上，儒家政治和西方自由主义政治有两点显著的不同之处。一是自由主义政治关注普遍和抽象的平等，这集中体现在一人一票的政治加总机制上面，而儒家政治则关注资质在政治事务中所扮演的角色，儒家的平等是基于资质的平等，或处于"关系之中"的平等。[1] 二是自由主义政治强调对恶的限制，包括对公民之间利益纠葛的调节以及对政府可能的肆意行为的约束，而儒家政治侧重于

---

[1] 自20世纪80年代以来，西方政治哲学界经历了从元素平等转向关系平等的平等理论叙事。参见秦子忠、何小娜：《关系性平等——对阿玛蒂亚·森的可行能力方法的一种解读》，载汪丁丁主编：《新政治经济学评论》第30卷，上海人民出版社2015年版；秦子忠：《什么的平等：从可行能力转向社会关系》，《道德与文明》2020年第1期。从西方政治哲学界的平等叙事转向来看，儒家政治哲学能够为关系平等提供丰富的理论资源。因为儒家的核心议题就是处理人类个体在社会关系中各种角色的恰当位置。

鼓励个人特别是官员的向善之心,并通过一定的制度(如选贤任能)予以实施。正如西方文明和中华文明各自代表人类文明的一个面向一样,儒家政治和西方自由主义政治也各自代表人类美好政治的一个面向。我们构建儒家政治,不是要以此替代自由主义政治,而是为中华文明总结一个理想政治模板,希冀以此与西方文明一道,为最终可能产生的"地球文明"做出贡献。所以,在解释儒家政治之前,我们有必要对自由主义政治的历史和理论进行简要的梳理,以认清它的局限性,从与儒家政治互补的一面认识儒家政治的本质。

西式民主政治及其理论

西方的自由主义政治起始于1688年发生在英国的光荣革命。在此之前,英国进行了长达半个世纪的内战,光荣革命可以看作是革命和反革命阵营的一种妥协:王权被保留,但受到极大的限制,再也不可能肆意妄为。自此,自由主义政治的核心部件——对政府权力的约束——得到确立。英国人似乎喜欢这种渐变的过程,以至于三百多年来都懒于写一部宪法来确定他们的政治制度。他们远在美洲的表弟们则不同,后者的美利坚合众国是建构的产物。当美国开国元勋们在18世纪80年代构想美国宪法的时候,欧洲各国都还是君主制国家,而英国的自由主义政府也带有强烈的精英色彩,普选还是遥不可及的事情。美国的开国元勋们为美利坚合众国构建了一个民选的"君主"——总统。对于联邦党人而言,一个强大的联邦政府及其首脑是在联邦范围内防止动荡的必要条件。由于其巨大的权力,总统必须是一个才能卓越、品德高尚的人。不仅如此,不是所有公民都应该拥有选举总统的权利,而只有那些具备一定判断力的公民才可能不受政客的蛊惑，具有选择总统的能力。在这一点上，联邦党人特别是汉密尔顿和儒家是一致的，他们不相信抽象的政治平等，而相信基于一定资质的政治平等。随着联邦党人在制宪会议上的胜利，这种精英元素被植入美国宪法。而且，正如党争受到中国正统的传统政治所摒弃一样，华盛顿本人也极其憎恶党争，而他在独立战争时期的秘书汉密尔顿也希望通过上述宪法的安排防止党争的兴起。然而，不幸的是，党争在华盛顿担任第一任总统期间就已经兴起了，以汉密尔顿和亚当斯为首的联邦党与以杰斐逊和麦迪逊为首的共和党就已成势不两立之势。自杰斐逊任美国第三任总统之后，民主政治扩大，而后经由杰克逊总统的民主改革，美国政治步入向着普选制持续推进的轨道。这一过程和欧洲的民主化进程是一致的。

欧洲的19世纪，是工人阶级从资产阶级手中夺取权力的历史。马克思和恩格斯在《共产党宣言》中认为，人类的全部历史都是阶级斗争的历史，他们向世界宣告："共产党人不屑于隐瞒自己的观点和意图。他们公开宣布：他们的目的只有用暴力推翻全部现存的社会制度才能达到。让统治阶级在共产主义革命面前发抖吧。无产者在这个革命中失去的只是锁链。他们获得的将是整个世界。"[1]尽管无产阶级革命没有在资本主义的心脏地带发生，但是，工人运动无疑是推动欧洲民主化的最为重要的力量。对于资产阶级来说，扩大选举权是消弭工人反抗运动的一个迫不得已的选择，[2]但是，对

---

[1] ［德］马克思、［德］恩格斯：《共产党宣言》，人民出版社1964年版，第56页。
[2] 参见 Daron Acemoglu and James A. Robinson, "Why Did the West Extend the Franchise? Democracy, Inequality, and Growth in Historical Perspective", *The Quarterly Journal of Economics*, Volume 115, Issue 4, November 2000, pp. 1167–1199。

于无产阶级政党而言，民主不是目的，推翻资产阶级的统治、实现一个无阶级差别的新世界才是最终目标。然而，经过一个世纪的争斗，阶级矛盾却以一种意想不到的形式缓和下来。第一次世界大战是人类第一次"炮与火"的战争，欧洲各国的精英不得不和本国的无产者并肩在堑壕里作战，而无产者也开始明白，无产者是有国界的。战争结束之后，政治精英和无产阶级政党都意识到，民族国家在欧洲是实实在在的存在，民族国家高于其他政治和社会价值。欧洲各国的阶级大缓和应运而生。以给予妇女选举权为标志，英国等欧洲国家在战后纷纷完成了民主化进程。

民主在全球的扩散，发生在20世纪60年代之后。以欧洲在非洲的殖民地独立为起点，非洲几乎在一夜之间实现了民主政治。但是，这样的民主是不稳固的。非洲多数国家首先需要做的，是寻找国家认同。在殖民者到来之前，非洲只有部落，没有国家；国家是一战之后殖民者强加给非洲各国人民的。在殖民者离开之后，国家观念需要时间才能落地生根。这个过程是漫长而痛苦的，许多国家陷入内战和部族冲突之中。另一波的民主化发生在柏林墙倒塌之后，苏联和中东欧国家纷纷转型，采纳西式民主制度。

然而，就在西方宣布胜利的时候，西方民主从内部开始了瓦解之路，其标志是身份政治的兴起。在此之前，20世纪60年代的反战和民权运动已经极大地撼动了精英民主的基础，人们已经不满足于少数精英对政治的实质性控制。但是，60年代的反体制运动具有与敌对阵营相呼应的意味，美国和法国的学生运动都受到中国"文化大革命"的影响。总体而言，那时的学生运动和世界性的反殖民运动是融为一体的，它们所反对的对象也是资本主义的国家机器。进入90年代，随着外部敌人的消失，这种整体性的反叛被个体性的反叛所替代；压迫者不再是国家，而是社会的偏见，被压迫者则变成了形形色色的非男性白人群体。民主的"斜坡效应"开始启动，对抽象平等的追求达到一个新的高度。抽象平等的一个根本性问题在于，在理论上，它要求每个人在政治上拥有平等的权利，但在现实中，政治却总是以群体作为载体，当阶级对立或政府-民众对立不再是载体的时候，社会身份自然就成为载体。这是身份政治在欧美滥觞的深层原因。身份政治的一大后果是价值相对主义泛滥，西方民主失去了对普适价值的诉求，一切原则包括自由主义本身都变成了政治平衡的结果。然而，即使这样一种精巧的平衡状态，在2008年全球金融危机之后也被打破了，民粹主义成为美国和欧洲政治的主导力量。抽象平等完成了最后一击，民众彻底放弃了对政治精英的信心，转而要求以一种碎片化的方式自己决定自己的命运。这种倾向在新冠肺炎疫情期间被进一步放大。个人主义和抽象自由让反智主义在西方大行其道，严重干扰了西方国家的防疫表现。西方民主面临走向民主的反面，即群氓政治的危险。

　　与上述民主政治演变的历史相呼应，西式民主的理论也发生了相应的变化。西方政治哲学的起点是霍布斯的《利维坦》。[1]霍布斯生活在英国资产阶级革命时代，一生过着动荡的生活。由于他在政治上和国王站在一起，曾经被迫和国王一起流亡海外。这极大地影响了他的理论建构。根据他的理论，自然状态下的人是自利的，具有一组自然权利，包括对周围物质的占有权和保护自己的权利，在没有任何约束的情况下，人与人之间就会发生争斗。为了维护和平，人们就应该设立一个契约，自动放弃一部分自然权利，把

1　[英]霍布斯：《利维坦》，黎思复、黎廷弼译，商务印书馆1985年版。

社会的管理权交给一个无所不能的统治者，这就是利维坦。而洛克的最大贡献是确立了自由主义政府理论。洛克的《政府论》完成于光荣革命之后，其目的是为新生的政治形态辩护。为达到这个目的，洛克修改了霍布斯的"自然状态"概念，认为自然状态下的人都遵从自然法的指导，因而不会陷入人与人斗的"霍布斯丛林"。自然状态的唯一不确定性是每个人对自然法的理解可能不同，因而公民社会需要政府。与霍布斯不同，洛克认识到，政府是由人组成的，如果认为公民会赋予政府无限的权力，就好比说"他们注意不受狸猫或狐狸的可能搅扰，却甘愿被狮子所吞食，并且还认为这是安全的"[1]。对政府公权力的限制，是自由主义政府的最主要原则。然而，洛克提出的自由主义政治在英国的现实中是有限度的，仅限于拥有一定财产的精英人士。这一状况直到工业革命导致城市无产阶级产生之后才有了改变。欧洲19世纪到20世纪80年代末柏林墙倒塌的政治历史，是洛克式的自由主义政府理论和马克思主义阶级斗争理论之间较量的历史。

　　自由主义政府的理论基础是霍布斯的自利人假设，这个假设是西方民主政治框架内永久冲突的现实根源，也预示着妥协的不稳定性，即自利最大化导致的人际冲突不能在民主政治框架中完全得以解决。这是19世纪工人运动此起彼伏的原因。马克思把这个冲突归咎于阶级冲突，因而他所提出的解决方案是消灭阶级。但是，要实现无阶级差别的社会，就必须要有超越自利人狭隘视域的、高度觉悟了的人，以实现按需分配以及形式平等和实质平等的统一。然而，完全按照这种共产主义社会理论来构建现实的社会制度，是

---

[1] [英]洛克：《政府论》下篇，叶启芳、瞿菊农译，商务印书馆1964年版，第57、58页。

要付出代价的，苏式社会主义的失败就是一个典型案例。这里的核心问题是，"高度觉悟了的人"是否真的存在？尽管自由主义的自利人假设不是对人性的完整描述，但完全否认人的自利倾向肯定也是不对的。这就难怪自由主义政府理论和阶级斗争理论之间的较量最终以柏林墙的倒塌而告终结。中国没有陷入苏式社会主义的命运，原因在于中国共产党将马克思主义中国化。这是本书的逻辑起点之一。

历史的吊诡之处往往在于，当一个理论的对手被打败之后，这个理论的下坡路也就开始了。自由主义政府理论及其后继的自由主义民主理论，在柏林墙倒塌之后很快就受到自由主义阵营内部新生理论的挑战。这个挑战者不是别人，而正是发表过《正义论》的罗尔斯。在《正义论》中，罗尔斯希图建立一个左翼的自由主义理论，以此回应20世纪60年代风起云涌的民权和反战运动，为西方社会即将到来的新秩序提供一个哲学基础。然而，他的理论受到来自左、中、右各方的挑战。在回应这些挑战的过程中，他不得不修改他的自由主义理论，并最终形成了政治自由主义学说。[1]根据这个学说，自由主义不再是一个关于实质正义的全面理论，而是在重叠共识下个人的策略性选择。重叠共识的范畴可以很小，仅包括组成社会所必需的一些理念；在此基础之上，每个人都尊重他人的价值、社会习俗、政治理念等等。自由主义的最重要特征因此演变为宽容。从正面来说，政治自由主义为西方兴起的多元社会提供了哲学基础，但是它的反面，是身份政治和价值相对主义的兴起；自由

---

[1] 参见[美]约翰·罗尔斯：《正义论》，何怀宏等译，中国社会科学出版社1988年版；《政治自由主义》，万俊人译，译林出版社2000年版。

主义失去了它的锐气,成为"什么都可以"的代名词。过去二十多年,美国保守主义的抬头,可以看作是对政治自由主义的一个反动。

总而言之,自由主义理论既指导民主的实践,也随着民主的实践而不断向现实妥协。洛克的自由主义政府是对光荣革命的辩护;而马克思主义的兴起则回应原始资本主义对无产者的剥削,契合并推动了民主的扩大;罗尔斯的现代自由主义是对战后西方社会变化的总结,为福利社会提供哲学基础,并且他的政治自由主义为后民主化时代提供了一个价值相对主义的理论,而全球金融危机之后兴起的民粹主义浪潮可以看作是对政治自由主义的反动。

古希腊历史学家波利比乌斯在《历史》中提出了政体循环学说。根据他的描述,每种政体都具有一定的生命周期,最终都会因为当政者的傲慢而演变为它的反面,如君主制演变成暴君政治、民主制演变成暴民政治等。从上述简略的描述中可以看到,西式民主政治也经历了兴起—昌盛—衰落的周期。在这里,我们更加注意西式民主由昌盛转变为衰落的拐点,即柏林墙倒塌的时候。此时,西式民主失去了自己的敌人,因而也不再需要一个追求统一价值目标的政治哲学,全面的自由主义让位给政治自由主义。社会不再需要权威,自由主义民主中的精英元素被摒弃,而只剩下平等主义叙事。然而,现实中的不平等无处不在,这种理论和现实之间的张力,最终导致全球金融危机之后民粹主义政治和利益集团否决政治并存的现象。在一定程度上,马克思早已揭示了这个矛盾。他认为,建立在私有制基础上的资产阶级民主社会,仅仅实现了形式上的平等,但这个形式平等不仅遮蔽了实质不平等,而且通过政治平等(其极端形式是政治上的"一人一票")正当化了实质不平等。

近现代自由主义民主理论叙事充当了这种正当化的理论工具。[1]起初，平等主义具有积极意义——打破王权，建立自由主义政府；扩大选举权，巩固自由主义政府的合法性——但当自由主义民主到达顶峰（柏林墙倒塌）之后，平等主义就成为身份政治和民粹主义的催化剂。由于无法反映现实，抽象的平等主义最终造成了自由主义民主理论与现实之间巨大的矛盾。

儒家政治

经过对西式民主历史和理论的简要梳理，我们意识到，抽象平等主义是自由主义民主在达到高峰之后走上下坡路的根本性原因。这对我们理解儒家政治具有启发意义。与西方性恶的人性观不同，经典儒家认为人性是多样的、流变的和可塑的，由此导出的儒家政治原则与西方自由主义政治原则有很大的不同。儒家相信"人皆可以为尧舜"，但一个人成圣的程度取决于个人的修行和他周遭的环境，然而，政府职位需要官员具备一定的德性，所以，儒家政治的第一原则是贤能原则。这意味着儒家政治是有层级的、开放的和竞争的。一定的德性适配一定的层级，具备一定德性的人之间展开竞争，以获取相应层级的职位。对贤能的要求，让儒家政治带有精英主义的色彩。儒家拒绝抽象的平等主义，而只承认资质基础上的平等，但这不等于把民众排除在政治之外；相反地，儒家对官员的理想要求可以推导出人民主权。儒家政治的最高理想是"仁"，

---

[1] ［德］马克思：《哥达纲领批判》，载《马克思恩格斯文集》第三卷，人民出版社2009年版，第443—446页。

所谓"仁者，爱人"。所以，"仁"就是对民众的爱。因此，一个仁者就愿意把自己的施政意见交由民众表决，而且这样做也可以消除民众心中可能存在的对仁者的疑虑。由此，尽管没有洛克式的公民契约，但在儒家的框架下，我们仍然可以推导出人民主权。最后，儒家也没有忘记那些不愿意进入政治竞争的贤能人士；古代的士大夫不仅仅包括朝廷的官员，也包括散落民间的贤人雅士。所以，儒家政治的理想原型应该包括四个机构：主权机构、中央机构、行政机构和谏议机构。主权机构代表国家，负责立法和官员的任命；中央机构从主权机构那里获得选拔、提名官员以及推荐大政方针的授权；行政机构从主权机构那里获得负责政府日常运作的授权；谏议机构独立于其他三个机构，负责对它们特别是中央机构进行谏议。下面我们就比较详细地展开上述论述，为读者提供一个关于儒家政治的全景式画面。

在物理学中，关于光的属性曾经引发大量争论，最终，光被证实具有波粒二象性。[1] 在社会科学领域，关于人性也引发旷日持久的争论，只是至今仍没有形成关于人性是什么的共识。在经济学中，人的自利性是最基本的假设；而在伦理学中，人的善性或利他性则得到凸显。尽管不能将人性的善恶二性与光的波粒二象性进行简单类比，但是它们共有的特点是，对它们的不同理解在根本上影响其所属学科的发展。儒家主张人性兼具善恶二性（或者兼具利己性和利他性二性），而哪个更加彰显，取决于环境和个人的修行。因为现实的人总是处在彼此形成的关系中，因此每个人的善恶只能通过外在于个人的相互关系来表达，相应地也会受到这个关系的性

---

[1] 白彤东：《实在的张力——EPR论争中的爱因斯坦、玻尔和泡利》，北京大学出版社2009年版。

质的影响。由此,每个人虽然作为善恶的自然载体,但是善恶被展示出来的频率或分量主要是由多个人形成的关系模式来决定的。[1] 在此基础上,人性就不是单一和不变的,而是多样的、流变的和可塑的。[2]

我们可以用人性扇面来说明这个问题,如图1.1所示。在扇面的最左侧,是人性的自利倾向,在扇面的最右侧,是人性的利他倾向,中间是过渡区。在外部条件(家庭环境、社会文化传统、社会组织等)的约束下,每个人所表达出来的人性,取决于个人的努力,一般而言,它以概率形式散布在扇面上。

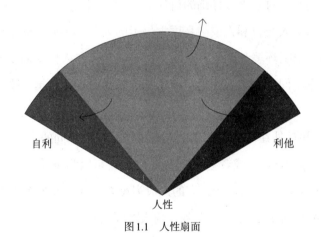

图1.1 人性扇面

在这个人性扇面上,我们能清楚地看到自由主义和马克思主义在人性叙述上的特质和局限。自由主义尤其是经济学中的自由主义,将人性定位于自利人(又称为"经济人"或"理性人")这个

---

[1] 秦子忠:《政府的性质》,载汪丁丁主编:《新政治经济学评论》第34卷,上海人民出版社2017年版。

[2] 姚洋、秦子忠:《人性的差异性与儒家政治结构》,《开放时代》2017年第6期。

扇面的边缘上。这确实是一个坚固的理论逻辑支点，由此可以进行严密的逻辑推理，从而让经济学具有近似于经典物理学的确定性。但这是片面的，也是具有误导性的。正如经典物理学定律不能适用于量子力学领域一样，这种基于自利这个极点的社会科学理论也不能适用于人的其他行为，如政治行为。与此相对照，马克思在构想未来无阶级差别社会的时候，向人们呈现了"高度觉悟了的人"，这种人摆脱了资本主义制度的驱使，超越了阶级的狭隘视野。这相当于把人性置于扇面的另一个边缘上。但是，这种人性形象以及基于它而建构的社会，即便是可能的，也仍然超越了我们的想象，以至于我们不能对它进行详细的讨论。

儒家的人与自利人或"高度觉悟了的人"都不同，儒家的人是可塑的。根据环境和个人自我努力的不同，人在人性扇面上所达到的位置也不同。儒家人性论，就其基本内涵而言，是指人既具有利他倾向（即孟子所说的"四端"），也具有自利倾向（即荀子所说的欲望），并在外在环境影响和个人努力下呈现出不同的表现。因此，虽然"中人可教"，或者更一般地说，"人皆可以为尧舜"，但是，在现实性中有的人成为君子，有的人成为小人，其他人居中（如图1.1中各个箭头所示）。儒家注意到人与人之间的差异性，但是他们不仅没有抹掉这个差异性，而且基于这个差异性提供相应的制度方案。孔子阐述大端，孟子从性善论出发强调文教，荀子从性恶论出发强调刑罚。自利人和"高度觉悟了的人"都是理论构建的人，而儒家人性论是关于人性的实然观察，因此更符合人性的事实。相应地，建立在儒家人性论之上的社会制度就更稳定，也更可达。

现代世界虽然已经不是两千多年前的世界，当下中国也不是孔、孟、荀时期的中国，但不可否认的是，当下中国人的生活方式仍然受着儒家思想的影响。最初的时候，儒家思想反映了中国人的心理、思维和行为特征以及相应的生活方式；自西汉起，儒家思想落实为社会制度，从而形塑了中国人特别是士大夫阶层的政治生活。五四以来，儒家思想日渐式微，与之相对应的制度体系也被摧毁，但它内化为中国人思维和生活方式的那部分，在整体上已经构成了中国人文化心理的底层结构。这个结构一经形成，就具有维持自身存在的坚韧性。这个心理结构曾被视为落后之根源，以致有人主张把它连根拔除。这里，我们无意去评述这段中华文明自我反思的历史；随着中国国力的提升，中国人的文化自信也日渐增强，自然会以更合理的态度来审视自身的文化传承。不论怎么讲，中国自改革开放以来所取得的巨大成就，离开中国元素是无法得到合理解释的，其核心就是绵延数千年的中华文明及其在中国共产党以及数以亿计中国人身上的折射。

与儒家人性的流变性和可塑性相对应，中国文化的总体基调是务实主义的。从认识论上讲，这种务实主义就是相信真理总是历史的和具体的，因而其认知系统是开放的；从实践上讲，它相信目的的合意性可以合理地推断手段的合法性，手段服务于目的，因而随目的的调整而调整。[1] 这种务实主义在思想源头上可以追溯到孔子之前的经典文本，《尚书》《诗经》和《易经》等古籍已反映了这种日常化而非宗教化的务实倾向。这些经典文本是对中国先人生活方式的叙述，而孔子及后来的儒家则接续这种叙述风格。落实到儒家理论上，则是从现实人性出发提出相应的理论解决方案。

传统儒家的政治目的是"民为本"。尽管在当时的历史背景

---

[1] 姚洋、秦子忠：《中国务实主义及其儒家哲学基础》，《文史哲》2019年第5期。

下，儒家的民本叙事是在君王统治的语境下展开的，但他们的思想在当时具有相当的先进性。诚如孟子所言："民为贵，社稷次之，君为轻。"君主统治的正当性建立在保障人民安居乐业的基础之上；如果君主不仁、统治无道，那么他就是残贼之人，人人得而诛之。这奠定了中国儒家宪制的最根本原则。近现代以来，人民主权已经成为人类政治正当性的思想基础与制度根基。如前一节所展示的，自由主义民主下的人民主权既是现实斗争的结果，也是理论构建的结果。在现实层面，西方先是经历了君主与贵族的妥协（如英国的光荣革命），后来是封建贵族与资产阶级的妥协，再后来是资产阶级与无产阶级的妥协。这种由政治妥协而来的政治思维是均势思维，它寻求的不是彻底压服或消灭对方，而是寻求各方可接受的政治均衡。从这个意义上讲，西方的封建制度对于驯服王权起到了积极作用。在理论层面，从洛克开始，自由主义民主的理论家们都是从契约论出发，将人民主权设置为保障契约完整性所必不可少的宪法要件。这种论证逻辑严密，任何人读后都很难拒绝人民主权。中国政治自秦起就已经打破了均势，较早地开启了国家整合的过程，形成了官僚帝制。虽然往后仍有分裂，但大一统的帝制是总体的趋势。这是中国的现代化进程如此之艰难的根本性原因。与大一统帝制一致，儒家的民本主义并没有沿着孟子的思想发展下去，而是维持着自上而下的态势，善待民众是君主为保护自己的统治而采取的策略性举动。在这种情况下，从儒家的民本主义推导出人民主权是否仍然是可能的？我们认为是可能的。首先，同契约论者一样，我们的出发点是人民和君主需要形成社会并和平相处。如果君主对人民的好坏可以任由君主自己处置，那么君主的示好就难以免受人民的猜忌；而且，君主即使可以保证他自己施仁政，也不可能保证其子孙施仁政，因此人民也不能保证不使用"覆舟"的武力推翻君主的统治。要消除人民的猜忌并最终避免动荡，实施民本主义的唯一办法就是让人民享有主权。其次，从君主的角度来看，既然他以民本主义为圭臬统治国家，那么他就应该相信他的所作所为会得到人民的认可，因而也不惮于把主权让渡给人民。

但是，人民在儒家那里不是像契约论者相信的那样，是千人一面的。儒家注意到人与人之间的差异，基于此，儒家所能建构的政治体系是一种层级制度，位列其中的成员，其贤能高低大体上对应着层级的高低。因为具备一定德性和能力的人都有机会进入这个体系，所以这个体系是开放的，即向所有贤能者开放。这种有限制的开放看起来没有无限制的开放那样激动人心，但是在涉及公共事务的政治领域，由贤能所施加的限制却可能是极其必要的。公共事务事关人们的根本利益，并非人人都具备处理公共事务的德性和能力，即便具备，也存在高低之分。而且，由于政治体系中的职位数量是有限的，总是少于合格的贤能者的人数，所以，具有开放性和贤能性的政治体系也就必然要具有竞争性。接下来的问题是，如何将合适的人选推选到与其贤能程度相当的位置上？

中国传统政治实践为解决这个问题积累了丰富的制度经验，如察举制、九品中正制、科举制等。在传统社会中，选贤任能制度是按照适合于政权稳固和施仁政的标准来进行的。在当代中国，就保障和提升人民当家作主、实现美好生活的能力水平而言，当前的干部选拔制度着重于选拔出那些信奉并有能力落实这个目标的政府官员。这个制度与西式民主有很大的不同。在西方，官员更多的是被置于问责制度（accountability）之下，它不要求官员主动地为人民做事情，而主要看官员是否完成了制度交代他要做的事情。一句话，自由主义民主更多的是对官员实施被动的约束，防止他们滥用权力。这正是洛克自由主义政府的真谛之一。中国的选拔制则保留了儒家人本主义的传统，更多的是要求官员负起责任（responsibility），主动采取措施为人民做事情，并以此为标准选拔官员。

需要意识到的是，并不是所有的贤能人士都愿意进入官僚体系，在官僚体系中的人员也不一定终其一生都愿意从事公共事务，并且完全存在变质的可能性。儒家政治还包括一个谏议组件，吸纳官僚体系外的贤能人士发表建议或谏言，对官僚体系实施制衡。在传统政治中，谏议设立在官僚体系之中，由特定的官员（御史和谏官）担当。在现代社会的人民主权之下，这种制度安排已经不能满足要求，国家还应当设有相应的谏议机构行使谏议职责并制衡其他权力。谏议的目的，既是解决信息获取成本问题，也是减少政治治理与其他社会活动之间的张力问题。因为人性是流变的，因此官僚体系中的任何成员都存在变质和腐败的可能性。如何降低变质的发生率，减少发生后的负面效果，在制度上就需要一定程度的制衡。主权机构对中央机构的制衡是决定性的，谏议机构对中央机构的制衡是协商性的，它不能否决中央机构的意见，而是对中央机构提出批评意见，以论辩的形式让中央机构接受意见。这类似于审慎民主的做法。在审慎民主做得比较好的地方，如北欧国家，法案在付诸议会投票之前已经在不同的利益攸关方之间进行了充分的论辩，因而法案能够在各方之间取得平衡，并较容易在议会通过。在儒家政治结构中，谏议机构的作用是通过充分的讨论帮助中央机构厘清事物的脉络，寻求问题的解决方案。

至此，我们可以对儒家政治做一个总结。儒家政治起始于人民主权,它的政治结构由贤能性、开放性和竞争性三大原则所规范。依据第一和第二个原则,儒家政治体系如阶梯一样,拥有若干阶位,阶位之间具有可上可下的双向流动性。依据第三个原则,竞争体现在每个阶位之内,官员的上下流动取决于他们相对于同一阶位中其他官员的表现。概言之,儒家政治的核心思想是层级和选拔。就制度安排而言,儒家政治结构包括四个机构:主权机构代表民意,行使国家主权;中央机构获得主权机构的授权,负责官员的遴选并提供施政思路;行政机构负责政府的日常运作,向主权机构负责,其成员由中央机构提名,获得主权机构认可之后得到任命;谏议机构独立于其他三个机构,任务是向中央机构和政府提供谏言。

儒家政治与自由主义

儒家政治包含层级,强调资质对于进入特定层级的重要性,而且儒家思想长期被帝王用作自己的统治工具,因而一个自然的问题是:儒家是否与当今世界以自由主义为基调的主流价值观相矛盾?要回答这个问题,简要回顾一下什么是自由主义是有益的。

自由主义是由启蒙运动催生的人类价值,在当时的语境下,它的对立面是王权对个人和社会的压制以及宗教对人的思想的禁锢;它提倡个人理性,并把个人价值置于社会的终极目标之中。从这个意义上说,自由主义是人类在进步阶梯上所共有的价值。在今天,自由主义可以概括为三大原则:个人价值、个人自决和平等主义。个人价值意味着社会的终极目标是实现每个人的价值,个人自决意味着每个人都有决定自己命运的权利,平等主义意味着每个人的价值和自决能力都是同等重要的。如同人类的其他价值体系一样，自由主义的这三大原则是过去三百年来演进的结果，是进步力量从保守力量那里争取到的权利，因而它们是应然判断，而不是对现实的实然判断。这样，它们就难免不会掉入哥德尔定理的陷阱，即它们是对人类美好个人价值体系的较为完备的描述，因而其内部难免产生不自洽的地方。其中最大的冲突发生在平等主义和前两个原则之间：在现实中，经由社会而表征出来的个人价值和个人自决能力是不相等的。试想一下，一个饥饿待毙的非洲小女孩拥有和比尔·盖茨一样的价值吗？被迫卖掉喜儿的杨白劳拥有和地主黄世仁一样的自决能力吗？——而且，我们也没有任何办法可以持久地实现这样的平等，除非我们不断地革命，但又会导致社会的动荡甚至灾难。因此，自由主义的平等只能停留在口号上，而无法在现实中实施。

　　理解了自由主义本身的矛盾之处，再来看儒家与自由主义的关系就容易看清楚了。首先，儒家不绝对拒绝个人价值以及由此衍生的个人自由，包括选择的自由、言论的自由、不受他人强制的自由等。如果说儒家的个人价值与自由主义的个人价值有所不同的话，那就是，儒家把个人价值置于社会秩序之中，而不是像自由主义那样推崇原子化的个人价值。其次，儒家也不反对个人自决。从儒家对个人努力和自我修养的肯定这个角度来看，儒家一定不会反对个人的选择。经典儒家如孔子，都是把个人选择放在对君主的服从前面的。但与对待个人价值一样，儒家也把个人自决置于社会秩序之中。事实上，儒家所推崇的个人价值和个人自决本身就是社会秩序的一部分。最后，儒家政治的理想原型的层级体系是开放的，每个人都可以自由地去获得相应的资质，并和同等资质的人展开竞争，优异者可以进入相应的层级。因此，儒家政治的理想原型不排除对平等的追求，但是，这个追求的前提是承认个人资质的不同，特别地，政治权利的平等以获得相应的资质为前提。

具体而言，儒家强调贤能，强调德性与能力的统一。尽管孟子和荀子都肯定人具有同样的潜能，即"人皆可以为尧舜"，"涂之人可以为禹"，但是从潜能到现实存在一定距离。而潜在的贤能能否转变成现实的贤能，取决于外部环境、个人的努力和机遇。因为这些因素在现实中因人而异，所以并不是所有人都能成为尧舜，或者准确地说，人们在某个方面所具有的贤能程度是不一样的。儒家特别强调自我修为以成君子，推演开来，就是修身齐家治国平天下，而后者是对儒家美好生活的一种描述。《礼记·大学》写道："古之欲明明德于天下者，先治其国；欲治其国者，先齐其家；欲齐其家者，先修其身；欲修其身者，先正其心；欲正其心者，先诚其意；欲诚其意者，先致其知，致知在格物。物格而后知至，知至而后意诚，意诚而后心正，心正而后身修，身修而后家齐，家齐而后国治，国治而后天下平。"在这由己及人、由内及外、由小及大的生活中，儒家强调个人的能动因素，因而不可能拒绝个人价值和个人自决。但是，儒家同时也注重行为的正当性边界，那些脱离修身齐家治国平天下的行为是要被拒绝的。然而，儒家也不是唯个人努力论，而是承认先天禀赋的作用。那些领受卓越禀赋的人，在同等努力程度下，他们更能够成贤成圣；对于领受一般禀赋的人来说，他们需要在后天付出更多的努力，才能获得同等的成就；而对于那些不幸领受残缺禀赋和家庭背景的人，社会需要出于人类尊严等价值的考虑，对这些不幸加以纠正，如改善残障人生活条件，保障贫困家庭孩子的教育和基本生活等。

就此而言，儒家的平等观与亚里士多德的比例原则是一致的——收入、财富、机会和职位等应当与个人的贤能程度（包括其中继承的部分）相配合。支持这种平等观的理由在于，它能够让贤能程度高的人更好地发挥其贤能对于社会整体福祉的效益，而作为一种副产品，它也能够激励普通人努力去提升自己的贤能程度。

自由主义提出了崇高的口号，要求社会尊重个人价值，保障个人选择并平等地对待每一个人。在抽象层面，我们无法拒绝这些主张，但是，这些主张带有强烈的乌托邦色彩，它们只能成为追求的目标，而不能成为国家治理所依赖的基础。现代社会不得不在个人价值与社会价值之间做出平衡，在个人之间分配权利和义务，并对个人之间的差异做出相应的制度妥协。儒家为这些平衡和妥协提供了一种政治哲学，其核心是资质。这听起来不像自由主义绝对平等那样激动人心，但是它以人性的实然状态为基础，因而更加坚实；同时，它也不必是被动的，而是可以激发个体不断自我改进的欲望。

迎接全球文明的到来

2500年前，三大古文明——古希腊文明、古印度文明和中华文明——进入了爆发性增长时期，这就是人类文明的"轴心时代"。[1] 从那时起，人类脱离了鬼神的世界，进入宗教和理性的世界。那个时代涌现出一批伟大的思想家，如古希腊的苏格拉底、柏拉图和亚里士多德，古印度的佛陀，中国的老子、孔子、孟子、庄子和荀子等，我们至今仍然生活在他们的思想阴影之下。人类社会

---

1 "轴心时代"是德国学者卡尔·雅斯贝斯在1949年出版的《历史的起源与目标》一书里提出来的，中文版见华夏出版社1989年版（魏楚雄、俞新天译）。

什么时候会进入第二个"轴心时代"？没有人知道。但有一点是可以肯定的，即下一个"轴心时代"一定是全球文明的时代，或者说，如果全球文明没有出现的话，人们就不会给一个时代冠上第二个"轴心时代"的标签。当今的世界，仍然是文明分立的时代；人类各社会还处在竞争之中，但合作已经露出端倪，由于它的基础非常不稳固，因而常常出现反复。但这不能阻止我们思考未来的全球文明，这个文明一定是现今各种文明的综合。钱穆先生说，在人类的"轴心时代"，三大文明要解决的问题各不相同，分别代表了人类生活的三个面向：古希腊文明关注人与自然之间的关系，因而产生了科学，并以征服为特征；古印度文明要回答"我是谁""我从哪里来"和"我要到哪里去"这样的问题，因而是内省的；中华文明关注当下的生活，因而发明了一套社会治理的理论和办法，使中国成为一个"早熟"的社会。[1] 换言之，古希腊文明为人类贡献了科学，古印度文明贡献了宗教，而中华文明则贡献了社会治理方法。未来的全球文明，大体上应该是这三个面向的综合。当然，这个综合不是简单的复古，而是吸收过去千百年来人类的经验、教训和新生的价值，生发出新的、综合性的价值体系。在这个过程中，中华文明不能缺席。

随着国力的增强，中国日渐走近世界舞台的中心。当前，面向世界讲好中国故事，是中国学者希冀做好的事情。讲好中国故事不仅需要深入地研究中国问题，而且也需要清晰地呈现出解决问题的系统理论，尤其是其中的中国元素。从眼前的事情来说，如果没有中国元素，仅仅是西方耳熟能详的"普适理论"在中国的成功运

---

[1] 钱穆：《中国文化史导论》，商务印书馆2002年版。

用，那么也就不可能建构中国故事的理论话语。在很长一段时间里，由于缺乏文化理论自信，中国学者普遍以欧美为师，而忽视了总结中国经验并提炼其理论的必要性。当前中国呈现的理论话语自觉，实际上是对这种忽视的一种反动。

西方率先进行了现代化，并且发展出了服务于现代化建设的社会科学理论体系，因此，在大多数中国知识分子看来，中国的现代化建设只需跟进、消化和吸收西方相应的理论成果就可以了。这种认知背后隐含的一个假设是，基于西方经验的社会科学理论是普适性的，自然也适用于中国。但是，这个假设并非毫无问题。中国实践不是对西方实践亦步亦趋的模仿，而是植根于中国深厚的传统之中。基于西方经验的社科理论至多只能解释中国的局部而非根本问题；如果仅仅停留在西方理论的叙事之中，中国文化和政治制度就会被有意无意地置于边缘的位置。

涉及人类实践的诸社会科学理论都具有相似性。在这个意义上，基于西方经验、面向世界的社会科学理论，和基于中国经验、面向世界的社会科学理论，都具有普适性，甚至这两个普适性可以兼容，但它们却不能等同。当前中国社会科学理论发展的瓶颈问题主要在于多数学者没有深刻地认识到这一点。中国多数知识分子依然集体表现出跟随西方学术前沿的态势，不仅疏于聚焦中国问题，也缺乏学科间的学理沟通。出于对这种理论研究现状的不满，少数知识分子试图做些改变。他们在哲学、政治学、社会学、经济学等领域有意引导学科发展转向聚焦中国问题，并提出涵括中国、面向世界的理论议题。这种方法论自觉是中国最近十多年来的理论风向。不过，从这种风向中最终催生出的中国社会科学理论体系，依然有很长的路要走。毕竟，方法论自觉是一回事，用世界听得懂的清晰语言和逻辑，系统地呈现理论叙事是另一回事；后者比前者需要投入更多的精力。

中国的文化自信，不应该仅仅来自国力日隆的形势，而且还应该来自蕴含于中国传统之中的伟大思想。本书的目的，就是撷取这些伟大思想中的一部分精华，利用西方分析哲学的方法构建儒家政治，既为理解当代的中国体制提供一个哲学基础，也为未来的全球文明留下一个可供借鉴的模板。这个模板是必要的，因为中华文明能够为全球文明贡献迥异于西方文明的精神和实践。西方社会科学理论的滥觞可追溯至霍布斯影响深远的《利维坦》。在这本书中，霍布斯展示了人类个体由自然状态中的不稳定状态向社会契约中的稳定均势的转变。这种均势思维，经由洛克、孟德斯鸠、斯密等思想家发挥，构成了西方近现代社会科学理论的思维特质。这在政治学领域更为明显，亨廷顿的《文明的冲突与世界秩序的重建》、米尔斯海默的《大国政治的悲剧》、基辛格的《世界秩序》等著作皆可视为均势思维的产物。[1]斗争产生均势，是这些著作所共同拥有的观点。与此不同，中华文明以和谐作为想象社会共同体的起点。和谐不是斗争出来的，而是人人各就其位，修身齐家治国平天下，层层递进产生的。这也是我们构建的儒家政治所遵循的逻辑之一。这个逻辑与西方的均势逻辑互为补充，将共同成为未来世界文明的理论支柱。在西方启蒙运动时期，中国思想特别是儒家思想曾经是一些启蒙思想家心中理想政治和理想生活的参照物；我们有理由相信，中华文明在未来世界文明的构建中也将占据重要的席位。

1　[美]塞缪尔·亨廷顿：《文明的冲突与世界秩序的重建》，周琪等译，新华出版社2009年版；[美]约翰·米尔斯海默：《大国政治的悲剧》（修订版），王义桅、唐小松译，上海人民出版社2014年版；[美]亨利·基辛格：《世界秩序》，胡利平等译，中信出版社2015年版。

如何阅读本书？

本书是为普通读者写的，即使是没有任何政治哲学或儒家学说背景的读者，也可以理解本书的大部分内容。但是，本书的许多内容又带有理论的原创性，因而不得不进行理论的论述，而这些部分，可能对一般读者而言就会略显枯燥。因此，我们建议普通读者略过这些内容，挑选更加生动的部分阅读。

本书分为十四章。在本章导论之后，第二章讲述西方民主自英国资产阶级革命以来的发展脉络，第三章评述与这个脉络相关的自由主义学说及其演变，目的是说明西方民主及其理论由盛而衰的过程。与第二章相比，第三章的内容比较学术一些。第四章和第五章讨论儒家的人性论和务实主义，这是本书中理论性较强的两章，但它们奠定了本书的理论基础。第五章比第四章更加理论化一些，没有儒学基础的读者可以把重点放在第四章。第六至第十章讨论儒家政治的原则和宪法架构，包含许多从儒家经典出发的政治哲学推导和论述，如读者没有儒学和政治哲学的基础，可以把重点放在第十章即儒家政治的宪法架构上面。第十一章和第十二章分别讲述历史上的儒家政治和儒家政治在当代的表现，是本书较为"轻松"的两章。第十三章讨论儒家政治与自由主义之间的关系。这一章包含许多理论论述，尽管一般读者应该可以理解，但其中的哲学论述并不轻松。最后，第十四章从回顾儒家对欧洲启蒙思想家的影响开始，落脚点在儒家如何在当代和未来再次走向世界，一般读者读来应该没有问题。

第二章
从华盛顿到特朗普

我们今天看到的选举民主，是西方社会过去三百多年演进的结果。在这三百多年间，西方的治理模式从一种精英化的自由主义政府演变为今天的大众民主。在建国之初，美国国父们所构想的美利坚合众国是一个包含众多精英因素的共和国，他们做梦也不可能想到，美国政治会走到今天这一步，产生像特朗普这样一位总统。在自由主义政府的发祥地英国，民主的成分在19世纪和20世纪逐步增加，发展到今天，重要的决策都采取全民公决的方式，以致让英国做出"脱欧"这样草率的决定。在欧洲大陆，右翼民粹主义政党纷纷走上前台，对欧洲的开放社会价值观发起挑战。民主在世界范围内大大扩张，而民主的内涵也被发掘到了极限。这三百多年间发生了什么，才使得西方的治理模式发生了如此之大的变化？民主是否也如同其他制度一样，有自己的生命周期，在经历了三百年的上升期之后，已经开始了它的下降期？

光荣革命

世界上第一个按照洛克的自由主义政府的理念建立起来的国

家是美利坚合众国，但在此之前，合众国的母国——英国——在合众国确立其宪法之前一百年就已经开始了现代化转型，这就是发生在1688年的光荣革命。一般认为，光荣革命确立了英国的宪政制度，为世界开启了自由主义政府的大门，而它的精神来源，是1215年的《大宪章》。

欧洲的古代社会与秦以后中国的古代社会相差甚大。秦确立了官僚帝制，开启了中国两千年大一统王朝更替的历史。官僚帝制的特点是皇帝依赖于他的官僚系统对国家实行统治，国家权力是垂直的，最上面是皇帝，中间是各个等级的官僚，最下面是黎民百姓。中国的官僚帝制不是停滞的，前一千多年发生了巨大的变化，到宋代几乎要形成中国式的"虚君共和"体制；它的停滞发生在后一千年，到清代已经蜕变为赤裸裸的帝王秘密政治。如果一定要做一个类比，那么欧洲的古代社会与中国的西周社会更像一些，都属于分封君主制的范畴。"分封"的意思是君王的统治靠分封的贵族来实施。贵族们有自己的采邑，在采邑内收税；作为对君王的回报，贵族要给君王缴纳部分税收，在危难时刻，要出兵保护君王。从君王的角度来看，拥有绝对的权力是他的最终目标。而君王之所以愿意把部分权力分给贵族，要么是因为他的统治力薄弱，无法全面控制贵族；要么是因为疆域太过辽阔，无力实现中央集权。因而，分封制也多出现在一个疆域过大的社会或社会政治文明的早期阶段，前者如罗马帝国和蒙古帝国，后者如英国《大宪章》出现的时期。

英国的政治历史，是从11世纪诺曼人入侵开始的；在此之前，英国还处在部落时代。如同其他任何政治文明一样，内战是英国政治文明演进的内在动力；加之欧洲王室之间的联姻和战争，英国的统治权几经转手，到13世纪中叶，落入了安茹家族之手，确立了金孔雀王朝。王朝的前几任国王，都曾发动与国内或海外贵族的战争，其间有胜有负。第四任国王——"坏国王"约翰——横征暴敛、专权跋扈，用重税和不公正的司法打压贵族和平民，并拒绝承认教皇指令，最终导致贵族的反抗，被迫于1215年6月15日签署《大宪章》。在那个时代，当然不会有自由主义政府的概念，贵族们强迫"坏国王"签署《大宪章》，只是想限制他的专横权力。这是一个古代意义上国王与贵族之间的协议，谈不上"宪章"。事实上，贵族们一离开，约翰就撕毁了《大宪章》，而他的儿子亨利三世，尽管多次重申《大宪章》的部分内容，但也发动过与贵族之间的战争（第二次诸侯战争）。进入15世纪之后，英国的王权得到强化，直到1688年的光荣革命，《大宪章》再无人提及。

光荣革命之后颁发的《权利法案》确立了议会和普通法庭的权威，因而奠定了英国宪政的基础，但就其对王权的限制而言，则很大程度上继承了《大宪章》的内容。《大宪章》不承认国王拥有至高无上的权力，而是把他看作所有贵族"同等中的第一个"；在最重要的第61条即"安全条款"中，它赋予25位男爵组成的委员会纠正国王错误的权力：

> 如朕或朕之法官、管家吏或任何其他臣仆，在任何方面干犯任何人之权利，或破坏任何和平条款……则此二十五男爵即可联合全国人民，共同使用其权力，以一切方法向朕施以抑制与压力，诸如夺取朕之城堡、土地与财产等等，务使此项错误终能依照彼等之意见改正而后已。[1]

---

[1] 《大宪章》，陈国华译，商务印书馆2016年版，第45页。

而且,《大宪章》第39条给予自由人免受专权干扰的权利:

> 任何自由人将不受逮捕、囚禁、没收财产、剥夺法律保护、流放或以其他任何方式受到伤害;朕亦不会对之实施暴力或派人对之实施暴力,除非通过其平等人士合法裁决或英格兰法裁决。[1]

这里的"自由人",仅仅是指"大教主、主教、郡长、总管、家臣以及所有乡长与忠实臣民"等享有人身权利和行动自由的人。[2] "平等人士"亦然,指的是与当事人处在同一阶层的那些人,因此,"贵族的案子由贵族裁决,自主持有土地者的案子由自主持有土地者裁决……"。在分封制下,贵族和"自由人"享有比官僚帝制下的官员和士绅更多的权利和独立性,因而往往成为限制王权的重要力量,而不是像官僚帝制下的官员和士绅那样,总是王权的拥护者。

注意,《大宪章》的条款是以国王的口气写的,因此,与其说它是国王和贵族之间的契约,毋宁说是国王向贵族们让渡权力的承诺书。这个差别很重要,因为宋太祖赵匡胤也给子孙立下过不杀士大夫和言事之人的誓约,如果北宋不亡,是否有一天改革者也会把这个誓约拿出来,成为要求君主立宪的依据呢?

但是,英国的现代化转型也具有中国所没有的条件,这就是宗教。都铎王朝的国王由于来自苏格兰的缘故,都明里暗里信奉天

---

[1] 《大宪章》,第44—45页。
[2] 当时全国人口中自由人仅占10%左右。参见《大宪章》第27页注释8。

主教，而英国的国教也成为国王的御用工具。在反对国王的议会里，信奉清教的新兴资产阶级却占据主流。在17世纪议会和国王的漫长斗争中，清教起到了帮助议会凝聚人心的作用。光荣革命的导火索仍然是国王与议会之间的宗教对立，但背后的实质却推进了一步。如福山所言："国王与议会争斗的结果是1688—1689年的光荣革命，詹姆士二世被迫退位。直接原因是天主教徒的詹姆士二世试图扩军，并配以天主教军官。……更大原因则与会议当初反对国王导致内战的原因相同：合法性最终应基于被统治者的同意，得不到同意，国王无权强加于人。"[1]

福山的总结似乎有些过了。很难讲英国内战开始的时候，议会及其支持者就具有了洛克式的政治理想；宗教冲突以及国王本人的肆意妄为，更可能是内战的原因。然而，光荣革命让洛克得以发展出自由政府的概念，却是确切的事实。诚如福山所总结的：

> 光荣革命导致了政治合法性的思想大改变。作为这些事件的评论家和参与者，哲学家约翰·洛克扩充了霍布斯的观点，即国家源于为保障天赋权利而签署的社会契约。……光荣革命不是某个统治者或一群精英从他人手中夺得国家和租金，而是定出如何选择后继统治者的原则。从洛克的《政府论》下篇，到美国革命和美国创始人的宪法理论，其间距离很短。尽管现代民主有复杂的方方面面，但1688—1689年的事件，牢固建立了政府合法性来自被统治者的同意的基本原则。[2]

---

[1]［美］弗朗西斯·福山：《政治秩序的起源：从前人类时代到法国大革命》，第376页。
[2]［美］弗朗西斯·福山：《政治秩序的起源：从前人类时代到法国大革命》，第377页。

光荣革命之后，王权没有消失。"经过光荣革命、维多利亚寡居等历史事件，英国君主逐渐从政治前台消失但仍留有一些法律特权，资产阶级、劳动大众乃至后工业社会的新兴阶层前仆后继挤进会场却始终未能一手遮天、垄断权力。"[1]今天，英国君主仍然是"不可能错"的君主。如果愿意的话，他就可以干涉朝政；他也许不会成功，但足以引起一场宪法危机。光荣革命没有为英国建立一个民主政体，而是一个君主制和贵族制的混合政体。英国的民主化，要等到19世纪开始之后。

华盛顿的遗产

在赢得独立战争之后的最初几年，北美的13个殖民地只是组成了一个松散的邦联，美利坚合众国的诞生，还要等到合众国宪法生效、华盛顿于1789年4月30日在纽约就任合众国第一任总统之后。然而，宪法在1787年的费城制宪会议上就获得了通过，之所以要等待两年，是因为要等待至少9个州的批准，而在此期间联邦党人和反联邦党人之间发生了巨大的分歧和持续的争论。联邦党人以汉密尔顿和副总统亚当斯为代表，反联邦党人以杰斐逊等人为代表。双方争论的焦点是联邦政府和各州之间权力的分配，联邦党人主张建立强大的联邦政府，而反联邦党人坚持维护各州的权力。最终，双方达成妥协，宪法获得实施，但随后于1789年9月25日增加10条修正案（统称《权利法案》），其中很大一部分是对州权的肯定。

---

[1] 王振民、屠凯：《大宪章的现代法政价值》，载《大宪章》，第65页。

在州权之外，无论是联邦党人还是反对他们的人，都认同洛克式的自由主义共和国。但是，如何构建一个共和国，在当时没有先例。美国的国父们因此想到了罗马共和国。汉密尔顿对罗马共和国如此痴迷，以至于他和麦迪逊、杰伊在发表后来被收入《联邦党人文集》的文章的时候，使用的笔名是一位罗马执政官的名字：普布利乌斯。罗马共和国是一个带有贵族制、君主制和民主制三种体制特征的混合政体。它的最高权力属于由贵族构成的元老院；行政权由执政官掌握，执政官由元老们推举，任期只有一年；几个公民大会则代表成分不同的民众，并推举保民官，对执政官和元老院形成牵制。但是，罗马共和国不是洛克式基于公民契约的自由主义共和国，它的共和国特征更多的是体现了人类社会孩提时代学会的平衡各种势力的方法。联邦党人从罗马共和国汲取灵感，构建洛克式的自由主义共和国。

自由民之间的契约是洛克式自由政府的基础。在当时的英国，自由民指的是有产者，而在当时的美国，则是指所有白人和北方自由的黑人。在美国南方，包括输出建国者最多的弗吉尼亚州，奴隶制仍然合法，即使是华盛顿，也拥有大量的黑人奴隶。在合众国架构中，体现自由民契约的是众议院，它代表全体民众，成员按人口比例从选区里选出。这也是合众国架构里的民主成分。此外，为体现给予各州的平等权力，宪法设立参议院，成员由每州推举两位议员构成。参议员不代表人民的普遍意志，而只代表各州的诉求。参议院的名称直接取自罗马共和国的元老院（senate），因而带有强烈的贵族色彩。从建制上来看，参议院不能启动立法程序，但所有众议院的立法必须经由参议院同意方可报总统批准，另外，参议院还享有批准总统对官员任命的权力，因此参议院的实际职责也确实具有贵族院色彩。对美国国父们来说，美利坚合众国不是一个民主制国家；相较于听信于民众，他们更愿意把权力的最后一道锁给予精英。最能体现这点的，是他们对总统这个职务的设置。

跟随洛克的思想，美国的建国者们拒绝了君主制；但他们也没有采纳英国的内阁制，而是创造了一个新的政府模式，即总统制。对于联邦党人来说，赋予总统强大的权力，是共和国建构中不可缺少的一环。在论述行政部门权力的时候，汉密尔顿非常直白地写道："决定行政管理是否完善的首要因素就是行政部门的强而有力。舍此，不能保卫社会免遭外国的进攻；舍此，亦不能保证稳定地执行法律；不能保障财产以抵制联合起来破坏正常司法的巧取与豪夺；不能保障自由以抵御野心家、帮派、无政府状态的暗箭与明枪。"[1]

总统如此之强大，自然需要其候选人具有高尚的品格和强大的能力。华盛顿无疑为此树立了一个无可替代的榜样。华盛顿领导了美国的独立战争，1787年美国宪法制定之后，又成为美利坚合众国的第一任总统。除了曾经蓄奴之外，他一生几乎完美无瑕，成为举世敬仰的政治楷模。1848年7月4日，华盛顿特区为华盛顿纪念碑奠基，并向各州、各国征集纪念物。在美国传教士的帮助下，大清向美国赠送了一块石碑，于1853年立于修建中的华盛顿纪念碑旁边。碑文由福建巡抚徐继畬题写：

> 华盛顿，异人也。起事勇于胜广，割据雄于曹刘。既已提三尺剑，开疆万里，乃不僭位号，不传子孙，而创为推举

---

[1] ［美］汉密尔顿、［美］杰伊、［美］麦迪逊：《联邦党人文集》，程逢如、在汉、舒逊译，商务印书馆1980年版，第356页。

之法，几于天下为公，骎骎乎三代之遗意。其治国崇让善俗，不尚武功，亦迥与诸国异。余尝见其画像，气貌雄毅绝伦。呜呼！可不谓人杰矣哉。……米利坚合众国以为国，幅员万里，不设王侯之号，不循世及之规，公器付之公论，创古今未有之局，一何奇也！泰西古今人物，能不以华盛顿为称首哉！

在大清风雨飘摇之际，徐大人的溢美之词恐怕别有深意。就其本性而言，华盛顿本来就是一个极其自律之人。1783年12月23日，大陆会议在安纳波利斯举行仪式，华盛顿在这里交出委任状，把总司令之职交还给象征着人民权力的大陆会议。整个仪式只持续了5分钟，华盛顿的讲话更是简短，他说："现在，我已经完成了赋予我的使命，我将退出这个伟大的舞台，并且向庄严的国会告别。在它的命令之下，我奋战已久。我谨在此交出委任并辞去我所有的公职。"

在日常生活中，华盛顿可以说是一个很无趣的人，有人甚至说，与他共进晚餐如同参加一次严肃的葬礼。在隐退六年之后，他被选举团全票推举为美利坚合众国第一任总统，四年之后，再次全票当选。再过四年，他坚决不再谋求连任，从此奠定了美国总统最多只能连任两届的传统。人们选择他，不完全是因为他治理国家的能力，更多的是因为他近乎完美无瑕的品格。正如1783年大陆会议议长在回答他的辞职演讲时所言："你在这块新的土地上捍卫了自由的理念，为受伤害和被压迫的人们树立了典范。你将带着同胞们的祝福退出这个伟大的舞台。但是，你的道德力量并没有随着你的军职一齐消失，它将激励子孙后代。"也许是被他的高尚品格所感染，他在独立战争期间的秘书汉密尔顿在构思美国宪法的时候，特别强调个人品性对于总统这一至高职务的重要性。在论及总统的产生时，他写道："搞卑劣权术的本事，哗众取宠的小动作，可能把一个人抬到单独一州的最高荣誉地位；但要使一个人在整个联邦受到尊重和信任，则需要真正的才能和不同性质的优点，要使一个人成为合众国总统这样显要职务的当选人，至少也需要相当的才能和优点。这个职务十之八九会由德才都很杰出的人担当，这样说恐怕也不算过分。"[1]

但是，谁来判断哪位候选人具备这样的品质呢？现代选举制度把这个任务交给了所有选民，但美国的建国者们却不那么相信普通选民。他们授予了选民选举民意代表的权利，却没有给选民直接选举总统的权利。按照美国宪法，总统由选举团选举产生。选举团由各州推举的选举人组成，后者是地方上德高望重的人士，他们可以根据自己的意愿投票选举总统。不仅总统需要德才兼备，而且，有资格选举总统的人也必须具有一定的德性和能力，既能够辨别政客的谎言，也能够辨别真正的领袖所必备的品质。美国的缔造者们给合众国设计的不是一个民主制度，而是一个带有强烈精英色彩的混合制度。

民主化

生活在光荣革命之后近百年的英国国民，大体上过着简·奥斯汀笔下田园牧歌般的生活。普通人的活动范围，很少超越方圆几十里的地方，国家事务对于绝大多数人来说，是很遥远的事情，因

---

[1] ［美］汉密尔顿、［美］杰伊、［美］麦迪逊：《联邦党人文集》，第348页。

而由精英主导的自由主义政府可以持续。社会变革在缓慢地发生，但还无法撼动旧有的社会秩序。变化发生在新加入联合王国的苏格兰。英格兰在启蒙运动中基本上是缺席的，反倒是落后的苏格兰为启蒙运动做出了巨大的贡献。[1]苏格兰人崇尚经验主义，他们不会创建霍布斯和洛克那样的建构性理论，而是相信他们日常所观察到的事物，并从那里出发导出他们的理论。大卫·休谟被后人认为是怀疑论者，他如何从"是"推导出"应该"的问题，至今仍然困扰着哲学家们。凯姆斯勋爵是18世纪苏格兰启蒙运动的主要组织者，他相信，"占有是人生而俱来的特性"。亚当·斯密为人的占有欲找到一个出路，即市场。但市场不是建构出来的，而是斯密根据他的观察总结出来的。斯密的经济学是人类发展出来的第一个关于社会的实证学科。这种实证的取向，不仅体现在思想界，而且也体现在科学领域和社会生活的方方面面。这就不难理解，为何蒸汽机是苏格兰人瓦特发明的。

英国的田园诗般的生活随着蒸汽机的发明而逐渐被打破。蒸汽机让大工业变成现实，大量劳动力涌入城市，成为靠他人提供就业机会的无产者。这些后来被经济学家刘易斯称为"剩余劳动力"的无产者，极大地压低了他们自己的工资待遇。如果说过去农村的困顿生活还可以被田园牧歌的假象所掩盖的话，那么现在无产者的赤贫和悲惨遭遇则被毫无遮掩地暴露在世人面前。

旧秩序的卫道士们从罗桑瓦隆所定义的"自然平等论"出发，认为每个人都是"自然平等的"个体，无产者之所以陷入贫困，要

---

[1] 关于苏格兰启蒙运动以及苏格兰对大英帝国的贡献，参见〔美〕阿瑟·赫尔曼：《苏格兰：现代世界文明的起点》，启蒙编译所译，上海社会科学院出版社2016年版。

么是因为他们太懒惰,要么是因为他们不知节俭,政府和社会与此毫不相干。[1]这样的辩护,显然不能让无产者满意,也不能让认真思考社会前景的精英们满意。边沁因此提出了功利主义学说,告诉人们,人的目标是追求幸福,而社会的目标是追求个人幸福的总和。这个听起来不错的理论后面,是幸福可以在个人之间转换的假设,由此,一些人幸福感上升带来的社会效用的提高,就可以弥补另一些人幸福感下降带来的社会效用的下降。映射到现实社会中,结论就一目了然:如果无产者的苦难可以增加全社会的福利总和,那么,这样的苦难就是可以容忍的。对于精英阶层来说,功利主义成为他们为现状辩护的一个武器,因而得以统治西方政治哲学界长达一个多世纪;但对于底层民众和中产阶级来说,这不过是资本主义的一块遮羞布。原始资本主义不仅造就了一无所有的工人阶级,而且破坏了社会纤维,让社会进入失序状态,因此必定会引起社会反抗。市场的扩张与社会的反抗共存的"双向运动",成为塑造19世纪英国资本主义的主要特征。[2]社会的反动从两个相互纠缠的侧面展开。

一方面,一些仁人志士认识到,他们所观察到的苦难,是资本主义本身造成的,要消除这些苦难,就必须改变资本主义制度,建设一个全新的社会。空想社会主义者的理论和实践就是这方面的产物。受空想社会主义的启发,马克思对资本主义的逻辑进行了深刻的分析,并从中发现,私有制是资本主义万恶之源,它导致了资本家对工人的剥削,导致了人和社会的异化。对马克思而言,无产者摆脱被剥削状态的唯一路径是联合起来,对资产阶级发动阶级斗

---

1 Pierre Rosanvallon, *The Society of Equals*, Harvard University Press, 2013.

2 [英]卡尔·波兰尼:《大转型:我们时代的政治与经济起源》,浙江人民出版社2007年版。

争，消灭私有制，建立无阶级差别的共产主义社会。在马克思主义的旗帜下，19世纪下半叶，左翼工人运动风起云涌，席卷欧洲和北美大陆。

另一方面，社会的反动以一种更加温和的方式展开，这就是民主化。与你死我活的阶级斗争不同，民主化不改变资本主义的经济制度，而只改变资本主义政治的决策过程。洛克式的精英自由主义政府只把政治决策权力授予精英，民主化则要求普通民众也获得决策权力。政治学者蒂利因此说："当一个国家和它的公民之间的关系呈现出广泛的、平等的、有保护的和相互制约的协调这些特点，我们就说其政权在这个程度上是民主的。"[1]民主化是一场宏大和持久的社会运动，但究其实质，是选举权的扩大。按照亨廷顿的定义："民主的核心程序是，由民主政府所管治下的人民通过竞争性选举来选拔领袖。对民主这一理念的最为重要的表述是由约瑟夫·熊彼特于1942年时做出的。在他的《资本主义、社会主义与民主》这部开创性的研究成果中……他说：'民主方法是为了达成政治决定而做出的这样一种制度安排：在这种制度安排中，通过竞争人民手中的选票，个体获得做出决定的权力。'"[2]

通过几次立法，英国男性逐渐获得选举权。这当然是和工人运动分不开的。当今政治经济学界很有影响的两位学者阿西莫格鲁和罗宾逊认为，选举权在欧洲的扩大，是平民和精英之间斗争的结果。这个解释应该是没有错的，但是，为了让他们的理论更像一个经济学理论，他们给他们的理论模型增加了一个所谓的"承诺问

---

[1] [美]查尔斯·蒂利：《民主》，魏洪钟译，上海人民出版社2015年版，第12页。
[2] [美]塞缪尔·P.亨廷顿：《第三波：20世纪后期的民主化浪潮》，欧阳景根译，中国人民大学出版社2013年版，第4页。

题"：精英本可以给平民让渡更多的物质利益，以换取平民的不反抗，但是，精英这样的承诺是不可信的，因为一旦平民不反抗了，精英就有动机减少对平民的物质让渡。[1]但这样的"承诺问题"恐怕并没有在现实中存在过；平民要求获得更多的政治权利，当然有要求更多的经济利益的动机，但更为重要的，是要通过政治参与获得决定自己命运的权利。在这里，罗珀对工人运动的总结无疑是正确的，他写道：

> 绝大多数成年人拥有公民自由和选举权，实际上这在民主的历史长河中是一个近期的变化。的确，只是在19世纪末期以来，我们才第一次看到多数成年人拥有这种自由和权利的民主。选举权的扩大，是人民大众通过斗争反对各种主要限制——阶级、性别和种族——而取得成功的。在多数情况下，工人阶级及其同盟在此类斗争中起着关键作用。有时候，当工人阶级斗争的第一波遭到失败后，选举权则扩大一点。但这类斗争的规模越来越大，向统治阶级及其政府清楚地表明，选举权决不能永远只局限于有产者手中。[2]

但是，民主化在欧洲的完成，还要等到第一次世界大战之后。在此之前，工人运动在欧洲是跨越国界的。马克思的革命足迹遍及

---

1 Daron Acemoglu and James Robinson, "Why Did the West Extend the Franchise? Democracy, Inequality, and Growth in Historical Perspective", *The Quarterly Journal of Economics*, Volume 115, Issue 4, November 2000, pp. 1167–1199.
2 ［新西兰］布莱恩·S. 罗珀：《民主的历史：马克思主义解读》，王如君译，人民日报出版社2015年版，第254页。

欧洲的主要工业化国家，对各国工人阶级悲惨生活的观察让他相信，工人是没有国界的，全世界的无产者是可以联合起来的。在社会的另一面，各国贵族也倾向于认为，他们的事业是没有国界的。毕竟，自法国大革命之后，欧洲的贵族们就不断地忙于抵抗各种革命和革命带来的扩张：先是对付拿破仑的对外战争，然后是各国无产者的起义，最后是俄国革命。第一次世界大战打破了欧洲所谓的百年和平，并使用了我们今天看到的除导弹之外的所有战争武器。这是人类第一次真正的"炮与火"的战争。在战争初期，各国还在使用过去以集体冲锋为主的作战方式，造成大量士兵死于炮火之下。[1]各国贵族身先士卒，带领士兵冲锋，他们的死伤比例因而高于普通士兵。当战争进入拉锯战之后，各国军官和士兵不得不蜷缩在狭窄的堑壕里，并肩作战。由此而产生的友谊，跨越了阶级，同时也强化了民族国家。战争告诉各国国民，国界是存在的，民族国家比阶级更为重要。[2]除此之外，战争还产生了一个意想不到的结果，即让社会认识到女性的能力。一战是第一次女性大规模参与的战争。尽管女性没有直接参战，但在国际红十字会的旗帜下，女性第一次走上前线，担负起救死扶伤的任务。在各国国内，女性大规模参与工厂就业，为战争生产枪炮弹药。这就难怪在一战之中或一战结束不久，欧洲和北美各国就纷纷授予妇女投票权。挪威在战前就授予妇女投票权（1913年），丹麦紧随其后（1915年）；到战争快结束的时候，加拿大、俄国、德国和波兰承认妇女的投票权，接下来是荷兰（1919年）。通过1918年和1928年两次立法，英国授

1　参见John Keegan, *A History of Warfare*, Vintage, 1994, 第5章，Fire。

2　Pierre Rosanvallon, *The Society of Equals*.

予妇女投票权；1920年，美国妇女获得完整的投票权；绝大多数加拿大妇女于1922年获得完整的投票权。

一战之前，随着工人生活条件的改善，欧洲各国就开始出现左翼政党；一战之后阶级矛盾有所缓和，更是让一些工人运动理论家开始重新思考阶级对立问题。以英国工党和德国社会民主党为代表，左翼政党开始在欧洲普遍出现。阶级斗争被议会政治所取代，直到今天。

但是，在很长时间里，西方的民主仍然带有浓重的精英主义色彩。这种精英主义能够存在并延续下来，既有历史原因，又有苏联领导的社会主义阵营对西方民主的挑战的原因。苏维埃政权在成立之后的二十年里，尽管也犯过一些严重的错误，但总体而言在经济建设方面取得了傲人的成就。20世纪30年代在西方经济学界发生了社会主义大辩论。辩论的正方以哈佛大学的年轻教师、波兰裔的奥斯卡·兰格为代表，辩论的反方以奥地利学派的米塞斯和哈耶克为代表。兰格认为，既然市场一般均衡最终可以归结为求解一组以价格为未知数的产品市场出清方程，那么，社会主义计划者就可以在桌面上模拟一般均衡下的虚拟拍卖者的角色，完成对方程组的求解，获得价格，并由此决定各种产品的生产和消费。奥地利学派反对国家计划，哈耶克给出的理由最具说服力：计划者无法获得计划所需的所有信息，特别是关于个人消费偏好和企业生产能力的信息，除非计划者把国家变成一个警察国家。[1] 但是，当时西方的进步知识分子从苏联带回到西方的消息都是关于苏联的好消息：这个社会主义国家在阔步向着一个发达国家迈进。哈耶克的醒世危言也

---

1 ［英］哈耶克：《通往奴役之路》，王明毅等译，中国社会科学出版社1997年版。

就没有人理会了。二战结束之后，冷战的"铁幕"把欧洲一分为二，西柏林成为社会主义红色海洋中的孤岛。苏联似乎继续以不可阻挡的速度高速发展。它很快继美国之后实现了核爆，并领先美国于1957年发射了人类历史上第一颗人造卫星，并于1961年实现载人航天。西方阵营与苏联阵营的竞争是全方位的，但最根本的是洛克式的自由主义政府和马克思共产主义理想之间的竞争。当一个强大的外敌存在的时候，一个国家内部更容易团结起来，而团结需要强大的领导人。年轻的约翰·肯尼迪因此应运而生，44岁就成为总统，至今仍然是美国历史上最年轻的总统。他受命于美苏争霸的高峰时期，表现了一个领袖应有的品质。在1961年的就职演讲中，他诚恳地要求美国人民："不要问你的国家能为你做什么——要问你能为你的国家做什么。"面临古巴导弹危机，他敢于采取边缘策略，明确告诉赫鲁晓夫，如果苏联把导弹运到古巴——哪怕是以民船运输，美国将对苏联的运输船只进行拦截。他的决断最终把赫鲁晓夫吓了回去。他主导制定了阿波罗登月计划，最终，美国在他身后实现了对苏联的太空赶超。在国内，他实施了美国战后最大的发展计划，让千百万底层民众受益。可惜，他英年早逝，1963年11月被暗杀。在他身后，民权运动如火如荼，反战运动一浪高过一浪，美国社会进入一个转折点，反传统、反体制、反精英成为一代年轻人共同的经历。在世界范围内，受中国"文化大革命"的影响，激进运动风起云涌，欧洲更是成为中国之外文化风暴的中心。权威在瓦解，精英民主让位给大众民主。

20世纪五六十年代，随着殖民地的纷纷独立，第三世界掀起一波新的民主化浪潮。这就是亨廷顿所说的民主的第二波浪潮，民主在南欧、拉丁美洲、南亚和非洲纷纷出现。但是，这一波民主化是不稳定的，许多国家都出现过反复。亨廷顿把1974年之后的民主化划入第三波民主化浪潮。这其中，柏林墙倒塌之后发生在苏东欧的剧变，极大增加了民主国家的数量。在此之后，尽管一些国家出现过反复，但总体而言，民主在全球呈现扩大趋势。根据布莱恩·罗珀的统计，"实行民选政府的民主国家1987年是66个，占所有国家的40%；到1995年，增加到了47.6%；2006年增加到了123个，64%；2011年为60%（195国中的117个）"。[1]也就是说，进入新世纪以来，采取一人一票制度的民主国家的个数，终于稳定地超越了非民主国家的个数。然而，民主的表现如何呢？尽管有学者力图用跨国数据证明，民主促进了经济增长，[2]但是，民主在其核心地带——美国和欧洲——以及发展中国家出现了巨大的治理问题，也是不争的事实。[3]

民主之殇

全球金融危机之后，大概没有多少西方的知识分子还坚持说，西方民主没有任何问题。金融危机导致了西方社会的撕裂。一方面，以华尔街为主体的金融资本家尽管制造了危机，但却在危机之后接着享受远高于常人的收入；另一方面，美国50分位数下的人口还停留在几十年前的收入水平上，"占领华尔街"的年轻人因此

---

1 ［新西兰］布莱恩·S.罗珀：《民主的历史：马克思主义解读》，第258页。

2 参见Daron Acemoglu, Suresh Naidu, Pascual Restrepo, and James A. Robinson, "Democracy Does Cause Growth", *Journal of Political Economy*, 2019, Volume 127, No. 1, pp. 47–100.

3 John Micklethwait, Adrian Wooldridge, *The Fourth Revolution: The Global Race to Reinvent the State*, Penguin Press, 2014.

要求美国制度的全面调整。不平等的加剧和阶层固化成为过去十几年来主导美国和欧洲公众讨论的议题之一。如何解释过去十几年西方社会收入不平等的加剧和阶层的固化呢？

经济学家皮凯蒂认为，大资本拥有者占有的收入在全社会产出中的份额上升，是资本主义发展的必然结果。道理在于，大资本拥有者的储蓄率高于普通人，而储蓄回报率高于经济增长率，所以长期来看，资本将向大资本拥有者集中，且与经济总量的比值上升，从而也导致其收入占社会产出的比例上升。[1]皮凯蒂的这个理论，与马克思的资本有机构成理论如出一辙，都说明资本主义会导致资本收入相对于劳动收入的增加。皮凯蒂与马克思的不同之处在于，他没有像马克思那样推导出资本回报率的下降，而是假设资本主义已经在稳态上运行，因而资本回报率以及经济增长率会达到稳定的常数，从而避免了马克思关于资本主义会因资本回报率趋近于零而必然灭亡的结论。

但是，收入差距的扩大和固化，让一些人开始怀疑资本主义内在的激励机制是否还起作用。资本主义的成功，很大程度上是因为它把亚里士多德的比例原则作为唯一的公正原则；多劳多得、能者多得，是资本主义天经地义的事情。这是一种贤能主义的体系，曾经是推动资本主义这架机器高速运转的原动力。然而，今天却有人开始对它产生怀疑了。耶鲁大学法学教授丹尼尔·马科维茨就是其中之一。在其新书《贤能主义陷阱》里，[2]马科维茨试图证明，贤能主义是加速美国社会分裂的罪魁祸首。对于下层家庭来说，通

---

1 ［法］托马斯·皮凯蒂：《21世纪资本论》，巴曙松等译，中信出版社2014年版。

2 Daniel Markovits, *The Meritocracy Trap: How America's Foundational Myth Feeds Inequality, Dismantles the Middle Class, and Devours the Elite*, Penguin Random House, 2019.

过努力爬上社会阶梯是不可实现的梦想,他们能做的,只是疲于奔命,勉强维持今天的生活。中产阶级的生活也不轻松,他们还怀有挤入上层社会的梦想,因而花费往往超出他们能力的金钱和时间,希冀让他们的子女接受最好的教育,但最终只有少数家庭能够完成从中产向上层社会的飞跃。以华尔街为代表的上层社会,其成员尽管享受丰厚的收入,但也不得不承受巨大的工作压力;加班成为常态,上层社会的生活并不愉快。马科维茨笔下的美国社会,似乎成了一头被贤能主义控制的疯狂奔跑却无法前行半步的怪兽。

比马科维茨更进一步,激进政治学家布莱恩·罗珀将矛头指向资本主义生产的不民主,并将之与资本主义政治的虚假民主进行对比。他说:"在这里要强调的……是资本主义生产关系的内在的和必然的不民主特性。劳动力的一般商业化掩盖了社会关系在生产领域的权威性(工作场所一般是按等级、不民主地加以分配的),也掩盖了按市场机制进行资源分配的不民主性。换言之,构成资本主义生产方式的生产关系必定是不民主的,确切的原因是:它们依赖于系统性排斥直接生产者对生产资料、劳动力和资源分配施行有效的控制。"又说:"代议制民主制造了骗局,不是因为它不民主,而是因为这一特殊的民主方式存在内在的缺陷:它系统而肯定地排除大多数劳动公民对他们工作场所、资源分配、社会机构和国家实行有效的控制。代议制民主是个骗局,还因为它在意识形态上创造和保持了人民做主和施加影响的幻象,而实际上则是在破坏和限制人民施加影响。"[1]

罗珀对资本主义和代议制民主的批评,代表的是"占领华尔

---

[1] [新西兰]布莱恩·S.罗珀:《民主的历史:马克思主义解读》,第292页。

街"的年轻人的声音，同时也和参与美国两届总统选举的伯尼·桑德斯的想法一致。后者赢得众多激进民主党选民的支持。看来，随着美国收入鸿沟的扩大，信奉社会主义的民众数量在增加。2020年疫情期间，明尼阿波利斯警察过度执法造成一位黑人死亡，在全美引发大规模骚乱，游行示威的队伍中出现了苏共旗帜，说明社会主义开始在美国普通民众中占据一席之地。

但是，美国不平等的加剧，可能与资本主义或民主政治本身无关，而与它目前所处的经济发展阶段有关。美国曾经有过辉煌，二战之后的二十年是美国社会的黄金时代，20世纪90年代也是不错的，原因在于，那时候的美国经济充满活力，各项产业在技术进步的催化下蓬勃发展，给各个阶层的人士都提供了充分的机会，贤能主义不仅没有阻碍阶层流动，反而大大推动了阶层流动。美国陷入今天的境地，可能不是因为贤能主义和代议制民主，而是因为技术进步在速度和广度两个方面都下降了。一方面，"长期停滞"是多数美国经济学家对美国目前和今后一段时间技术进步速度的判断。美国的技术领先全世界，但要继续维持很高的技术进步率非常困难。另一方面，随着美国产业向海外转移，美国技术进步的广度在下降，创新越来越向少数领域集中。这两个方面都会降低社会阶层的流动性：由于整体技术进步速度下降，民众收入增长就陷入停滞；而创新集中，需要的技能水平越来越高，让绝大多数美国人望而却步。

历史告诉我们，任何政体或社会都有周期，中国的王朝更替是最典型的例子。对于西方福利社会而言，一战结束至柏林墙倒塌是它的上升期，之后进入了平台期，全球金融危机之后则进入了下降期。发生在美国和欧洲的收入差距扩大和阶层固化，是福利社会进入下降期的表现。福利社会本身是资本主义的必然产物，是社会对赤裸裸的原始资本主义的反动。不可否认，福利社会对于提高下层民众的福利起到了决定性的作用。然而，任何事物走向极致的时候就会走向自己的反面，福利社会也是一样的，最为根本的是，它让民众失去了争取更加美好生活的冲动：生活如此之舒适，即使是穷人，也过着比发展中国家的普通人好过10倍的生活，为什么还要去努力呢？这是《经济学人》的两位资深编辑约翰·迈克尔斯维特和亚德里安·乌尔雷奇在他们的著作《第四次革命——全球重建国家的竞赛》一书中所要表达的忧虑。[1] 他们认识到西方民主出现了问题，但不认为民主需要根本的改造；他们把矛头对准了福利社会的膨胀。他们总结了西方社会三次半有关政府的革命，即霍布斯的利维坦、密尔的最小国家、20世纪的福利国家以及弗里德曼对大政府的批判。他们所谓的"第四次革命"，就是完成由弗里德曼开创的、里根和撒切尔夫人没有贯彻到底的反福利国家的半次革命。然而，他们开出的药方多半是老生常谈，有一些新意的是建议政府采纳新兴技术手段，把政府职能尽量多地分散给社会和企业。正如两位作者自己所承认的，他们所秉持的政治倾向是《经济学人》的长期政治倾向，即倡导自由资本主义以及对政府的约束。但是，这个政治倾向极大地限制了他们对西方民主社会的认识，让他们把一个宏大的政治和社会问题简化为一个关于政府大小的技术问题。[2]

他们的著作的副标题点明了他们的写作动机，即在全球范围内，国家的概念在被重构，一些非民主体制已经出现赶超民主体制的势头。迈克尔斯维特和乌尔雷奇关注的是所谓的"亚洲选项"，

---

[1] John Micklethwait and Adrian Wooldridge, *The Fourth Revolution: The Global Race to Reinvent the State*.

[2] 本段和下面一段文字参考姚洋：《拿什么来规训民主——评〈第四次革命——全球重建国家的竞赛〉》，《经济导刊》2015年第2期。

即以李光耀的新加坡为代表并在中国大范围实施的威权-贤能体制。无怪乎他们开篇就从浦东干部管理学院说起，特别突出地描述了那里课桌造型的建筑以及谦虚好学的干部学员们。中国通过系统性地培养高能力的官员，大大提高了国家治理能力，而西方政府却在沉重的财政包袱和民粹主义的双重压力下举步维艰。这是两位作者拿"亚洲选项"说事的原因。他们并不是希望西方国家或其他任何国家借鉴"亚洲选项"，而是提醒西方国家领导人，中国把国家间的竞争放在首位，"亚洲选项"极有可能让中国至少是暂时性地领先西方发达国家。这不仅表现出他们的自负，而且也表现了他们对自由主义民主历史的选择性"无知"。福利社会走向自己的反面，仅仅是西方社会问题的表象；在更深层次上，恰恰是因为西方民主丢失了它原有的贤能成分，而任由自己滑入民粹主义的泥淖。民主已经不再是一架包含众多平衡机制的精巧机器，而只剩下了"民主"——为了选票，政客们不敢违背民众的任何诉求；政客甚至不能有自己的想法，因为一旦他有自己的想法，还没有等他说出来，他就已经落选了。从自由主义到民粹主义，是民主走向衰落的标志，而特朗普的当选以及之后美国的分裂是其中的典型事件。

特朗普的当选完全出乎人们的预料。2016年7月，在北京举办的"中美经济二轨对话"上，高盛前亚洲地区主管斯蒂夫·罗奇拿着手中的文稿大声宣布："如果特朗普当选，我把这些纸吃掉。"很不幸，特朗普在当年11月当选了。到第二年的1月对话在纽约举办的时候，大家仍然记着罗奇的"宣言"，但蛋糕代替了文稿。[1] 对

---

[1] "中美经济二轨对话"是由北京大学国家发展研究院和美国美中关系全国委员会发起的中、美经济学家和业界人士的对话，自2010年1月开始，每年召开两次，其中1月份在纽约，7月份在北京。

于自由派来说，特朗普的当选是难以想象的事情，他们对特朗普的移民政策、贸易政策以及对美国宪法的破坏深恶痛绝；而对于保守派、反全球化者以及一向沉默的中下层白人来说，特朗普是反建制的英雄，是美国再次走向"伟大"的领路人。这种分裂在特朗普弹劾案中表现得淋漓尽致。特朗普利用军事援助要挟乌克兰总统泽连斯基调查自己的潜在竞选对手拜登及其儿子，被当时的白宫国家安全助理博尔顿嘲讽为"毒品交易"，众议院的弹劾文件也展示了充足的证据，但在参议院中占绝对多数的共和党人不为所动。特朗普知道这一点，因此在参议院为弹劾案做马拉松式辩论的时候，他悠然地到达沃斯发表他的"我拯救了美国经济"的演讲。在采访中，当记者问到他的弹劾案时，他认真地回答道："我们有所有的材料，他们什么都没有。"[1]这个回答暴露了特朗普两个不可饶恕的问题。第一，他把美国政治分成"我们"和"他们"，"我们"指的是支持他的人，"他们"指的是反对他的人，特别是民主党人。对于他来说，美国不再是一个整体，而是根据他的好恶分裂成两大阵营。尽管自杰斐逊以来美国总统就带有了党派色彩，但没有一位美国总统不在公开场合声明自己是超越党派的。特朗普是第一个公开违背这个传统的总统。第二，更为重要的是，特朗普的回答实际上表明他已经违宪了：他的回答说明他向国会隐瞒了信息，就如同当年尼克松拒绝向国会提交录音带一样，这是违宪行为。特朗普不打自招，不完全是因为他狂妄自大，更多的是因为他对美国历史的无知。他的当选，是美国民主的耻辱。历史也许不会大书特书特朗普当选之后做了什么——毕竟，换一个总统之后，他的一些疯狂的政策，如

---

[1] 特朗普的采访见https://www.c-span.org/video/?c4848325/president-trump-we-material。

反移民、贸易战、"退群"等措施，都会得到纠正——但历史一定会告诉我们，特朗普的当选开启了西式民主从有序走向无序的大门。

前面说过，美国国父们设想的美国政体是一个现代版本的混合政体。在这个人为设计的政体里，总统是一个具有君主权威但受到多层制约的统治者，参议院具有罗马贵族院的强烈色彩，众议院是民意表达的场所，而最高法院行使阐释宪法的无上权威。这是美国建制的基础，是"主权在民，治权在精英"的完美结合。然而，在过去200多年里，这个基础被民主化浪潮不断削弱。选举院制度在19世纪初期就受到冲击，各州纷纷立法，规定选举人必须按照本州的多数票进行投票；时至今日，选举院制度在绝大多数州已经形同虚设，留下的却是候选人在各州"赢者通吃"的不尽合理的状况（在2016年大选里，特朗普比希拉里在全国的得票少近300万张，但仍然当选，就是一个证明）。20世纪20年代，参议员改由各州选民直接选举，参议院的贵族院特征基本消失。自20世纪90年代以来，最高法院多次带有明显党派色彩的判决（如对竞选捐赠和同性婚姻的判决）让其至高无上的权威受到怀疑。和其他西方国家一样，美国民主也走上了"斜坡"，向着原子化民主的坡底滑去。这个进程在2008年全球金融危机之后进一步加速了。党派之争不仅达到登峰造极的高度，而且变得异常碎片化。福山因此把美国政治称为"否决者政治"，他痛心的是美国失去了行动的方向和行动的能力。[1]

早在2200多年前，亚里士多德就在《政治学》中指出，民主有退化成群氓政治的危险。欧洲的民粹主义和美国的否决者政治是西

---

[1] 本段和下面两段文字引自姚洋：《从特朗普的当选看西式民主的危机》，《环球时报》2016年11月16日。

式民主滑向群氓政治的现代版本。特朗普的当选，再清楚不过地表明，美国先贤们所设想的"主权在民，治权在精英"的精巧治理模式已经被美国大众扔进了历史的垃圾箱。特朗普就是一个花花公子，他的所谓商业才能不过是他自己编造的神话；玩世不恭是他的人生哲学，政治不过是他可以把玩的一项嗜好。如果汉密尔顿重生，他一定会发现，这个人就是他所贬损的那种只掌握"一些低级计谋和民粹主义的雕虫小技"的投机者，根本不具备任何成为美国总统所必须具备的"其他能力和不一样的德性"。

特朗普的当选表明了西式民主的危机：它的政治结构已经无法阻止一个类似特朗普一样的人成为世界上最强大国家的领导者。二战之后，特别是冷战结束后，美国政府高举民主的大旗在全世界攻城略地，全然忘记了民主在本国还可能出现衰落。2021年1月6日，特朗普的跟随者不愿看到他的败选成为现实，聚集在华盛顿特区发动骚乱，并占领国会，议员们落荒而逃。国会被骚乱群众所占领，这在美国历史上还是第一次。美国民主已经无法容纳持续发酵近三十年并由特朗普推向高潮的民粹主义了。这不仅是美国右翼的问题，美国左翼也在滑向民粹主义，"黑命贵"运动的本质就是由身份政治演化而来的少部分人的民粹主义。在疫情中，民粹主义以另外一种形式表现出来。在维护个人自由的名义下，许多美国人，包括一些科学家和医生都站出来反对政府采取防护措施，他们无视科学研究的证据，反对戴口罩、打疫苗。以反对精英主义为特征的反智主义成为一种时尚。

西方民主开始走下坡路，实际上早在柏林墙倒塌的时候已经露出端倪。冷战结束，西式民主战胜了自己的竞争对手，自然要对自己的制度赞美有加，就像福山写作《历史的终结》那样。然而，既然民主如此之美好，为什么不在西方内部实现更多的民主呢？每个人都是同等重要的，每个人的意识形态、习俗、性取向等等，都应该得到尊重。20世纪90年代中期之前，到美国读书的中国学生都要给自己取一个英文名字，就像外国学生到中国都要取一个中国名字一样。后面的道理很简单，就是容易念，容易被别人记住。然而自那以后，基本上没有中国学生再取英文名字了，理由是，我们要保留我们自己的身份。而这种态度，也得到美国主流社会的尊重，所以，我们就会听到美国教授们费劲地叫出那些拗口的中国名字，如"shao-wha"（晓华）、"rong-qian"（忠谦）、"ru-yin"（梓欣）等等。民主胜利之后，普通人有了关注自己的机会，身份政治兴起是一个自然的过程。自由主义不再是一个全面的关于美好生活的学说，而是在最小"重叠共识"下每个公民的策略性选择：我尊重你的意识形态、习俗和性取向，我期待你也这样做。西方社会不仅失去了主流意识形态，而且已经不能讨论什么是一个美好社会；价值相对主义成为西方政治的主臬。阿兰·布鲁姆是美国自由派的眼中钉，他在1987年出版的著作《美国心灵的封闭》一书中，痛斥美国高校里盛行的价值相对主义摧毁了西方古典学术和价值；学生学到的不是思想，而是一些技术性的智慧，学生的心智因此被封闭起来。这样的评论，对于美国自由派而言不啻奇谈怪论。然而，这部著作至今已经发行了近百万册，可见美国的许多知识精英是认同他的批评的。[1]

抽象的平等主义和价值相对主义，让西方社会充斥着不真实的矫饰。本书作者之一在20世纪90年代初刚到美国留学的时候，

---

[1] 参见Alan Bloom, *The Closing of the American Mind*, Simon & Schuster, 2012。布鲁姆否认自己是保守主义者。在个人生活方面，他是一位同性恋者。他于1992年去世的时候，有传言说他死于艾滋病，这让美国自由派欢呼雀跃。

与导师合作写论文，要运用大量的数学知识。导师说，你的数学真好啊！他感慨，他博士毕业之后的第一份教职是在蒙大拿州立大学，那里的学生资质一般，其中有位学生根本无法听懂他的课，但还经常来办公室问他问题。每次他解释之后，学生仍是一头雾水的样子，但他仍然要鼓励学生："Give it a try, you can do it."（试一下，你能行。）可是，在他心里，他想说的是："Go home！"（回家去吧！）当然，他不能这么说，否则回家的不是那个学生，而是他自己。那位学生的知识水平根本没有达到读大学的程度，即使勉强毕业，也不可能找到与大学毕业生相配的工作。相比于正规大学，那位学生更应该去读一个技校或社区学院，学一门谋生的手艺。抽象的平等听起来激动人心，实则是遮盖了实质性的不平等，让社会失去改进的动力。在经济层面，不平等在扩大；在政治层面，平等在扩大，要求经济平等的声音不断高涨。结果是，人们把更多的精力投入到再分配上面，而不是如何把饼做大。皮凯蒂也许令人信服地展示了西方社会不平等的扩大，但他开出的药方——征收全球资本税——却完全是反动的，因为它只会打击社会生产力的提高，加剧社会的分裂，而不会对增加平等产生显著的作用。西方社会经济不平等的增加，是一个社会进入以较低和较窄的技术进步率为标志的稳态之后必然发生的事情。要改变这种状态，西方社会特别是美国需要进行重大的产业结构调整，重建制造业是其中的重点。比较而言，那些比较完整地保留了制造业的国家，如德国、瑞士、北欧诸国、日本等，社会分裂程度就比较低。这些国家的技术进步率不见得很高，但由于产业仍然比较丰富，技术进步的空间仍然较大，从而可以支撑更多的中间就业。这些国家的一个共同特征是，在它们的文化中，社会并不比个人处于更低的地位。比如，在德国的主流话语体系里，自由主义前面一定要加上"秩序"二字，因而，国家和社会保障个人的自由，但这是以维持一定的社会秩序为前提的。在没有这种文化的国家，民主就极容易走上"民主斜坡"，向着原子化政治的底部滑去。

如何阻止民主滑坡在西方国家的蔓延？迈克尔斯维特和乌尔雷奇其实已经给出了答案，即在民主政治里重新引进贤能主义元素，只不过他们不想承认这点而已。他们对"亚洲选项"的偏见蒙蔽了他们的心智。相较之下，两位印度学者更加诚实。政治学家德威什·卡普和经济学家阿文德·苏博拉马里安在2013年的一篇专栏文章里写道："值得记住的是，中国和印度在经济表现方面的差异不在于这两个国家拥抱市场的程度，因为它们都已经这样做了；毋宁说，差异源自中国的党国体制作为一个经济组织，比印度的国家组织更加主动、更加贤能，也具有更好的人力资本。在坚实的基础上重建印度国家组织不仅关系到印度将有什么样的未来，而且关系到它是否有未来。"[1]

西方民主的根本问题，是它在不断剔除其原有的贤能元素，听任社会沿着"民主斜坡"下滑而不自知，甚至津津乐道。严肃的政治讨论被激情的社会运动所替代，就连全球气候变化这样尚需科学研究进一步证实的事情，也变成了群众运动。从一个侧面来看，群众运动是西方社会走向平庸之后的一种集体疗伤方式。瑞典环保少女、16岁就出名的格蕾塔·桑伯格（Greta Thunberg）就是一个典型的案例。据她父亲说，她小的时候患有抑郁症，不吃饭，这让

---

[1] Devesh Kapur and Arvind Subramanian, "Rebuilding the Indian State", *Business Standard*, September 6, 2013.

他和妻子感到绝望。稍大一些的时候，她开始关注气候变化并参加相关活动。2018年8月，她开始连续三周在瑞典国会门前抗议，并发起"星期五为了未来"活动，影响遍及欧洲。2019年9月23日，她受邀登上联合国气候峰会的讲坛，发出了那句对成年人世界的著名诘问："How dare you?"（你们怎么敢？）随后，她被美国《时代》杂志评为2019年度人物，俨然进入世界领袖行列。一个16岁的孩子，能够达到如此"成就"，当然离不开成年人的推波助澜，联合国秘书长、奥巴马、希拉里等人对她赞赏有加，并为她创造走向世界舞台的机会。还是普京的头脑比较清醒，他隔空质问格蕾塔："如果一位非洲人也想过上瑞典人的生活怎么办？"格蕾塔的父亲更是和千千万万的父亲一样，更关心女儿的幸福，而不是气候变化。在接受BBC采访时，他说："我做了所有这些事情（指和女儿一起从事气候变化的宣传），我知道它们是正确的事情……但我这样做不是为了拯救气候，而是为了拯救我的孩子。"他又补充说："我有两个女儿，老实说，这对我来说很重要。我只希望她们幸福。"这才是一个父亲的真实想法，他的目标不是让女儿去拯救世界，而是要把女儿从抑郁症中拯救出来。

格蕾塔的成名，是西方矫饰政治之登峰造极的产物；面对西方的停滞，西方的自由派精英们似乎在这个小女孩身上看到了西方社会复活的动力。但这是虚妄的幻想。把政治演变为群众运动，只会让西方在"民主斜坡"上越滑越远，最终演变为群氓政治。可惜，在政治正确的光晕之下，没有多少人愿意把这层意思讲出来，西方民主以及西方社会就只能这样坠落下去。

尾声

将近两百年前,托克维尔就注意到,美国民主的最大危险之一是多数的暴政。尽管他相信人民应该拥有一个国家的最高主权,但是他也认为,"'在管理国家方面,人民的多数有权决定一切'是一句渎神的令人讨厌的格言"[1]。根据他的观察,美国之所以能够避免多数的暴政,是因为美国有强大的法治,而且人民具有良好的风气,特别是由宗教所培育的风气。但是,就本书所要讨论的主题而言,托克维尔对于美国和欧洲的对比更有意义:"(在美国)因为多数是人们唯一要巴结的权威,所以人们都竞相加入多数提议的工作;而当多数的注意力转移时,人们也就不再努力进行原来的工作了。而在欧洲的一些自由的国家,由于行政权有独立性和受保护的优势,所以当立法机构把注意力转到另一项事业时,行政机构仍可继续立法机构原来的工作。"[2]

托克维尔所说的"欧洲的一些自由的国家"是指欧洲实行君主立宪的国家,在这些国家,政府无须完全对民众多数负责,因此具备了较强的独立性。美国国父们特别是联邦党人所设计的合众国政府,应该是既建立在人民主权之上,但同时也能够摆脱多数暴政的政府;华盛顿更以其崇高的品格向世人宣示,美利坚合众国的总统应该是道德高尚、行为一流的君子。然而,美国两百多年的历史见证了多数权利的扩大,而且在绝大多数时间里,这种扩权也适应了历史进步的方向;但是,这种趋势演变到特朗普时代,美国已经

---

1 [法]托克维尔:《论美国的民主》,董果良译,商务印书馆1988年版,第46页。

2 [法]托克维尔:《论美国的民主》,第46页。

变成民粹主义的天下，总统也不再保证是一位正人君子。最为严重的是，在特朗普无底线表演的催化之下，美国政治生态也失去了底线，就连过去会被视为过街老鼠的种族主义言论，如今也能登堂入室，成为主流媒体的标题。[1]

以往，民主和共和两党及其领导人扮演着政治稳定器的作用，但现在的美国政治已经被左、右两派中的极端主义所裹挟，过去形成的民主和共和两党之间的默契早已不复存在。尼克松当年被弹劾，不仅民主党人支持，而且他在共和党内部也失去了信任。特朗普因为支持2021年1月6日冲击国会暴乱而被弹劾，其罪行不亚于尼克松的窃听行为，然而，在参议院辩论的时候，参议院共和党人在多数党领袖麦康纳尔的带领下，使出浑身解数阻挠不利证人出庭作证，最终只有罗姆尼一个共和党议员投票赞成给特朗普定罪。在弹劾准备过程中，众议长、老资格的民主党人南希·佩洛西在接受采访时说："美国开国元勋们在撰写宪法的时候没有想到我们会同时拥有一个流氓总统和一个流氓参议院领袖。"[2]的确，美国政治正在背离美国建国者的初衷，极端化可能导致美式民主的衰落。

---

1 美国学者沃尔特·R. 米德（Walter Russell Mead）于2020年2月3日在《华尔街日报》上以《中国是亚洲的真正病夫》为题发表对中国新冠肺炎疫情的评论，暴露出米德本人和《华尔街日报》的种族主义倾向。文章引起美国华人和其他族裔知识分子的强烈反响，但米德和《华尔街日报》不为所动。

2 佩洛西的讲话录像见http://3g.163.com/v/video/VC02KTQGJ.html，2020年2月9日获取。

第三章
理论的嬗变

　　文明是人为构建的产物，因而，我们总是生活在前人思想的阴影之下。从这个意义上说，理论先于实践。但是，伟大的理论又都是理论家对他们所处时代的观察和思考的结果；绝大多数"未来主义"理论最终都被证明要么是巫术，要么是一文不值的"预测"。常人也观察周遭的世界，但伟大的思想家在微观和宏观两个层面超越常人。在微观层面，他们能够从人性出发理解身边发生的事情；在宏观层面，他们能够把当代出现的事物放在历史维度上加以考察。这让他们能够提出新的理论，为文明的构建添砖加瓦。理论离不开现实，但理论又超越现实。本章接续上一章，考察西方民主进程背后的理论脉络，旨在说明发轫于洛克的自由主义理论在历史长河中是如何随着现实的变化而发生嬗变的。本书的主体是阐述儒家政治，为当代中国体制提供一个理想原型，但是，这个阐述不能脱离世界历史和思想的主流。既然儒家政治这个理想原型与自由主义民主形成鲜明对照，认识自由主义民主本身的理论演变就是必要的，否则，我们的理论也就只能停留在自说自话的层面，不可能引起世界的关注。

霍布斯和洛克

17世纪的英国，多灾多难。肆虐欧洲大陆三个世纪的黑死病，仍然不断造访英国，造成大量人口死亡。革命与复辟交替，英国处在现代性降临的阵痛之中。生活在这样的时代，霍布斯无法对英国人的苦难置之不理。他活了92岁，在当时可谓奇迹。在英国资产阶级革命爆发前，除了庇护人因瘟疫去世之外，他的生活还算平静。但是，他的后半生却坎坷不平。革命爆发之后，作为保皇派的他不得不流亡海外。在巴黎，他出版了《利维坦》。这本书让他名声大振，但也让他得罪了罗马教廷，同时，他与其他保皇派的关系也恶化，不得不逃回英国，乞求革命政府的宽恕。查理二世复辟之后，霍布斯继续被宗教界所不容，多亏查理二世的保护，他才幸免于难。《利维坦》对自然状态下人的生存状况的描述，很难说没有反映霍布斯对笼罩在瘟疫和战争之中的英国的观察。他从契约论的角度论证政治秩序的产生，是一个伟大的创举，但是作为一个保皇派，他给出的解决方案仍然无法超越他的时代。

在《利维坦》中，霍布斯首先确定了人的自然状态，即没有任何社会组织的、个人处于原子化阶段的状态。在自然状态下，人的三种特性造成人与人之间的争斗："第一是竞争，第二是猜疑，第三是荣誉。"正如其他灵长目近亲一样，人天然地倾向于竞争，这是由人的动物本性所决定的——为了生存，人就要针对食物和配偶进行竞争。这是人自利的一面。但是，在没有任何社会组织的前提下，人与人之间的竞争无法达到有序状态，因为，在没有一个共同的信念的情况下，人们不可能停止相互之间的猜疑。这是人追求安全的一面。最后，在他人的争斗和猜疑面前，每个人都不得不起而迎战,保护自己的荣誉。在这种环境下,每个人行事的准则就是自我保存的自然律:"著作家们一般称之为自然权利的,就是每一个人按照自己所愿意的方式运用自己的力量保全自己的天性——也就是保全自己的生命——的自由。因此,这种自由就是用他自己的判断和理性认为最适合的手段去做任何事情的自由。"[1]

"最适合的手段"也包括战争。在这里,霍布斯把自然状态下的人设定为彻头彻尾的"自利人",而且认为,这是理性唯一可以推断的人性,他说:"自然律是理性所发现的诫条或一般法则。这种诫条或一般法则禁止人们去做损毁自己的生命或剥夺保全自己生命的手段的事情,并禁止人们不去做自己认为最有利于生命保全的事情。"[2]

自然状态是霍布斯人为构建的,是他的哲学推理的工具,旨在为他推论出利维坦做铺垫。他所定义的人性,因此也是构建出来的,而不是基于对人的实际观察。从哲学论证的角度来看,契约论的好处是让哲学家拥有一个清晰的起点,并在此基础上进行逻辑一致的推导。这一点被西方的社会科学特别是经济学所继承并发扬光大。随着经济学帝国主义的流行,这种方法论弥散到其他社会科学,成为西方政治学和社会学的主流。在这个过程中,人们已经忘记了,霍布斯发明的"自利人"只是"理性"推导的结果,而不是对人的经验观察。在后面谈论儒家对人性的看法的时候,我们将会看到,现实中的人性是多样的和流变的。这是儒家政治和西方自由主义政治产生分歧的根源。

---

[1] [英]托马斯·霍布斯:《利维坦》,第97页。
[2] [英]托马斯·霍布斯:《利维坦》,第97页。

回到霍布斯的推理，很容易想到，如果每个人秉持自然律，自然状态就会发生"每个人对每个人的战争"："根据这一切，我们就可以显然看出：在没有一个共同权力使大家慑服的时候，人们便处在所谓的战争状态之下。这种战争是每个人对每个人的战争。……最糟糕的是人们不断处于暴力死亡的恐惧和危险中，人的生活孤独、贫困、卑污、残忍而短寿。"[1]

霍布斯一生未娶妻，而且总是处于困顿之中，不得不向各种权势屈服，他的漫长人生的确是孤独、贫困和卑微的。显然，没有人想要这样的生活，每个人都想避免"每个人对每个人的战争"。出路何在？霍布斯从上面的自然律导引出第二自然律："这条基本自然律规定人们力求和平，从这里又引申出以下的第二自然律：在别人也愿意这样做的条件下，当一个人为了和平与自卫的目的认为必要时，会自愿放弃这种对一切事物的权利；而在对他人的自由权方面满足于相当于自己让他人对自己所具有的自由权利。"[2]

这意味着，为了和平，人们应该理性地放弃部分自然权利，以换取他人也做同样的事情。"权利的互相转让就是人们所谓的契约。"正义就是遵守契约。小氏族社会没有契约，因此也没有正义。在大型社会里，没有人可以凌驾于他人之上，"每一个人都应当承认他人与自己生而平等，违反这一准则就是自傲"[3]。人们不得不为了维持和平而制定和信守这样的契约："我承认这个人或这个集体，并放弃我管理自己的权利，把它授与这人或这个集体，但条件是你也把自己的权利拿出来授与他，并以同样的方式承认他的一切行

1　[英]托马斯·霍布斯：《利维坦》，第94、95页。
2　[英]托马斯·霍布斯：《利维坦》，第103页。
3　[英]托马斯·霍布斯：《利维坦》，第123页。

为。这一点办到之后，像这样统一在一个人格之中的一群人就称为国家，在拉丁文中称为城邦。这就是伟大的利维坦的诞生……"[1]

利维坦是个人之间缔造契约的结果，得到每个人的授权，因此具有崇高的权力。霍布斯认为："由于按约建立国家之后，每一个臣民便都是按约建立的主权者（的）一切行为与裁断的授权者，所以就可以得出一个推论说：主权者所做的任何事情对任何臣民都不可能构成侵害，而臣民中任何人也没有理由控告他不义，因为一个人根据另一个人的授权做出任何事情时，在这一桩事情上不可能对授权者构成侵害。"[2]

主权者不可能错，这个结论并不是来自"君权神授"这样的观念，而是来自臣民之间的契约。霍布斯在上面这段话里暗含的一个推论是，利维坦不可能是独立于公民授权而存在的，因而它也是抽象的。这个推论与霍布斯关于利维坦是一个拟人化的实体这个要求是矛盾的。这也是霍布斯国家理论最为薄弱的地方：如果利维坦确如他所说的，是一个人或一群人组成的集体，那么，我们如何能够保证利维坦不对臣民做出不义的事情呢？反过来，如果利维坦如推论所说，是抽象的存在，那它又如何行使主权者的责任呢？洛克看到了这个薄弱环节，因而构建了他的自由主义政府理论。

洛克晚霍布斯44年出生（霍布斯生于1588年，洛克生于1632年），他看到了1688年的光荣革命。对于霍布斯而言，政府可以有多种形式，既可以是共和国，也可以采取君主制。洛克不认同这个看法；他同情英国资产阶级革命，不认可绝对君主。他的这个观

---

[1] ［英］托马斯·霍布斯：《利维坦》，第138页。
[2] ［英］托马斯·霍布斯：《利维坦》，第142页。

念,与他的出身和经历有很大的关系。他的父亲参加了克伦威尔的革命,他本人做过辉格党创始人之一沙夫茨伯里伯爵的秘书,在伯爵家住了15年。尽管《政府论》发表于光荣革命之后,但他的思想是在光荣革命之前形成的,只是这样的思想不可能得到查理二世或詹姆斯二世的认可。在很大程度上,这部著作是为光荣革命之后英国形成的君主立宪政体辩护,但是,它的影响超出英国,特别是对美国宪法的形成起到了极大的作用。今天,《政府论》被公认为自由主义政府理论的诞生之作。

洛克步霍布斯的后尘,也从人类的自然状态出发构建他的理论。但是,与霍布斯所设定的丛林世界不同,洛克的自然状态是一种田园诗般的美好状态,他写道:"那是一种完备无缺的自由状态,他们(人们)在自然法的范围内,按照他们认为合适的办法,决定他们的行动和处理他们的财产和人身,而毋需得到任何人的许可或听命于任何人的意志。……这也是一种平等的状态,在这种状态中,一切权力和管辖权都是相互的,没有一个人享有多于别人的权力。"[1]

我们将看到,洛克设定这样一个田园诗般的自然状态,目的是拒绝为绝对君主制服务。相较于霍布斯,洛克更加看重平等。尊重他人不再是个人品格的一部分,而是一个绝对命令:"人类天生都是自由、平等和独立的,如不得本人的同意,不能把任何人置于这种状态之外,使受制于另外一个人的政治权力。"[2]另外一个不同之处在于,洛克引进了财产权的概念。他认为,只要一个人向一个

---

[1] [英]洛克:《政府论》下篇,第5页。
[2] [英]洛克:《政府论》下篇,第59页。

物件掺入了劳动,这个人就拥有了对这个物件的财产权。但是,在从无主之物变成有主之物的过程中,如何避免争夺呢?毕竟,相对于人的数量和欲望而言,物的数量总是有限的。洛克在这里不得不对权利和生活需要做一个生硬的区分:"权利和生活需要是并行不悖的;因为一个人有权享受所有那些他能施加劳动的东西,同时他也不愿为他所享用不了的东西花费劳力。"[1] 果真如此吗?当然不是:如果真是如此,这世上就不会有贪婪和无休止的争斗了。洛克做这个区分,是为了让人们在他的自然状态下过上田园牧歌式的生活。在那里,每个人都遵守自然法:"人们既然都是平等和独立的,任何人就不得侵害他人的生命、健康、自由或财产。"[2] 这和霍布斯给出的丛林法则相差十万八千里,洛克对此没有找到很好的理由,而只能从自然宗教的层面为自然法辩护:我们都是造物主创造的,我们彼此之间不能相互做主,包括侵害他人和自己。但是,自然状态下的田园牧歌式的生活也不是没有瑕疵的,主要问题在于自然法的实施。按照洛克的设想,自然法是人的理性选择,如上面所讲,是每个人运用理性推理获得的结论。然而,每个人对自然法的具体理解可能是不同的,这样,在没有权威的情况下,谁来裁决和执行法律就成为一个问题。用洛克自己的话来说,自然状态中的自然法有下面三个问题:"第一,在自然状态中,缺少一种确定的、规定了的、众所周知的法律。……第二,在自然状态中,缺少一个有权依照既定的法律来裁判一切争执的知名的和公正的裁判者。……第三,在自然状态中,往往缺少权力来支持正确的判决,使它得

---

[1] [英]洛克:《政府论》下篇,第33页。
[2] [英]洛克:《政府论》下篇,第6页。

到应有的执行。"[1]洛克因此推断,自然状态的人们需要组成公民社会。他明确地说,"公民社会的目的原是为了避免并补救自然状态的种种不合适的地方,而这些不合适的地方是由于人人是自己案件的裁判者而必然产生的,于是设置一个明确的权威"[2],以消除自然法下的不确定性。公民社会是这样形成的:"处在自然状态中的任何数量的人们,进入社会以组成一个民族、一个国家,置于一个有最高统治权的政府之下;不然就是任何人自己加入并参加一个已经成立的政府。"[3]洛克的自然状态远远好于霍布斯的自然状态。在霍布斯那里,人们需要利维坦,是因为自然状态太坏了;而在洛克那里,人们需要政府,仅仅是为了弥补自然状态下自然法的瑕疵。从这个意义看,洛克对政府的论证没有霍布斯对利维坦的论证那样强有力。洛克的真正贡献在于对专制君主制的否定以及立法权与执行权分立的论述。

洛克对专制君主制的否定切中霍布斯利维坦理论的要害。他提醒那些对废除专制君主制提出异议的人:"专制君主也不过是人;如果设置政府是为了补救由于人们充当自己案件的裁判者而必然产生的弊害,因而自然状态是难以忍受的,那么我愿意知道,如果一个统御众人的人享有充当自己案件的裁判者的自由,可以任意处置他的一切臣民,任何人不享有过问或控制那些凭个人好恶办事的人的丝毫自由,而不论他所做的事情是由理性、错误或情感所支配,臣民都必须加以服从,那是什么样的一种政府,它比自然状态究竟

---

1 [英]洛克:《政府论》下篇,第77、78页。
2 [英]洛克:《政府论》下篇,第55页。
3 [英]洛克:《政府论》下篇,第54页。

好多少？"[1]

在自然状态下，人们已经过着自足且在多数情况下完美的生活，所以，如果在公民社会里人们还不得不忍受一个绝对君主恣意行为的干扰，那么不如回到自然状态呢。君主也是人，由他来充当绝对的裁判者就等于没有公正的裁判者。"只要有人被认为独揽一切，握有全部立法和执行的权力，那就不存在裁判者；由君主或他的命令所造成的损失或不幸，就无法向公正无私和有权裁判的人提出申诉"[2]，这样的社会可能还不如自然状态。如果人们甘愿保留独断的君主，"这就是认为人们竟如此愚蠢，他们注意不受狸猫或狐狸的可能搅扰，却甘愿被狮子所吞食，并且还认为这是安全的"[3]。这里我们就看到洛克设计一个田园诗般的自然状态的良苦用心了，从哲学论证的角度来看，自然状态可以让他拒绝绝对君主。

霍布斯没有讨论国家的具体运作方式，洛克比他前进一步，对立法权和执行权进行了区分："立法权是指享有权力来指导如何运用国家的力量以保障这个社会及其成员的权利。由于那些必须经常加以执行和它们的效力总是持续不断的法律，可以在短期间内制定，因此，立法机关既不是经常有工作可做，就没有必要经常存在。并且，如果同一批人同时拥有制定和执行法律的权力，这就会给人民的弱点以极大诱惑，使他们动辄要攫取权力，借以使他们免于服从他们所制定的法律，并且在制定和执行法律时，使法律适合于他们自己的私人利益，因而他们就与社会的其余成员有不同的利

1　[英]洛克：《政府论》下篇，第10、11页。

2　[英]洛克：《政府论》下篇，第55页。

3　[英]洛克：《政府论》下篇，第57、58页。

益，违反了社会和政府的目的。"[1]

　　立法权是全体公民的权利，但不可能每一位公民都参与立法，参与的只能是少数人。这是隐含在洛克上述引文里的一个假设，这个假设是代议制民主的根基，但是，对于代议制民主的正式论证，还要等到一百多年之后，由密尔完成。洛克对立法权和执行权的区分，与光荣革命取得的成果是一致的。在革命之前，国王制定法律，并在他自己的星法庭实施；他既是立法者，也是执法者，自然不可能脱离自己的利益。光荣革命不仅确立了议会的立法地位，而且也废除了星法庭，确立了普通法法庭的执法地位，从而对议会权力也实施了限制。洛克为这一变化提供了理论基础。从此，三权分立的宪政模式在英国确立下来。

　　最后，我们有必要讨论一下洛克的财产权概念。国内学者的一般意见是，洛克对政府的论证要素之一是，公民社会需要政府，因为政府保护公民的财产权。在20世纪80年代之前，主流的观点是，洛克的政府是为英国新兴资产阶级服务的，因而具有阶级性。[2]但是，从上面的分析可以看到，洛克在论述公民社会的时候并没有提到财产权，而主要关注自然状态下自然法的诸多不便之处。洛克在《政府论》里加入财产权，可能的确是顺应了当时新兴资产阶级（辉格党人）的要求，但财产权并没有在他关于政府的论证中起到作用。然而，洛克对于财产权的论证是学界第一次关于财产权的哲学论证，我们有必要做一番考察。

　　洛克是如何论证财产权的呢？他首先定义了个人对自己的所

---

[1] ［英］洛克：《政府论》下篇，第89页。
[2] ［英］洛克：《政府论》下篇，第i—xix页。

有权:"土地和一切低等动物为一切人所共有,但是每人对他自己的人身享有一种所有权,除他以外任何人都没有这种权利。他的身体所从事的劳动和他的双手所进行的工作,我们可以说,是正当地属于他的。"¹在洛克的时代,这个论断并不是不言自明的。奴隶显然不拥有自己,而奴仆也未必拥有全部自己。²个人拥有自己,是霍布斯和洛克给出的自由主义判断。只有当个人开始拥有自己的时候,劳动才变得对自己有意义。但要完成从劳动到财产权的跨越,还需要一个中间步骤:"土地上所有自然生产的果实和它所养活的兽类,既是自然自发地生产的,就都归人类所共有,而没有人对于这种处在自然状态中的东西原来就具有排斥其余人类的私人所有权;但是,这些既是给人类使用的,那就必然要通过某种拨归私用的方式,然后才能对于某一人有用处或者有好处。"³

换言之,人类占有是人类使用土地等自然物品的必要条件。接下来,我们就可以把一个人的劳动和他的财产权勾连起来:"只要他使任何东西脱离自然所提供的和那个东西所处的状态,他就已经掺进他的劳动,在这上面掺杂他自己所有的某些东西,因而使它成为他的财产。既然是由他来使这件东西脱离自然所安排给它的一般状态,那么在这上面就由他的劳动加上了一些东西,从而排斥了

---

1 [英]洛克:《政府论》下篇,第18页。
2 洛克这里讨论的"个人"实际上是有产者,而不是所有民众。实际上,以今人的眼光来看,他对底层穷人的态度可以用"恶劣"来形容。在1698年写的一份政策建议中,他认为,穷人不断增加的主要原因是纪律松弛,"德性与勤劳并存,恶习与怠惰共生"。为此,他建议强制穷人做工,用重刑惩戒"游手好闲"之徒。显然,洛克的自由主义政府是精英政府,而不是所有人都可以参加的民主政府。参见钱永祥:《自由主义如何看到了"底层"?——读迈克尔·弗里登〈英国进步主义思想〉有感》,《读书》2019年第7期。
3 [英]洛克:《政府论》下篇,第18页。

其他人的共同权利。因为，既然劳动是劳动者的无可争议的所有物，那么对于这一有所增益的东西，除他以外就没有人能够享有权利，至少在还留有足够的同样好的东西给其他人所共有的情况下，事情就是如此。"[1]

在洛克之后，几乎所有西方哲学家都把财产权追溯到个人的劳动，马克思的劳动价值论也是如此。这种对财产权追本溯源式的定义，在生产活动和生产关系比较简单的时候大体上没有多大问题，但不太适用于今天这样的复杂经济。财富的创造已经有多种形式，其中一些已然远离"劳动"。比如，风险投资的失败概率很高，但是，一旦成功，其回报率就非常高，如孙正义对阿里巴巴的投资回报率达到2900倍，这无论如何也不能用劳动价值论来解释。然而，从全社会效率的角度来看，像阿里巴巴这样的创新活动，其成功的概率大概也就是1/2900（想一想20世纪90年代末，有多少像马云一样的互联网创业者？），所以，2900倍的回报率刚好覆盖它的社会创业成本，因此是合理的。财产权是一项功能性的权利，是经济运转所必不可少的要件，因而应该从哲学家的研究清单中剔除。时至今日，还有哲学家对财产权念兹在兹，恐怕是他们还没有走出经典哲学家的阴影使然。

密尔的代议制民主

洛克的自由主义政府是少数人的政府，适用于工业革命之前的英国。工业革命爆发之后，民主化被提上英国的政治议程。在这

---

[1] ［英］洛克：《政府论》下篇，第18页。

种情况下，英国需要一个什么样的民主政府，就成为英国精英们思考的一个问题。密尔于1861年发表的《代议制政府》是这一时期的代表作。密尔对自由的辩护至今被认为是对自由主义的最好论述之一，而他对功利主义以及代议制政府的贡献却被人渐渐遗忘，其中一个重要的原因是功利主义已经不再是西方政治哲学的主流，而西方的民主也从密尔所推崇的精英民主滑落到大众民主。然而，回顾密尔对代议制民主的论述，可以让我们对西方民主的嬗变有更加清醒的认识，同时也让我们从另一个角度看儒家，意识到儒家思想并不只适用于中国，而是在遥远的欧洲也可以找到回音。

到密尔的时代，民众的政治参与在英国已经是既定事实。所以，密尔说："显然全体人民参加的政府才是能够充分满足社会所有需求的唯一政府。"但是，这是否意味着就应该采取直接民主呢？密尔的回答是否定的，因为，"在面积和人口超过一个小市镇的社会里，除了公共事务的某些极次要的部分外，想让所有人亲自参加公共事务是不可能的。因而就可以得出结论说，最完善的理想政府形式一定是代议制政府了"[1]。代议制政府有两层含义：一是人民不直接参与政府事务，而是委托他们的代表，即议会的议员参与政府决策；二是议会不直接管理国家，而是监督政府（内阁）对国家的管理。如上所述，人民不直接参与政府事务，是因为社会规模比较大；而议会不直接管理国家，是因为管理国家需要专门的能力，而且只适合少数人来完成。这后一点与儒家的贤能主义要求是一致的。

代议制民主不是完美无瑕的。"代议制民主容易产生两种危

---

[1] ［英］密尔：《论自由·代议制政府》，康慨译，湖南文艺出版社2011年版，第132页。

险:一种是代议团体以及控制该团体的民意智力偏低的危险;另一种是由同一阶级的人构成的多数实行阶级立法的危险。"[1]密尔赞成扩大选举权,但同时也担心单一的多数阶级控制议会和立法。"民主制的一个不可缺少的部分是少数应有适当的代表。"[2]但是,当选举权扩大之后,这个原则就可能被违背。"这是因为那种情况下体力劳动者将构成每一地区的多数,在遇到任何尚待决定的问题时,如果这个阶级和社会其余的人意见不一致,那么其他任何阶级不论在什么地方都不能获胜。"[3]与他同时代的多数精英一样,密尔担心民主会导致社会教养水平的下降。"在现代所谓的文明的代议制政府环境中,自然的发展趋势是走向集体的平庸,随着选举权的不断扩大,这种趋势随之不断增强,其最终的结果就是将主要的权力交到远远低于最高社会教养水平的阶级手中。"[4]历史证明,密尔对劳动阶级的担忧是没有必要的。劳动阶级可以组织起来,他们的领导者可以是具有较高"社会教养水平"的人士,如马克思和恩格斯。另外,随着教育的普及,劳动阶级的学识和素养大幅度提高,"教养水平"不再是阶级分野的一个标签。但我们不能以今天的眼光来评价密尔。在他那个时代,能够赞成选举权的扩大,已经具有革命性意义了。密尔的目的是想提醒社会,代议制民主可能造成多数的暴政。在书中,他详细讨论了一种跨越选区的投票方式,试图解决少数人无法在任何一个选区获胜的问题。另外,他也赞成对选举权进行一定的限制,如要求必要的读写能力等。当然,这些要求对今

---

1 [英]密尔:《论自由·代议制政府》,第164页。
2 [英]密尔:《论自由·代议制政府》,第168页。
3 [英]密尔:《论自由·代议制政府》,第166页。
4 [英]密尔:《论自由·代议制政府》,第172页。

天的绝大多数人来说都已经不再是一个障碍了。

密尔还讨论了其他完善代议制民主的机制,其中,他对于第二院的讨论和本书的主题有较大的关系。所谓第二院,就是在代表人民的议会(如英国的下院)之外设立第二个代表机构。密尔同意这样的设置,原因是:"在每一种政体都应当有一个反抗宪法中的优势力量的中心——这样就能在民主政体中具备一个反抗民主的核心——关于这一点我已经提过了;而且我是把它当成政府管理的一个根本原理。"[1]第二院不应该像议会那样,成员是由选举产生,而是应该由有公共服务经验的且具备美德的人士组成。这些人士不受多数阶级的利益所束缚,但又尊重民主的基本原则。第二院的目的也不是做决策,而是监督和制衡议会。这样的构想,与儒家政治里的谏议机构具有相似的目的,即由一些具有公德心并懂得国家治理的贤能人士来制衡民意机构,以防止后者产生多数的暴政。不同之处在于,谏议机构还负有监督中央机构的责任,而中央机构是民主政治所没有的机构。

总结一下,密尔所推崇的代议制民主是一种具有明显的层级结构的精英民主。他顺应时代,主张选举权的扩大,包括赋予妇女选举权;但同时他也十分警惕民主可能带来的"社会教养水平"的下降以及多数的暴政。在很大程度上,民主的完善已经解决了他的担心。比如,西方社会中民众教育水平的提高以及现代性的扩大使得"社会教养水平"不再是一个问题,而议会制政府的实践也大大缓解了多数暴政的压力。一个由某个阶层占主导的选区可以选出自己阶层的民意代表,但另一个选区可能由另一个阶层所主导,从而

---

[1] [英]密尔:《论自由·代议制政府》,第223页。

选出另外那个阶层的民意代表，这些民意代表中的多数（多数党）再组成政府。这在很大程度上化解了总统制下赢者通吃的问题。然而，密尔对代议制民主的论述在当代仍然具有重要意义。当代西方民主已经滑向民粹主义民主，摧毁了代议制民主的精巧设计，难免会走向多数的暴政。就本书的目的而言，密尔的代议制民主与儒家政治在贤能主义方面具有高度的一致性。儒家思想不仅是一种东方的智慧，而且也可以在西方的先贤那里找到共鸣。

马克思的批判

作为无产阶级革命的导师，马克思的起点是对资本主义的批判。这个批判，既是针对资本主义生产关系的，也是针对捍卫资本主义的自由主义学说的。马克思的批判分为以下几个方面：一是前提性批判，它触及自由主义学说的两个前提假设，即抽象的人性和不公平的世界，并相应地给出了替代性阐释，即现实的人和公平的世界；二是以现实的人和世界为分析起点，揭示现实的世界的剥削性或不公平性，以及生活在其中的人所遭受的异化；三是简要地勾勒出未来新世界的基本原则以及人的生活状态。在逻辑上，第二和第三个方面可以从第一个方面推演而来，因而在具体叙述上，我们着重聚焦马克思第一个方面的批判，其中涉及其他两个方面的内容则是辅助性的。

马克思对资本主义的批判是整体性的，因而在他的文本中，似乎没有或很少直接指名批判自由主义学说。但是他对资本主义以及那些有意无意为资本主义辩护的理论所做的批判，实质上奠定了当代人所熟悉的对自由主义的批判。接下来，我们考察马克思对自由主义的第一个前提，即抽象的人性的批判。前面说过，霍布斯和洛克为构建他们的契约论理论，必须把人性简化成个人理性，但是，随着时间的推移，这种权宜性的理论简化却演变为自由主义者的信条。因此马克思对此的批判具有特别的意义。尽管本书的旨趣和马克思所要表达的思想不完全相同，但是，重温他对自由主义抽象人性的批判，对于我们的理论构建仍然是有益的。

马克思并不拒绝个体存在的意义。在《德意志意识形态》中，马克思说："全部人类历史的第一个前提无疑是有生命的个人的存在。因此，第一个需要确认的事实就是这些个人的肉体组织以及由此产生的个人对其他自然的关系。"[1]因为人的肉体组织需要新陈代谢来维持，因此不断进行生活资料的社会生产，以及由此产生的各种社会关系，不仅把人自己与动物区分开来，也把人区分为不同的个人。换言之，不仅人的类本质是由进行生产所形成的社会关系来界定的，而且人的个体性差异也是由处在这个社会关系中的不同位置来界定的；前者是人与动物区分的根据，后者是封建地主与农奴、资本家与工人区分的根据，当然也是共产主义中有个性的人的根据。就此而言，马克思并不拒绝个体存在，而是强调个体存在只能是一种关系性的存在。在1845年写的《关于费尔巴哈的提纲》第六条中，他这样评论费尔巴哈："费尔巴哈把宗教的本质归结于人的本质。但是，人的本质不是单个人所固有的抽象物，在其现实性上，它是一切社会关系的总和。"[2]在马克思的视野中，人不是抽象地寄居在这个世界上，每一代人都是在上一代人创造的既有物质

---

[1] 《马克思恩格斯文集》第1卷，第519页。

[2] 《马克思恩格斯文集》第1卷，第501页。

生产前提下进行生产，从而总是身处在一定的社会生产关系之中。从抽象的人到现实的人的转变，让马克思得以聚焦到将世界分为宗教世界和世俗世界的现实基础，并且对这个基础的自我分裂和自我矛盾进行实践的批判。在现实社会中，环境的改变与人的自我改变都只能被看作是并合理地理解为革命的实践。据此，马克思批评费尔巴哈仅仅是从直观的形式去理解对象，因此不了解革命的、实践批判的活动的意义。在《关于费尔巴哈的提纲》第四条中，马克思如此写道："费尔巴哈是从宗教上的自我异化，从世界被二重化为宗教世界和世俗世界这一事实出发的。他做的工作是把宗教世界归结于它的世俗基础。但是，世俗基础使自己从自身中分离出去，并在云霄中固定为一个独立王国，这只能用这个世俗基础的自我分裂和自我矛盾来说明。因此，对于这个世俗基础本身应当在自身中、从它的矛盾中去理解，并在实践中使之发生革命。因此，例如，自从发现神圣家族的秘密在于世俗家庭之后，世俗家庭本身就应当在理论上和实践中被消灭。"[1]

尽管自由主义是作为宗教的反面出现的，但是，西方社会在宗教之中浸淫的时间如此之长，以至于自由主义者也会不自觉地被宗教的视野所统摄，如洛克在论证自然法时所表现的那样。基督教确定了西方文化的基因，其中两个基本组成组件就是抽象的人性论和对世俗世界的简化。马克思对费尔巴哈的批判涉及第一个组件。就本书的主旨而言，这个批判的意义在于它揭示了自由主义的非现实性。尽管马克思关于"人的本质"的概念还存在讨论的空间，他关于人的本质"是一切社会关系的总和"这个论断无疑比人

---

[1] 《马克思恩格斯文集》第1卷，第500页。

的本质"是单个人所固有的抽象物"这样的论断更加接近现实，因而也更可能指导现实。马克思对费尔巴哈的批判集中在后者对于宗教的认识方面，但是，这个批判对于自由主义也适用。沿着马克思的批判，我们可以推断，自由主义抽象的人性论在现实中有两个问题。

一是它将人性看作宗教般亘古不变的存在，从而阻断了人的发展的可能性。特别是当自由主义沿着霍布斯和洛克的进路，把自利作为人性的唯一起点的时候，人性的丰富性就被取消了，而只剩下机械的计算机器。马克思对人性的看法，与儒家的看法更加接近。对于儒家来说，人生活在亲人、邻里和社会之中，他的社会关系决定了他是什么样的人，因此，说人"是一切社会关系的总和"一点儿也不为过。而且，人性在儒家眼里是可变的，因个人所处的环境以及他的努力程度而发生变化，这为贤能主义打开了大门。自由主义者，包括提倡代议制政府的密尔在内，都没有回答一个问题：既然每个人与生俱来都是一样的，那么民意代表和政府官员还需要过选拔这一关吗？换言之，既然大家都一样"好"（或者都一样"坏"），用抽签来决定谁成为官员岂不是最简便的办法？显然，绝大多数自由主义者不会认同抽签制，但是，在抽象的人性假设下，他们也无法为民主制度下的选拔找出一条与自由主义信条相一致的理由。

二是自由主义的抽象平等的人性，遮盖了现实中人的不平等。相较而言，马克思更看重这一点。他所有理论的起点，都可以追溯到他对资本主义造就的不平等的关注。自由主义者特别是古典自由主义者，总是试图通过抽象的平等来掩盖现实中的不平等。正如罗桑瓦隆所指出的，19世纪欧洲的一大奇观是，许多当时知名的知识分子仍然秉持基督教的"自然平等"观念,因而把无产者的悲惨处境归咎于无产者自身道德的缺失。[1]马克思把自由主义的这层装饰扯下来,深刻地揭示了资本主义造成不平等的机制——私有制。这就引出了马克思对自由主义现实基础的批判。

马克思最初注意到私有制的不合理性,是在他担任普鲁士《莱茵报》主编时,为了写作后来发表于1842年《关于林木盗窃法的辩论》一文所做的调查和思考。这篇文章的写作表明马克思对社会经济现实的注意力在增加,亦可视为马克思思想发展过程中的一个转折点。对此,马克思后来如是写道:"1842—1843年间,我作为《莱茵报》的主编,第一次遇到要对所谓物质利益发表意见的难事。莱茵省议会关于林木盗窃……的讨论……是促使我去研究经济问题的最初动因。"[2]恩格斯后来也说,他"曾不止一次地听到马克思说,正是他对林木盗窃法和摩塞尔河地区农民处境的研究,推动他由纯政治转向研究经济关系,并从而走向社会主义"[3]。在马克思看来,斯密、蒲鲁东和拉萨尔等人割裂了生产和分配之间的关系,把分配看作是非历史的,并由此去探讨分配领域的永恒正义,他们既没有触及生产领域的生产条件的分配问题,也没有触及私有财产权的合法性或正当性问题。与此不同,马克思考察了私有制的历史进程,并且揭示资本主义社会中资本对劳动的剥削,以及资本的原始积累的血腥性。洛克认为劳动创造财产,马克思的看法相似,但比洛克更进一步,认为只有劳动才创造价值;反过来,不经劳动而获得的财产或财产中非劳动所贡献的部分,都是不正当的。由于我

---

[1] Pierre Rosanvallon, *The Society of Equals*.

[2] 《马克思恩格斯全集》第13卷,人民出版社1962年版,第7—8页。

[3] 《马克思恩格斯全集》第39卷,人民出版社1974年版,第446页。

们无法找到任何财产不是使用了劳动之外的物品而获得的，因此，私有财产权就是不正当的。私有制是资本主义剥削之源，它导致了人的分化。理解了这一点才能让我们理解马克思关于人的本质只能以"社会关系"来描述的论断。沿着马克思的思路走下去，一个必然的结论是，要消灭剥削，就必须消灭私有制，建立共同所有的共产主义社会。马克思不仅从理论角度对此进行了论证，而且从历史的角度进行了论证。

在宏观层面，资本主义的发展趋势是生产的社会化，是原有的城乡差别和简单分工被重组和嵌入到资本主义工业化体系之中，但是，这个趋势与财产的私人占有之间是矛盾的，因为社会化大生产要求生产的计划性或可控性，而以私人占有为基础的资本主义整体上却表现为无计划性或不可控性。这两者之间的矛盾在得到解决之前，总会以周期性社会危机表现出来，其根源是企业内部的可控性和企业外部的不可控性之间的矛盾。一方面，企业是一个由命令控制的主体，因而是可控的；但是，市场需要通过优胜劣汰的方式将那些能力较差的企业排除出去，以实现资源的优化配置，而这必然导致经济的周期性波动。另一方面，资本家个体的逐利性最终会带来资本主义整体的灭亡，其中的机制是，个体资本家不断地积累资本，提高企业的资本有机构成，以便获得更多利润，但资本积累的结果是全社会资本回报率下降，并最终趋向于零，资本积累不再有利可图，资本主义成为自己的掘墓人。

在资本主义灭亡之后，共产主义应运而生。对于马克思而言，共产主义不可能凭空产生，而只能在资本主义的废墟上重建。在《哥达纲领批判》这个纲领性文献中，马克思明确告诉我们："我们这里所说的是这样的共产主义社会，它不是在它自身基础上已经发展了的,恰好相反,是刚刚从资本主义社会中产生出来的,因此它在各方面,在经济、道德和精神方面都还带着它脱胎出来的那个旧社会的痕迹。"[1]并且,马克思明确说明共产主义社会一定是在资本主义社会高度发达之后,即在资本主义社会无法容纳其高度发达社会生产力之后,才能够真正建立起来;同时强调,在共产主义社会初级阶段,由于"权利决不能超出社会的经济结构以及由经济结构制约的社会的文化发展"[2],所以身处其中的人们还不得不按照一定的市场规则进行等价交换。马克思还预言,人类社会历史存在一个从资本主义社会到共产主义社会的过渡社会,我们今天称之为社会主义。根据马克思的本意,一个可能合理的推断是,社会主义阶段不应拒绝竞争市场的作用。

19世纪的大部分欧洲政治思想史,都可以看作是洛克的自由主义政府理论和马克思的阶级政府理论之间的较量。就其本意而言,洛克的自由主义政府要求政府超越所有阶级;作为所有公民的自愿契约,它必须服务于所有公民。然而,现实却充满着不平等,没有一个自由政府能够做到为所有公民服务。对于马克思而言,"政府是管理资产阶级事务的委员会",它的服务对象不可能超越统治阶级的范围;只有消灭资产阶级,无产阶级才可能获得自由。如我们在上一章所讲到的,这两股力量塑造了欧洲19世纪的民主化进程。也许正是因为这个原因,发达资本主义最终在一战之后完成了阶级矛盾的大缓和,从而避免了社会主义革命的爆发。与马克思的预言不同,社会主义革命首先在欧洲较为落后的俄国发生。如何

---

1 《马克思恩格斯文集》第3卷,人民出版社2009年版,第434页。
2 《马克思恩格斯文集》第3卷,第435页。

在一个社会化大生产还不充分的社会实现共产主义,对于新生的苏维埃政权而言,是一个挑战。最终的结果是,苏联建立了指令性的国家计划经济,并在二战之后把这个模式推广到整个社会主义阵营。洛克自由主义政府和马克思的阶级政府之间的竞争不再是在一国之内发生,而是发生在冷战铁幕分割的两大阵营之间。最终的结果我们已经知道了:伴随着柏林墙的倒塌以及苏东剧变,苏式社会主义宣告失败。原因是多方面的,但根本的原因是计划经济不是和人性相通的经济模式。如果说自利的人性论让市场在资本主义社会过度发挥作用的话,那么,计划经济则走向另一个极端,需要以"人不追逐利益"这个假设为前提。在儒家的眼里,两者都是不可取的。

罗尔斯:从正义二原则到政治自由主义

在前一章里,我们提到,自由主义民主胜利之时,也是它开始走向衰落之刻。在理论层面,罗尔斯的政治自由主义理论对于这个衰落过程起到了推波助澜的作用。罗尔斯是20世纪下半叶最有影响力的政治哲学家,他于1971年出版的《正义论》是20世纪70年代之后任何研究政治哲学的人都无法绕开的巨著。在这部划时代的巨著中,罗尔斯试图重建一种有别于古典自由主义的新的自由主义。[1]这种自由主义是关于个人自由和社会公正的全面学说,它有别于罗尔斯在1993年出版的《政治自由主义》里提出的政治自由

---

[1] 这里用"新的自由主义",以示和"新自由主义"相区别。后者指的是20世纪70年代在经济学领域兴起的以反对凯恩斯经济学、崇尚无节制的市场竞争为特征的理论和政策主张,当时的主要代表人物是芝加哥大学的米尔顿·弗里德曼。

主义，后者仅仅是人们在"重叠共识"下为和平相处而接受的一种相互尊重的策略。从《正义论》到《政治自由主义》，罗尔斯完成了从追求一种全面的道德和政治哲学学说向与价值相对主义妥协的退却，其背后是西方社会从20世纪60年代开始的巨变。[1]

在此之前，尽管西方民主经历了选举权的扩大，但它仍然是一种精英民主，西方社会仍然是精英主导的社会。支撑这套体系的政治哲学是功利主义。功利主义学说是边沁在19世纪初叶提出来的，后经由密尔父子的发展，成为主导西方政治哲学长达一个多世纪的学说。功利主义以个人的幸福为起点，因此带有自由主义的色彩，但它的核心思想是，社会应该最大化所有人幸福的加总，因而它又带有强烈的集体主义的特征。因为要让所有人幸福的总和最大化，所以每个人的幸福就不仅是可以比较的，而且是可以互换的。这意味着，如果一个人的幸福减少可以换来其他人幸福的显著增加，以至于可以弥补前一个人幸福的减少，那么，前一个人幸福的减少就是合理的。显然，这是一种主张社会优先于个人的政治哲学，它弘扬个人的牺牲，同时也鼓励个人对苦难的忍耐，鼓励社会各阶层各得其所、安贫乐富。在很大程度上，它是对资本主义的社会和经济秩序的一种辩护。然而，这样的辩护到20世纪60年代已经失灵了。如前一章所述，那时的西方社会被民权运动、反战运动以及形形色色的社会运动和学生运动所笼罩，反传统和反体制成为一种潮流。罗尔斯亲历这个过程，并对它抱有同情之心。然而，他没有像其他左翼学者（如欧洲的新马克思主义者）那样，直接参与

---

[1] [美]约翰·罗尔斯：《正义论》；《政治自由主义》（增订版），万俊人译，译林出版社2011年版。

社会运动，而是躲在书斋里，构思他的恢宏巨著《正义论》。罗尔斯敏锐地发现，功利主义失效了，西方社会需要一种新的能够同时包容个人权利和社会目标的政治哲学。从强调个人权利的角度来看，这种政治哲学是自由主义的；但是，从强调社会目标的角度来看，这种自由主义又有别于古典自由主义，因为后者根本不关心社会。罗尔斯所关注的社会目标，主要是如何对待社会里的普通人，特别是处于社会最下层的民众，这使得他向社会主义靠拢，他的自由主义也成为一种左翼自由主义，而古典自由主义则被挤到右翼的位置。

在《正义论》中，罗尔斯花费超过三分之一的内容批判功利主义，然后才开始构建他的自由主义理论。在方法论方面，他采取的仍然是契约论的进路。不同于古典契约论者，他的起点不是自然状态，而是"无知之幕"背后的原初状态。古典契约论者往往分不清自然状态到底是假想的存在还是历史上实际存在的社会，罗尔斯却是很清楚的："无知之幕"是假想的，原初状态是一种思想实验。假想"无知之幕"降落到我们面前，挡住了所有关于个人的具体信息，我们回到一张白纸的原初状态，不知道将来"无知之幕"开启，回到人间之后，我们将处在社会的何种位置。此时，我们会如何想象当"无知之幕"开启之后，一个美好的社会应该是什么样的呢？对于经济学家而言，这是一个不确定条件下的决策问题。经济学家不喜欢不确定性，因为他们没有数学工具来处理不确定性。经济学家的办法是要把不确定性转化为风险，即可以度量的不确定性。具体而言，就是先穷举未来可能发生的情景并确定每个情景下个人获得的效用，然后给每个情景一个发生概率，这样，经济学家就可以对不确定性进行定量的刻画。海萨尼是一位现代经济学家，他因从经济学的角度推导出功利主义原则而获得诺贝尔经济学奖。他早于罗尔斯使用"无知之幕"和原初状态的概念，问的也是和罗尔斯同样的问题。[1]在回答这个问题的时候，他首先把不确定性转化为概率事件：既然我们不知道"无知之幕"开启之后我们会处于社会的哪个位置上，那么，我们最好的猜测是使用古典概率模型，认为我们处于任何位置上的概率都是相等的。然后，他采用经典的期望效用最大化作为决策模型，认为我们会认可一个让所有位置的期望（平均）效用最大化的社会安排。在社会人数和位置固定的情况下，这相当于让社会的各个位置上的效用之和最大化，也就是功利主义。罗尔斯没有采用经济学家的做法，把未来的不确定性转化为可以度量的风险，而是从定性的角度来分析人们在原初状态的选择，并从个人心理的角度出发做了两方面的分析：首先，"我不想被任何制度所歧视，我不比任何人差，我能够胜任其他任何人都能胜任的工作"；其次，"我不想得到社会里境况最差的那个位置，如果我不幸降落到那个位置上，我希望社会能够改善我的状况"。由此，罗尔斯得到他的正义二原则："第一个原则：每一个人都有平等的权利去拥有与别人的相似自由权并存的、最广泛的基本自由权；第二个原则：对社会和经济不平等的安排应能使这种不平等不但（1）可以合理地指望符合每一个人的利益，而且（2）与向所有人开放的地位和职务联系在一起。"[2]

第一原则和古典自由主义没有区别，第二原则是罗尔斯的贡献，因为它允许不平等的存在，因此被称为"差异原则"，它从属

---

[1] John Harsanyi, "Cardinal Welfare, Individualistic Ethics, and Interpersonal Comparisons of Utility", *Journal of Political Economy*, 1955, Vol. 63, No. 4, pp. 309–321.

[2] ［美］约翰·罗尔斯：《正义论》，第47页。文字略有修改。

于第一原则（第一原则因此也被称为"自由优先原则"）。《正义论》发表之后，截至目前已经有3000多本研究这本书的著作问世。我们在这里没有必要重复前人的批评或赞许，而只是想指出，罗尔斯正义二原则背后的真正目的，是试图调和古典自由主义和现代福利社会之间的矛盾，既承认个人自由，又能实现一定的社会目标。就其政治倾向而言，罗尔斯认可自由的民主社会主义。在《作为公平的正义：正义新论》一书中，罗尔斯列举了这五种政体形态，即"（1）自由放任的资本主义，（2）福利国家的资本主义，（3）带指令性经济的国家社会主义，（4）财产所有的民主制度，（5）自由（民主）的社会主义"，并且阐明满足他的正义二原则的不仅有形态（4），还有形态（5）。[1] 尽管形态（4）容许人们"拥有生产资料方面的私人财产"，而形态（5）要求"生产资料是为社会所有的"，但两者都注重分散各种权力。罗尔斯如此说道："虽然在自由社会主义下，生产资料是为社会所有的，但是我们认为，当比如说一个企业的指挥和管理是由它的劳动力来决定的时候（如果不是直接由其劳动力亲手负责的话），经济权力是分散于众多企业之中的，正如它的政治权力是由众多民主的政党所共享的那样。"[2]

所以，自由社会主义和财产私人所有的民主制度之间的唯一差别是，前者要求劳动者拥有企业，而后者承认资本所有者对企业的拥有。罗尔斯所谈论的自由社会主义，显然是受到南斯拉夫社会主义的影响。他对美好社会的想象也没有超出他所处的时代。罗尔斯不会要求西方社会从财产私人所有的民主制度过渡到自由社会主

---

[1] ［美］罗尔斯：《作为公平的正义：正义新论》，姚大志译，上海三联书店2002年版，第226—229页。

[2] ［美］罗尔斯：《作为公平的正义：正义新论》，第230页。

义，而是把后者所要完成的事业作为一种追求的目标。总体而言，罗尔斯为福利和自由资本主义社会的辩护是成功的；整个西方世界从《正义论》发表之日起就一直生活在他的学说的阴影之下。

但是，罗尔斯的自由主义也打开了西方多元化的大门，让各种各样的思想进入到西方社会。《正义论》本身也受到来自各个方面的批评。右派批评他不该把自由向社会目标妥协，左派批评他不该把自由放在社会目标的前面，经济学家批评他的差异原则导致绝对平均，而社群主义者抱怨他没有尊重社会的传统，等等。罗尔斯花了二十年的时间回应这些批评，最后，他自己却被多元主义说服了。这集中反映在他的《政治自由主义》这部著作中。从此，罗尔斯转向了"无根"或"以政治为根"的政治自由主义。

在《政治自由主义》中，罗尔斯坦然地接受多元主义这一事实，然而问了一个重要问题："一个由自由而平等的公民——他们因各种合乎理性的宗教学说、哲学学说和道德学说而产生深刻的分化——所组成的稳定而公正的社会之长治久安如何可能？这是一个政治的正义问题，而不是一个关于至善的问题。"[1] 对现代人而言，至善包含于他们的宗教和道德学说之中，而由于深刻的分化，他们认为公正可行的社会的根本条件却不在其中。这样一来，如何理解这些条件便成为中心问题。这包括但不限于两个方面的问题：一是在深刻分化的公民之间，进行社会合作的政治正义观是什么；二是如果确实有可能建立一种必不可少的政治观念，那么，该政治观念的结构和内容又是什么。罗尔斯的政治自由主义就是试图解决这些问题的一种理论努力。政治自由主义搁置了完备性学说中的至善

---

[1] [美]罗尔斯：《政治自由主义》（增订版），第12页。

论,转而探讨进行社会合作的政治正义问题,以及不同的完备性学说在"政治的正义观"上如何形成共识的问题,因此它被称为无根的或以政治为根的自由主义。罗尔斯如此写道:"《政治自由主义》的主要目标是想表明,《正义论》中秩序良好的社会理念可以重新予以阐发,以解释理性多元论的事实。为达此目的,该书将《正义论》所提出的公平正义学说转换为一种适应社会基本结构的政治的正义观念。……这种转换是通过政治自由主义……来完成的。我把一种政治的正义观称之为独立的观点。"[1]

这里有两个问题需要进一步讨论:一是何谓政治的正义观?二是诸完备性学说如何达成重叠共识?对于这两个问题,罗尔斯都给予了说明。[2] 先看第一个问题。在罗尔斯看来,政治的正义观存在多种解读版本,而《正义论》中的公平正义观就是其中一个版本。但问题是,其他版本的正义观与这个版本是相异的还是相似的?如果是后者,那么其他版本的正义观就仅仅是此版本的公平正义观的不同样式而已;如果是前者,那么其他版本的正义观则与此版本的公平正义观一起分割政治的正义观的空间。罗尔斯倾向于认为,他在《正义论》中表达的公平正义观优于其他正义观(如功利主义的正义观),而《政治自由主义》的重心则是论证公平正义观能够获得重叠共识的支持。在《正义论》中,罗尔斯将正义二原则明确表述为公平正义观的一种解释版本,他说:"这两个正义原则是一种更一般的正义观的一个具体实例。"[3] 换言之,公平正义观还

---

[1] [美]罗尔斯:《政治自由主义》(增订版),第27页。
[2] 以下内容参见秦子忠:《交互共识理念——达成共识的困境与出路》,《上海交通大学学报(哲学社会科学版)》2017年第6期。
[3] [美]罗尔斯:《正义论》(修订版),何怀宏等译,中国社会科学出版社2009年版,第48页。

有其他的具体实例,罗尔斯阐释的两个正义原则仅仅是其中的一个版本。这些版本虽然存在诸多差异性,但都具有家族相似性。

依据文本的分析,罗尔斯的"政治的正义观"也可以理解为,社会存在多种对立的正义观,他自己的公平正义观仅是其中的一种,并且不优于其他正义观,但这会严重损害《正义论》与《政治自由主义》在主题上的融贯性。罗尔斯并没有充分关注这一情形,因而罗尔斯所谓的多元主义仅仅是自由主义内部的理性多元论。罗尔斯过早地得出如下论断:"总而言之,自由主义的正义原则最初是作为一种临时协定而为人们犹犹豫豫地接受下来并采纳到宪法之中的,这种自由主义的正义原则往往改变着公民的完备性学说,从而使他们至少能够接受一种自由宪法原则。……于是,简单多元论便趋向理性多元论,宪法共识即可达成。"[1]

现在我们来看第二个问题,即诸完备性学说如何达成重叠共识?罗尔斯分两个阶段来回答这个问题。第一个阶段是确定共识焦点(即政治正义原则),这是前文论及的第一个问题所要探讨的内容。第二个阶段是确定诸完备性学说达成重叠共识的具体路径。在《政治自由主义》中,罗尔斯区分了三种可能路径。一是完备性学说从其自身出发推导出政治正义原则;二是完备性学说从其自身出发推导不出政治正义原则,但却与政治正义原则兼容;三是完备性学说与政治正义原则不兼容。对于这三种可能路径,诚如罗尔斯所言,我们很难做出坚持某种路径的决定,并且是否需要做出决定也是不清楚的。[2]

---

[1] [美]罗尔斯:《政治自由主义》(增订版),第152页。
[2] [美]罗尔斯:《政治自由主义》(增订版),第148—149页。

当前世界是一个冲突的不和谐世界。这一点似乎表明，完全坚持第一种路径是不现实的，因为如果完备性学说可以从其自身出发推导出政治正义原则，那么当前世界理应是一个无冲突的和谐世界。而当前人类遭遇的价值多元主义事实表明，完全坚持第二种路径也是不现实的，因为如果完备性学说从其自身出发推导不出政治正义原则，但却能够与政治正义原则兼容，那么这个世界理应是一个多元竞争的和谐世界。更为现实的是第三种路径，因为它至少能够说明为什么当前世界的冲突与不和谐。在我们看来，第三种路径是当代人达成共识最有可能要遵循的路径，因为它真正承认了价值多元主义之间的不可化约性，并且承认价值间的冲突是不可能被完美解决的。任何一种解决方案——例如罗尔斯的重叠共识方案——都不可避免以一定损失为代价，问题是哪种解决方案的代价更小。罗尔斯没有充分地关注这种代价问题。

总而言之，政治自由主义认为，自由主义是公民在重叠共识基础上做出的政治选择。自由主义不再是一种广泛和完备的价值体系，而是公民为了和平相处而采取的均衡策略。在这个策略下，人们相互尊重其他人所秉持的价值体系，人们联结成社会的唯一纽带是这些价值体系的重合部分（即"重叠共识"）以及彼此之间的相互尊重。然而，历史并没有像罗尔斯想象的那样运行；相反地，人们不仅没有形成"重叠共识"，而且日益走向分裂的价值。

尾声

20世纪60年代的民权、反战和学生运动松动了维护西方社会统一的根基；伴随着柏林墙的倒塌，西方更是全面进入一个文化和价值多元并崇尚身份政治的社会。起初，身份政治起到了积极的作用。民权运动让黑人最终获得了和白人一样的政治权利；女性解放运动让女性走出家门，获得和男性同等的经济地位；对同性恋和少数族裔等边缘人群的关注让社会变得更加宽容。罗尔斯的政治自由主义是对这些变化的回应和总结，但他没有想到的是，当身份政治开始渗透到政治和社会生活的各个角落之后，西方社会就面临被瓦解的危险。西方的有识之士早已开始担心了，其中以福山最为典型。作为喊出"历史的终结"之人，他在过去二十多年里思想的变化，令人唏嘘。在完成《历史的终结》之后，他花了大量时间研究非洲的国家建设问题和社会资本在一国发展中的重要性；金融危机之后，他开始研究政治秩序的起源及其在全球各地的表现和历史变迁，他最近的新书《身份：对尊严的需求和怨恨的政治》（*Identity: the Demand for Dignity and the Politics of Resentment*）则回到西方世界，讨论身份政治如何改变了西方政治生活以及如何矫正由此带来的诸多问题。在为《外交事务》杂志写的推介文章里，[1]他描述了身份政治对西方社会秩序的负面影响，并且警告，如果自由民主国家不能回归于对人类尊严的更普遍的理解，它们就将会使自己乃至整个世界都陷入无尽冲突的厄运。身份政治代表了西方政治的一个重大转变："这一转变颠覆了一种长期以来的传统，即认为政治斗争是经济冲突的反映。尽管物质性的个人利益很重要，人类也会受到其他力量的驱动，这些力量更能解释如今的状况：世界各地的政治领袖都凭着这样一种观念动员支持者，即他们

1　Francis Fukuyama, "Against Identity Politics: The New Tribalism and the Crisis of Democracy", *Foreign Affairs*, 2018, Vol. 97, No. 5. 中文版参见福山：《反对身份政治：新部落主义与民主的危机》，苏子滢译，《澎湃新闻》2018年8月31日。本节后面的引文如果不加注明，一律出自这篇文章的中文版。

的尊严被冒犯了、必须恢复这种尊严。"

这解释了为什么美国的下层白人会支持特朗普这样的总统候选人。"经济困难往往被个体视作身份的丧失，而不是资源的丧失。努力工作应该能为个体赢得尊严，但许多美国白人工人阶级认为他们的尊严没有得到承认，政府还给那些不愿遵守规则的人提供了过多的好处。"身份不再是仅限于社会互动的范畴，而是变成了政治的载体："群体开始一次次地认为他们的身份——无论是民族、宗教、种族、性、性别还是其他的身份——没有得到足够的承认。身份政治不再是个次要现象，仅限于大学校园内，或者为大众媒体推动的'文化战争'中的低成本、小规模冲突提供背景；相反，它已成为解释全球事务进展的主要概念。"

对于自由民主国家而言，这是危险的："民主社会正断裂为按照日益狭窄的身份划分的碎片，这对社会作为一个整体展开商议和集体行动的可能性构成了威胁。这条路只会导致国家崩溃，以失败告终；如果这些自由民主制国家不能回归于对人类尊严的更普遍的理解，它们将会使自己以及整个世界陷入无尽冲突的厄运。"

相似的警告，福山的老师亨廷顿早就发出过，只不过他更加关注美国主流价值的丧失。在2004年出版的《我们是谁？——美国国家特性面临的挑战》这本书里，[1]亨廷顿问了一个问题：什么是美国的主流价值？亨廷顿认为，它不仅仅是自由、民主和个人权利这样自由主义民主所信奉的普世价值，更为根本的，它来自美国的"盎格鲁-新教"文化，具体来说，就是说英语、信奉基督教、

---

[1] ［美］塞缪尔·亨廷顿：《我们是谁？——美国国家特性面临的挑战》，程克雄译，新华出版社2005年版。

遵纪守法、恪守个人主义以及新教工作伦理。亨廷顿说出了美国保守精英的心声,但却大大激怒了美国的自由派。罗尔斯的政治自由主义已经深入人心,美国主流社会不可能容忍亨廷顿这样的近似种族主义的言论,但这不等于亨廷顿所说的问题不存在,特朗普的当选再次告诉我们,美国白人在寻求自己的位置。福山说他们只是想得到尊重,这是大事化小的说法,逃避了最为根本的问题:一个社会是否需要一个主流价值?福山的矛盾在于,一方面他意识到了身份政治给自由民主社会带来的危害,另一方面他又认同多元主义。他给美国和欧洲开出了多个药方,希望缓解身份政治的负面作用,但是,因为不能处理这个矛盾,他的这些药方都将归于无效。

第四章
儒家的世界

现代西方的自由主义民主起始于洛克的契约论建构，其基础是对人性的自利假设。但是，这个假设不是对人性的全部描述，除了自利，人还具有同理心、正义感、荣辱观等等。这些品质在人类的灵长目近亲，如黑猩猩身上也同样具有，因而可以看作是人的天性，而不是文明教化的结果。自由主义民主所赖以建立的基础过于狭窄，因而，断言它终结了历史、穷尽了对国家治理的模式探究，显然是过于着急的结论。

儒家对于人性的看法，迥异于西方自由主义的看法，而更加接近灵长目科学家对灵长目的观察，也更接近我们在日常生活中对人性的观察。对于儒家而言，尽管多数人拥有成仁的潜质，但每个人成仁的成就都是不同的，其程度取决于一个人的天赋与所处的环境，以及最为重要的，个人的努力。由此，社会由异质化的个人组成，建立于其上的儒家政治就与自由主义民主不相同，两者最大的差别是，儒家政治摒弃抽象的平等观，强调资质对于个人政治参与的重要性。儒家的政治学说起始于人性的可塑性，进而把重点放在人的努力上，而努力的目标，就个体而言是成为仁义圣人，就社会而言是实现大同世界。自利只是人性的一个侧面，因而建立于其上的自由主义民主是单调的，无法囊括丰富多彩的世界。在当代，政治和经济制度对于社会的塑造具有决定性作用，自由主义民主以其单面性对社会具有压缩作用，因而经常性地与社会价值产生冲突。儒家政治接纳人性的多样性，因而比自由主义民主更具包容性，也更与现实世界的法则相通。儒家政治体现了一种积极的现实主义：就其人性论与现实的人趋于一致而言，它是现实主义的；就其鼓励个人成仁和推动世界大同的理想而言，它是积极的。肯定现实，似乎总是与"保守"和"消极"这样的概念联系在一起，但儒家政治并不放弃对美好人生和美好社会的追求，所以它是积极的。

灵长目动物的启示

既然儒家人性论是建立在对人性的经验观察的基础之上，我们有必要先从生物学角度对人性进行一番考察。在这方面，灵长目动物学家弗朗斯·德瓦尔的观察和总结值得探究。20世纪70年代后期，德瓦尔以一个年轻学者的身份参与了对荷兰阿纳姆动物园一群黑猩猩的观察和研究项目。这是一项枯燥的、需要耐心和毅力的工作，值班的研究者需要对黑猩猩进行录像并进行观察，然后对照录像回放记录下有意义的观察结果。而坚持总会有回报，德瓦尔于1982年完成了《黑猩猩的政治》一书，在国际灵长目动物学界和哲学界引起轰动。在此之后，他又完成了多部灵长目的研究著作，并由此进入对人类道德起源的探讨。[1]《黑猩猩的政治》是一部图

---

1 弗朗斯·德瓦尔的几部有影响的著作包括：《黑猩猩的政治：猿类社会中的权力与性》，赵芊里译，上海译文出版社2014年版；《猿形毕露：从猩猩看人类的权力、暴力、爱与性》，陈信宏译，生活·读书·新知三联书店2015年版；《灵长目与哲学家：道德是怎样演化出来的》，赵芊里译，上海科技教育出版社2013年版。

文并茂、引人入胜的通俗著作，德瓦尔展现了科学家的严谨和通俗作家的叙事才能。他对黑猩猩群落的政治、个体、性和初级社会生活的描述，让读者从黑猩猩这一人类近亲身上看到了人类自身常常被忽视的面向。

人科和黑猩猩分离，大约是在550万年前。在此之后，约250万年前黑猩猩分化出倭黑猩猩（巴诺布猿），而智人要等到30万年前才从人科分离出来。在物种的竞争当中，处于相同生态位的生物之间的竞争最为激烈。人类是最好的例子。智人从人科脱颖而出，消灭了所有其他人类，这样才使得当今的地球上，两种黑猩猩成为和我们智人最接近的物种。黑猩猩的社会结构在动物界是最复杂的，但相对于人类社会而言，就只能用原始来形容，但正因为如此，从黑猩猩身上，我们可以看到人类行为的最底层的生物基础。德瓦尔对阿纳姆动物园黑猩猩群落的描述妙趣横生，这里只摘其重点，说明人类和黑猩猩所共有的某些特征。

根据德瓦尔的观察，自利是黑猩猩所有行动的首要动机。对于黑猩猩来说，它们"人生"的首要目标是交配和食物。黑猩猩群落是混居的，通常由几只雄猩猩和更多的雌猩猩组成。雄黑猩猩为交配权争斗，胜者成为首领，享受无限的交配权。在食物方面，先得者拥有独占的权利，但往往它也会分一些给其他猩猩。在黑猩猩这样原始的社会里，权力的争夺和使用已经达到一定的高度。首领的权威不总是牢固的，会受到更年轻、更强壮的雄猩猩的挑战，同时也会受到年长的雌猩猩的牵制。黑猩猩已经学会联合、欺骗、掩盖、误导、操纵等策略，就和人类政客一模一样。这其中最引人入胜但也最让人伤心的，是前后三代首领之间的争斗。第一代首领是老迈的耶罗恩，它和最年长的雌猩猩大妈妈之间有很好的默契。但是，年轻的雄猩猩鲁伊特向它发起挑战，并最终取代了它。黑猩猩的许多行为似乎显示了它们残暴的一面，比如，它们爱嚎叫，对来公园围观它们的人群发起进攻。但是，它们也有隐忍的一面。比如，鲁伊特战胜了耶罗恩，但并没有杀死它；反过来，耶罗恩对鲁伊特要表示屈服，当鲁伊特走过来的时候，要向它表示问候（发出低沉的喘气声），有时也要给它梳理毛发。但是，耶罗恩这样做，都是装出来的；在暗中，它和更年轻的尼基联合，鼓动后者取代鲁伊特。最终，它和尼基联合，于一天夜里在睡觉的笼子里把鲁伊特咬死了。这样，尼基就当上了首领，但它死得更惨。在一次招惹其他猩猩，引起它们反抗的时候，它惊慌失措地逃跑，跳进围绕黑猩猩领地的堑壕里淹死了。在这三代首领的争斗过程中，最年长的雌猩猩大妈妈的态度具有很大的影响力，要想战胜对手，参与角逐的雄猩猩必须获得她的支持。

  黑猩猩的上述行为完全可以用自利来解释。德瓦尔还观察到，黑猩猩之间有很多的交换行为，但这也可以用自利来解释。然而，也有一些行为不能用自利来解释，其中最为显著的是雌猩猩之间的个人友谊以及少数黑猩猩表现出来的同理心。比如，年轻的雌猩猩格律勒与大妈妈建立了特殊的友谊，照顾后者的孩子。尽管这可能是因为格律勒自己没有孩子的缘故，但它和大妈妈之间建立了某种情感交流却是无疑的。它们经常在一起，并相互提供保护。这种行为不能完全用自利来解释，因为，至少对于大妈妈来说，它并不需要格律勒的保护。显示黑猩猩同理心的一个最奇妙的例子是，一头黑猩猩发现了一只受伤的小鸟，便开始注意它；当小鸟从树上掉下来的时候，黑猩猩跑过去把它接住，然后轻轻地把它放在地上。在其他智力较高的动物身上，也可以观察到这种同理心。比如，一个网络视频显示，一位主人试图教一只小拉布拉多狗做一个动作，小狗学不会，旁边的狗妈妈很着急，就给小狗做示范。智力较高的动物也会复仇，即如果自己或伙伴受到侵犯，它们就会寻找机会反击。曾有一则报道，说的是一个人开车把一只流浪狗轧死了，其他流浪狗就找机会在停车场里把这个人的车的车胎咬破了。人类的正义感来自人的复仇欲望和同理心的结合。按照赤裸裸的自利假设，遭受他人侵害的损失已经是沉没成本，无法收回，而复仇需要付出代价，因此，复仇是不理性的。但是，现代实验证明，复仇会产生快感，说明人和动物一样，复仇已经成为一种生物编码，指导人和动物的行为。同理心把复仇扩展到自己的同类中去。同理心就是把自己放在他人的位置上感知他人的感受，拥有同理心驱使人和动物为自己的同类复仇。再往前走一步，就可以产生正义感，即他人的哪些行为是可以容忍的，哪些是不可以容忍的。这是一个巨大的跨越，涉及规则的制定，因而需要自我观照、反躬自问的能力，当然，这只有人类可以做到。

　　为"看不见的手"辩护的亚当·斯密，在写作《国富论》之前还写过《道德情操论》，详尽地论述了道德对于人类社会的重要性。他区分了德性的两个层次，一个是正义，另一个是同情（理）心，后者是我们通常说的"道德"。对于人类社会的运作来说，正义比同情心更为重要："与其说仁慈是社会存在的基础，还不如说正义是这种基础。没有仁慈之心，社会也可以存在于一种不很令人愉快的状态之中，但是不义行为的盛行却肯定会彻底毁掉它。……行善犹如美化建筑物的装饰品，而不是支撑建筑物的地基，因此作出劝诫已经足够，没有必要强加于人。相反，正义犹如支撑整个大厦的主要支柱。如果这根柱子松动的话，那么人类社会这个雄伟而巨大的建筑必然会在顷刻之间土崩瓦解。"[1]

但是，这个世界如果只有正义而没有道德，就会变得暗淡无光。道德的基础是同理心，是一个人对他的同胞感同身受的爱。斯密把道德描述为我们"心中的那个居民"的判断。对于他来说，道德是出自"一种对光荣而又崇高的东西的爱，一种对伟大和尊严的爱，一种对自己品质中优点的爱"[2]。这种崇高的东西，总是超出个人的。如德瓦尔所指出的："人类道德规范的核心问题，就是怎么从人际关系当中，发展出一套关注大多数人福祉的体系。"[3]这套体系不可能完全建立在人类理性计算的基础之上，如果没有生物层面的基础，它是不可能稳固的。人类的生活当然比动物的生活更加高级。经历数万年的演化，人类发展出了各种社会机制来优化那些关注集体福祉的道德规则，从最简单的"唾沫星子淹死人"式的群体压力，到最严密的组织执行，人类得以脱离动物界，发展出一种全新的生物组织形态，即文明。然而，直到今天，人仍然没有脱离生物的特质，人性仍然是本能和社会教化混杂在一起的综合体。西方的问题——如德瓦尔所指出的——是专注于人性中的一极。"过去几百年来，西方世界总认为竞争才是我们真实的一面，而我们的社会性则是后天培养出来的结果。不过，如果人类真像我们假设的那么自私，当初又怎么能组成社会呢？"[4]人性是复杂和多样的，"人性里同时具备仁慈与残酷、崇高与鄙俗——有时候，在同一个人身

---

[1] [英]亚当·斯密：《道德情操论》，蒋自强等译，胡企林校，商务印书馆1998年版，第106页。

[2] [英]亚当·斯密：《道德情操论》，第166页。

[3] [美]弗朗斯·德瓦尔：《猿形毕露：从猩猩看人类的权力、暴力、爱与性》，第218页。

[4] [美]弗朗斯·德瓦尔：《猿形毕露：从猩猩看人类的权力、暴力、爱与性》，第223页。

上就可看到种种不同的特质"[1]。儒家还告诉我们，人性是可塑的，其最后的形态，取决于周遭的环境和个人的努力。

儒家人性论[2]

孔子生活的时代，是周王朝走向崩溃的时期。回到武王伐纣建立周朝的时候，周人摒弃了商人的残暴统治模式，代之以较为温和的分封制。周人还建立了新的统治合法性叙述，用顺应民心的道德观赋予汤武革命以道德的合法性。如周成王在命蔡叔的儿子蔡仲为蔡国之君时，用策书对蔡仲进行的训导所言："皇天无亲，惟德是辅；民心无常，惟惠之怀。"（《尚书·蔡仲之命》）这个道德的合法性在辩护周朝统治的同时，也对周朝历代帝王构成了相应的约束。孔子生活在东周走向灭亡的春秋晚期。这个时期诸侯混战、逐鹿中原，血缘亲情、君臣忠义逐步让位于利益考量，周朝所建立的礼法制度急速衰落。与多数处在王朝衰退时期的哲人一样，孔子认为，春秋时期礼崩乐坏的原因在于道德的沦丧，即周礼的丧失。孔子深谙周礼所起到的外在约束作用，也洞悉周礼背后的道德根源，并创造性地以"仁"来充实和提升后者。孔子终身致力于恢复周礼，倡行其仁政主张，不仅周游列国劝说诸侯，亦于民间设坛授徒。与其仕途相比，孔子的教育事业在当时更有影响。孔子的仁政主张，后经孟、荀二人的发扬，蔚为大观，到汉武帝采纳董仲舒"罢黜百家，独尊儒术"的建议之后，成为中国历代官僚帝制的主

---

[1] ［美］弗朗斯·德瓦尔：《猿形毕露：从猩猩看人类的权力、暴力、爱与性》，第229页。
[2] 本节参考了姚洋、秦子忠：《人性的差异性和儒家政治结构》，《开放时代》2017年第6期。

流意识形态。孔、孟、荀三人撑起了儒家世界的基本结构,孔子立其人性根基,孟、荀分别从人性的不同侧面各扬其脉。

孔子对人性的认识建立在经验观察之上。在《论语》中,他两次论及"性",一次是"性相近,习相远"(《论语·阳货》),另一次是"夫子之言性与天道,不可得而闻也"(《论语·公冶长》)。古今注释家对这两个"性"字有不同的解读。在《中国人性论史·先秦篇》中,徐复观经过一番考察后,将这两个"性"字解释成"善"。[1] 然而,这种解释是牵强的。徐复观持有这种解释,其目的可能有二:一是为了迎合孔子以"仁"来言说人性的其他文本;二是为了确定孔子以"仁"来解释人性的正统地位。据此,孟子的性善论承续其正统,而荀子的性恶论则为非正统。但是,这两个目的都是徐复观强加给孔子的,实际上,孔子的"性"指的是人性的总和,而且这个总和具有多样性。从逻辑上讲,若人性为纯善,则无倡导仁之必要,所有人都会自动成圣;若人性为纯恶,则教化也未必能改变之,仁则无立足之地,"克己复礼"也就无其内在之根据。孔子认为,人天生具有差异,所谓"唯上知与下愚不移"(《论语·阳货》)是也。上知之人,通过自己的努力就可能成圣;下愚之人,则可能愚顽不化,不可能成圣。然而,孔子也认为,"中人可教",而且"有教无类",因而在他那里,多数人是可塑的。在今天的语境里,我们可以说,人性既含利他倾向,亦含利己倾向,一个人终成为"君子儒"或"小人儒",取决于他是否得到教化以及他个人是否努力。最终,社会中仍然会有"君子"和"小人"之分,"君子坦荡荡,小人长戚戚"(《论语·述而》)。在今

---

[1] 徐复观:《中国人性论史·先秦篇》,上海三联书店2001年版,第71、79页。

天的语境里,"君子"是指那些道德高尚、严于律己且具有公共精神的人,"小人"则是指那些只顾私利、患得患失的人。在承认人性多样性这点上,孔子的想法与德瓦尔基于科学观察的结论是一致的;不同之处在于,孔子亦强调个人后天的努力对于人性的塑造。人之不同于动物的最大特征是,人具有反躬自问的能力,因而能够反思自己,并做出改进——至少君子是可以做到这点的。

孔子对人性的自然主义认识,既与中国人的共有特性有关,也可能与他个人的境遇有关。如我们在下一章将指出的,中国人是活在当下的民族。我们虽然也谈论鬼神,但却从来没有创造关于来世的理论,因而也没有创造真正的宗教。从一开始,我们的先人就把注意力放在如何活在当下、享受人生上面,如《诗经》所云:"呦呦鹿鸣,食野之苹。我有嘉宾,鼓瑟吹笙。"(《小雅·鹿鸣》)"关关雎鸠,在河之洲。窈窕淑女,君子好逑。"(《国风·周南·关雎》)"蒹葭苍苍,白露为霜。所谓伊人,在水一方。"(《国风·秦风·蒹葭》)在《诗经》的时代,还有哪个民族像汉民族那样,忘却生存的烦恼,尽情享受人生、讴歌爱情?孔子不是一个耽于享受之人,但晚年致力于整理经书,《诗经》是他的最爱之一。他理解中国人的文化特质。

从孔子个人的经历来看,他出身卑微,因而更可能对没有经过矫饰的人性有直接的认识。他的母亲颜徵在是平民,和他的父亲孔纥"野合"生了孔子。孔纥的祖上是从宋国避难到鲁国的商人贵族,因而拥有贵族身份。孔子随母亲长大,童年生活困顿,15岁之前不知道父亲是谁。那年母亲去世,他把母亲的棺椁停放在曲阜城东大路"五父之衢"上,才找到孔家,获得孔家的认可,将母亲和父亲合葬在一起。自此,孔子才获得贵族身份。但他这个贵族身份有名无实，第一次去参加贵族的聚会就被季孙氏家臣阳虎奚落。终其一生，孔子一直都对社会等级很敏感。一方面，他认识到自己的卑微出身对自己的限制；另一方面，他又坚守社会等级给自己确立的位置，在即将去世的时候坚持要以"士"而不是"大夫"的名义下葬。但是，孔子不是因循守旧之人，他以士的身份参与鲁国政治，坐上了贵族大夫才能坐上的位置。从这里可以看出，在孔子的理想世界里，等级是必要的，但每个人都可以通过自身的努力爬上等级的阶梯。

与孔子不同，孟子认为每个人天生具有"四端"，即由恻隐之心产生的仁之端，由羞恶之心产生的义之端，由辞让之心产生的礼之端，以及由是非之心产生的智之端。因此，每个人都有成为圣人的潜质，即"人皆可以为尧舜"（《孟子·告子下》）。这也是后人多认为孟子是性善论者的原因。然而，对孟子正确的理解应该是，他只指出了人具有成圣的自然潜能，而不代表他确定人进入社会之后就可以成圣。另一方面，说人具有"四端"，并不等于说人不具有其他特质。事实上，与孔子一样，孟子也意识到人与人之间具有差异性，而且，一个人能否成圣，取决于后天的努力："体有贵贱，有小大。无以小害大，无以贱害贵。养其小者为小人，养其大者为大人。"（《孟子·告子上》）人的本质有"小""大"之分，如果想成圣，"克己复礼"是唯一的正途。

荀子被认为是儒家里性恶论的代表。大体而言，孟子的所谓性善说侧重强调人生而有之的善端及其可塑性，如"恻隐之心，人皆有之"（《孟子·告子上》），"人皆可以为尧舜"，因而主张国家应多施文教；荀子的所谓性恶说侧重强调人生而有之的官能欲望及其流弊，如"生而有耳目之欲，有好声色焉，顺是，故淫乱生而礼义文理亡焉"（《荀子·性恶》），因而主张国家应多施刑罚（而非仅仅文教）。由荀子生发出后来的法家，后者成为主导诸侯富国强兵的主要思想，而孟子的学说则在董仲舒之后才回归正统。因而，乍看起来，孟、荀二人因在人性上持有针锋相对的观点而主张不同的国家治理模式，但他们实际上分享诸多共同的观念。例如，他们都不认为善或恶是人性的全部内容，并且认为人的无穷欲望是恶的来源之一，因而都主张对之施以约束。更值得注意的是，他们都同时强调不良环境是恶的另一来源，即在不同环境中，有些人会成为盗贼而有些人则能成为贤能；而且，他们也都强调个人努力的重要性。如荀子所言："涂之人百姓，积善而全尽，谓之圣人。……故圣人也者，人之所积也。……居楚而楚，居越而越，居夏而夏，是非天性也，积靡使然也。故人知谨注错，慎习俗，大积靡，则为君子矣。纵情性而不足问学，则为小人矣。"（《荀子·儒效》）

综上所述，孟、荀两人虽分持性善说、性恶说，但他们并非以此拒彼，而仅是从不同视角来阐释人性；并且，他们都注意到个人努力以及外在环境对人性善恶最终走向的影响。整体来看，儒家并不是将人性等同于善或恶，而是将人性视为存有善恶两种可能性的存在，并且都强调外在环境以及个人努力对人性的塑造。

儒家的差异人性论的一个直接推论是：人不是生而平等的，而且，社会中的人也不可能做到完全平等。这个推论会让多数现代人感到不适。产生这种不适有两方面的原因。其一，现代人已经深深地接受了"人生而平等"的理念，从而忘记了这是一个应然的口号，而不是对现实的描述。其二，第二次世界大战之后，各殖民地纷纷获得解放，而在各国内部，平等主义不断被制度化，人们的平等主义意识越发加强。儒家，至少当代儒家，并不反对追求平等，只是揭示人不是生而平等这个事实，这样我们才不会忘记，我们为什么要追求平等；如果我们从一开始就是平等的，那我们还需要去追求平等吗？当然，儒家对平等的追求有别于自由主义者的追求：自由主义者追求无差别的平等，儒家则追求资质基础上的平等。在第十三章讨论儒家政治与自由主义的关系的时候，我们将对此做出细致的论述。

对于当代人而言，儒家的感召力不在于对个体价值的平等主义肯定，而在于对人的向善之心的肯定。相较而言，自由主义把人性看作天然和固定的，相当于儒家所谓的"性"；而儒家更重视人性后天习得的部分，是动态的。遵循儒家的启示，我们不应该将人性抽象成固定不变的阿基米德支点，而应该将人性看作有几个参数的函数，并据此来建构政治体系。

儒家的人格世界

因为人性是多样和可塑的，儒家就特别强调个人的人格塑造，其目标是达到仁的至高境界。就国家治理而言，儒家把个体对仁的追求扩展到统治体系对仁的追求，从而形成一套有别于自由主义的政治哲学。因此，搞清楚仁的含义是理解儒家政治哲学的钥匙。

孔子的仁学思想，就其外在结构来看是他所致力于复兴的周礼，就其内在精神来看，是他从周礼体会出来的忠恕之道。何谓周礼？何谓忠恕之道？周礼是周朝在借鉴夏商二代的原始礼仪基础上，创造出来的一整套习惯统治礼规，它包括典章、制度、规矩、礼仪等，是晚期氏族统治体系的规范化和系统化。位于这套礼规核心的是以男性血缘为基础的等级制度，分封、世袭、井田、宗法等则是它的延伸拓展。[1]但这套礼规到孔子之时已经衰败,因此,孔子要复兴周礼,但并非要原原本本地还原西周的那套礼规。孔子本人也反对对周礼的本本主义继承,《礼记》里的那些繁文缛节,多是他的弟子想象出来的。就他生活的年代而言,孔子的一些主张具有革命意义。现举两例。

反陪葬。孔子主张"仁者爱人""己所不欲,勿施于人",而殉葬显然违背其主张。陪葬者也是人,因此如果我们自己不想成为陪葬者的话,那么就不能将之施加于他人。孔子反对陪葬的另一个原因,是他不相信来世。"未知生,焉知死?"所以,即便是以人形俑作为陪葬,孔子也给予严厉批评:"始作俑者,其无后乎!"(《孟子·梁惠王上》)况乎以活人作为陪葬!2010年上映的电影《孔子》中,有一段剧情形象地展示了孔子对陪葬的反对。在季平子大殓时,被选为陪葬的漆思弓逃跑了,子路将其搭救并藏于学舍。孔子知道此事后,不但不责怪子路,而且还认为以人殉葬是殷商旧礼,季氏袭用殉葬是不仁的,并与季氏周旋,救了漆思弓一命。

反世袭、举贤人。孔子首开民间教育之风,并倡导有教无类,把传统的世袭君子小人之分转化为德行上的君子小人之分,使得君子成为每个人努力向上的目标,而不再是固有的社会身份。这在精神和行动两方面给予世袭等级制度很大的冲击。同时,孔子也强调统治职位应按照德行而非世袭权来进行分配,[2]并且身体力行。

由此观之,孔子说"吾从周",并不妨碍他对周礼做创造性的

---

[1] 李泽厚:《中国古代思想史论》,生活·读书·新知三联书店2017年版,第2—4页。
[2] 徐复观:《中国人性论史·先秦篇》,九州出版社2013年版,第59页。

发挥。这个发挥，在消极意义上就是反对周礼自身存在的弊病，在积极意义上则是探析周礼背后的人性根据，并以仁来阐释礼，由此扩宽了人格世界，扩展了人类生活的可能空间。在孔子之前，很多道德观念已经存在了，如"智愚贤不肖"，但这些观念或者如周礼那样隐而不发，或者是在外在世界的相互关系中比定出来的，因此算不上有意识地开辟了一种内在的人格世界。自孔子而后，内在的人格世界不仅获得了以仁为核心的丰富内涵，也通过孔子的教育连同其门徒的践行而得以发扬光大。以仁为核心的人格世界的呈扬，开启了人可以通过努力修行，自我塑造以达圣贤的机会之门，由此亦把内在的人格世界与外在的客观世界联系在一起。如徐复观先生所言：

> 人只有发现自身有此一人格世界，然后才能够自己塑造自己，把自己从一般动物中，不断地向上提高，因而使自己的生命力作无限的扩张与延展，而成为一切行为价值的无限源泉，并把客观世界中平列的分离的东西，融和在一起。知能上的成就，可以给客观世界以秩序的建立。但若仅止于此，则生命除了向外的知性活动外。依然只是一团血肉，一团幽暗的欲望。……由孔子所开辟的内在的人格世界，是从血肉、欲望中沉浸下去，发现生命的根源，本是无限深、无限广的一片道德理性，这在孔子，即是仁；由此而将客观世界乃至客观世界中的各种成就，涵融于此一仁的内在世界之中，而赋予以意味、价值；此时人不要求对客观世界的主宰性、自由性，而自有其主宰性与自由性。这种主观与客观的融和，同时即是客观世界的融和。这才是人类所追求的大目的。柏

拉图的理性世界,黑格尔的绝对精神,只不过是思辨、概念的产物。[1]

内在的人格世界是以仁为核心的。那么在孔子那里,仁是什么呢?李泽厚先生经由一番考察后,从血缘基础、心理原则、人道主义和个体人格四个要素来透视仁的结构,并将其整体特征解读为实践理性(或者说实用理性)。这种模式化的把握颇有创见,它不仅确定了仁的结构,也勘定了其边界。但是,它同时也简化了孔子的仁学思想,至少抹去了孔子没有直接定义而是情景化地阐释仁的那种考虑。并且,这种模式化的把握,在一定程度上,也不自觉地将模式化分析框架自身的封闭性施加给了仁这一范畴。由此,李泽厚先生随后的一段论述颇具误导性,他说:

> 血缘、心理、人道、人格终于形成了这样一个以实用理性为特征的思想模式的有机整体。它之所以是有机整体,是由于它在这些因素的彼此牵制、作用中得到相互均衡、自我调节和自我发展,并具有某种封闭性,经常排斥外在的干扰或破坏。[2]

这段论述中的"封闭性",令人疑惑。首先,就孔子的情景化阐释而言,仁的思想具有多维度伸展的开放性。其次,从孟、荀二人的发挥来看,仁的思想从人性的内、外得以深广地发展。相较而

---

[1] 徐复观:《中国人性论史·先秦篇》,第64页。
[2] 李泽厚:《中国古代思想史论》,生活·读书·新知三联书店2017年版,第23页。

言，孟子侧重从内在进路将仁的根据落实到人生而有之的"四端"，荀子则侧重从外在进路将仁的根据落实为人后天的"化性起伪"。最后，就仁的思想作为中国文化的主流而言，如果它的整体特征确实是李泽厚先生所言的实用理性，那么，无论在认识论上还是在实践层面，它都具有开放性。从李泽厚先生随后的举例说明来看，这里的"封闭性"，即便不是笔误，也应该将之解读为维持自身规范的"稳定性"。

回到《论语》，仁在孔子那里具有众多的性质，他在不同场合共一百多次论及仁，摘录其中一部分如下：

> 弟子入则孝，出则悌，谨而信，泛爱众，而亲仁……（《论语·学而》）
>
> 君子笃于亲，则民兴于仁。《论语·泰伯》
>
> 人而不仁，如礼何？人而不仁，如乐何？（《论语·八佾》）
>
> 颜渊问仁，子曰："克己复礼为仁。一日克己复礼，天下归仁焉。为仁由己，而由人乎哉？"（《论语·颜渊》）
>
> 仲弓问仁，子曰："……己所不欲，勿施于人。"（《论语·颜渊》）
>
> 司马牛问仁，子曰："仁者，其言也讱。"（《论语·颜渊》）
>
> 樊迟问仁，子曰："爱人。"（《论语·颜渊》）
>
> 刚、毅、木、讷近仁。（《论语·子路》）
>
> 当仁不让于师。（《论语·卫灵公》）
>
> 志士仁人，无求生以害仁，有杀身以成仁。（《论语·卫灵公》）
>
> 子曰："……夫仁者，己欲立而立人，己欲达而达人。能

近取譬，可谓仁之方也已。"(《论语·雍也》)

从以上摘录来看，孔子对仁的阐释是情景化的，即依据不同背景、不同事务乃至不同对象而展示仁的不同侧面，但归根结底，如孟子说："仁者，爱人。"(《孟子·离娄下》)这大概是对仁的最好的总结性诠释。仁是对他人的怜悯之心、同理之心，是对自身之外的价值的追求。在这个诠释的基础上，我们可以把孔子的仁归纳到下面几个层面的内容。首先是个人修养层面，仁要求个人成为正人君子。何谓君子？君子就是行为端正、知书达理、道德高尚、不计较个人得失、关注社会福祉的人物。简言之，仁要求个人做一个道德高尚的好人。要达到这个目标，就必须克己复礼，实施自我约束，并勤奋好学。其次是统治层面，仁要求君主及其统治本着爱人的初衷，对民众施仁政。最后是人与人的交往层面，仁要求恪守忠恕之道。这方面比对个人和君主的要求更复杂，需要多费一些笔墨。

忠恕之道是孔子一以贯之的思想。曾参的转述是对此的原始记录："子曰：'参乎！吾道一以贯之。'曾子曰：'唯。'子出，门人问曰：'何谓也？'曾子曰：'夫子之道，忠恕而已矣。'"(《论语·里仁》)但是，这段话并没有涉及忠恕的含义。关于忠恕的含义及其与仁的关系，乃至践行忠恕的难易，则是孔子在与子贡（端木赐）的对话中集中阐发出来的：

　　子贡问曰："有一言而可以终身行之者乎？"子曰："其恕乎！己所不欲，勿施于人。"(《论语·卫灵公》)
　　子贡曰："我不欲人之加诸我也，吾亦欲无加诸人。"子

曰："赐也，非尔所及也。"(《论语·公冶长》)

子贡曰："如有博施于民而能济众，何如？可谓仁乎？"子曰："何事于仁，必也圣乎！尧舜其犹病诸！夫仁者，己欲立而立人，己欲达而达人。能近取譬，可谓仁之方也已。"(《论语·雍也》)

从以上三段摘录来看，"忠恕"具有多个面向的含义。从其内容来看，保守而言是"己所不欲，勿施于人"，进取而言是"己欲立而立人，己欲达而达人"；从其形式来看，是推己及人、换位思考的相互性或对称性。分而言之，朱熹所谓"尽己之谓忠，推己之谓恕"(《论语集注》)大体正确。从忠恕与仁的关系来看，结合前文的摘录，忠恕在内涵上与仁有一定的重叠，即都蕴含"己所不欲，勿施于人"等，并且是落实仁的方法，即"能近取譬，可谓仁之方也已"。从忠恕的实践来看，它并非一件容易的事情。这里注意需要区分孔子在心理、言说、实践等层面上对仁的相关论述。

作为一种心理中的仁，它存乎一念之间，它取决于个人自身的选择，由此孔子说，仁并不远，也不难，"我欲仁，斯仁至矣"。作为一种言说中的仁，它会与行为联系在一起，所谓言必信、行必果，所以仁者要谨慎其言。一次司马牛问仁，孔子回答说："仁者，其言也讱"；司马牛再问："其言也讱，斯谓之仁已乎？"孔子再答复说："为之难，言之得无讱乎？"作为一种实践中的仁，可从孔子对子贡的回答中加以体认。当子贡说"我不欲人之加诸我也，吾亦欲无加诸人"时，孔子回答说"非尔所及也"。子贡是孔门七十二贤之一，他在孔子看来尚未做到"己所不欲，勿施于人"，况乎他人。这一点表明仁的实现不是一蹴而就的，它需要一个人终身学习践行。

至此，我们看到，忠恕之道是将人格世界融合到客观世界的桥梁。但在孔子所处的时代，这两个世界只具其雏形，并且二者之间的关系亦是模糊的。进一步将它们清晰化的是孟、荀二人。孟子把孔子的人格世界，还原为人生而有之的不忍之心，再还原为内在于人性的仁、义、礼、智"四端"。由此在孟子那里，去发现和发扬人性中的"四端"，以仁为核心的人格世界就成为客观世界。这条途径是向内去寻求的，因此可称之为内圣进路。与孟子不同，荀子走了一条向外寻求的外王进路。荀子把孔子的人格世界，落实为后天努力、化性起伪的结果，再落实为对人性具有外在规范约束的礼仪制度。由此在荀子那里，"法后王，一制度"以及"隆君权"等，则是通过以礼法为核心的客观世界来成就人格世界。这两条进路看似对立，实则殊途同归。孔、孟的内圣主张和荀子的外王主张构成了儒家仁政思想的伸缩空间。下面为人熟知的内容，完整表述了儒家由个体人格完善到国家治理的完美形式：

> 古之欲明明德于天下者，先治其国；欲治其国者，先齐其家；欲齐其家者，先修其身；欲修其身者，先正其心；欲正其心者，先诚其意；欲诚其意者，先致其知，致知在格物。物格而后知至，知至而后意诚，意诚而后心正，心正而后身修，身修而后家齐，家齐而后国治，国治而后天下平。自天子以至于庶人，壹是皆以修身为本。(《礼记·大学》)

格物、致知、诚意、正心、修身、齐家、治国、平天下这八个环节连接起来，使得个人的人生内外融通，可由内及外，亦可由外及内，由此个人可以进退有度地追求人格世界与客观世界的融合。

大同世界

我们已经讨论了儒家的人格世界，接下来，我们要讨论儒家的理想客观世界，即大同世界。在《论语》中，孔子虽然也论及理想社会，但离散零星，后人依据他的微言大义发掘他的社会理想，其中影响深远者，古有西汉礼学家戴圣所编的《礼记》，[1] 今有清末康有为的《大同书》。

《礼记》这一文献假托孔子之口，分别阐述了大道之行时的大同社会和大道既隐的小康社会。这两个社会构成了儒家理想社会的二阶叙事。

> 大道之行也，天下为公，选贤与能，讲信修睦。故人不独亲其亲，不独子其子，使老有所终，壮有所用，幼有所长，矜、寡、孤、独、废疾者皆有所养，男有分，女有归。货恶其弃于地也，不必藏于己；力恶其不出于身也，不必为己。是故谋闭而不兴，盗窃乱贼而不作，故外户而不闭，是谓大同。（《礼记·礼运》）

> 今大道既隐，天下为家，各亲其亲，各子其子，货力为己，大人世及以为礼。城郭沟池以为固，礼义以为纪；以正君臣，以笃父子，以睦兄弟，以和夫妇，以设制度，以立田

---

[1] 《礼记》各篇文章的具体作者信息不详，但就现在流传下来的编著，主要参阅的是戴圣编的《礼记》。

里，以贤勇知，以功为己。故谋用是作，而兵由此起。禹、汤、文、武、成王、周公，由此其选也。此六君子者，未有不谨于礼者也。以著其义，以考其信，著有过，刑仁讲让，示民有常。如有不由此者，在势者去，众以为殃，是谓小康。（《礼记·礼运》）

从孔子所处的时代来看，不仅大同社会，而且小康社会都已成为过去。但是，孔子对二帝三王时代心怀向往，因此在参加完腊祭后向其弟子感叹说："大道之行也，与三代之英，丘未之逮也，而有志焉。"从史料来看，大同社会是否真的出现过仍然有待考证，但小康社会确实存在于商周二朝，已有足够文献支持。但即便大同社会被证明不曾存在过，也无损于儒家的宏旨。大同社会与小康社会在内涵上形成了对照，并且作为儒家超越小康社会的一种理想社会，对后世社会的影响尤其深远。理想社会的表达都起因于不满于现实社会，通常而言，其形式或是追溯过去的美好社会，或是前瞻未来的可能社会。

在人类的轴心时代，与大同社会相媲美的，可能是柏拉图在《理想国》中描述的哲人王社会。从资源偏向来看，孔子的大同社会凭借的是回溯性资源，而柏拉图的理想国凭借的是前瞻性资源，因此前者采取的途径是"祖述尧舜，宪章文武"的叙事，后者则是通过逐次推进的对话来展开未来的理想。就社会结构而言，孔子和柏拉图的理想社会都是等级社会，但它们各自论述等级的合理性是不一样的。哲人王社会依据人的理智、勇敢、节制三个品格映射为哲人王、护卫者和平民三个等级，大同社会则依据人的德才高低映射为贤能王、官员和百姓三个等级。就社会性质而言，这两个社会都是公正而和谐的社会，但它们对公正和谐的理解是不同的。哲人王社会的公正或正义，是指城邦中每个人不让其灵魂中的每个部分相互干涉，自己主宰自己，保持身体内秩序井然。由此外推，城邦中各色人等各司其职，哲人王治理城邦的事务，护卫者抵御城邦的敌人，平民生产城邦的物资。如此，不仅身体内部，而且整个城邦都因为各自分立部分的协调而变成一个和谐的整体。[1]大同社会的公正是"天下为公"，强调内嵌于社会的各种职位（连同其管理的社会财产）和社会风气的公共性，[2]这些职位不专属于某个人，而是由贤能者担任；社会溢满利他精神，人人都不仅赡养自己的长辈、养育自己的子女，而且能兼顾其他人的长辈、子女；人们憎恶把财物荒弃于地上的行为，却不是为了将财物私藏，也憎恶气力不出于己身，但努力劳作不是为了自己；由此整个社会处在团结和谐的状态之中。

在哲人王社会中，护卫者（包括哲人王）阶级实行"共产公妻"，即女性护卫者归男性护卫者共有，任何人都不能与其他人组成一夫一妻的小家庭；同样地，儿童也都是公有的，父母和子女互不认识；所有护卫者都不能有私人的房屋、土地以及其他私人财产，他们从别的公民那里得到每日的工资，作为他们保护城邦的报酬，一起消费。[3]在大同社会中，虽然每个人不独亲其亲、不独子其子，但是家庭的"私"仍然存在，并与天下的"公"并行不悖；职位/土地在贵族（士大夫）的成年男性中进行分配，女性则由嫁

---

[1] ［古希腊］柏拉图：《理想国》，张竹明译，译林出版社2010年版，第155—156页。
[2] 参见唐代孔颖达在《礼记正义》中的解释，即："天下为公，谓天子位也，为公谓揖让而授圣德，不私传子孙，即废朱、均而用舜、禹也。"
[3] ［古希腊］柏拉图：《理想国》，第171、180页。

娶而有所归宿——"男有分，女有归"。

就最高位者而言，这两个社会都强调最高政治职位由具有整体性能力的人来担任，但它们对整体性能力的要求是不同的。在哲人王社会中，最高政治职位是由智慧的哲人担任的。哲人王是通过一套完备的教育体系进行培养，先在护卫者当中筛选出优秀者，再对优秀者进行相应的哲学训练，以便培育出合格的哲人王。即使合格的哲人不愿意放弃其纯粹的爱智慧活动来处理政治事务，他也不得不从政。因为如果他不从政，那么德不配位者就会攫取执政地位，从而使得城邦处于不正义之中。因此，除非政治家成为哲学家，或者哲学家成为政治家，否则正义的城邦是不可能实现的。在大同社会中，最高政治职位是由德才兼备的贤能者担任的。贤能者是通过察举方式而被授予与其德才相匹配的职位的，他在职位上如果表现卓越或立功，就会被进一步提升到更高的职位上。最高职位的继承途径是禅让，如尧禅让于舜，舜禅让于禹。继承者虽也表现出谦让，但谦让的原因不是不愿意，而是担心自己的贤能尚不够匹配最高政治职位。

就人才流通而言，这两个社会都具有一定的人才流动性，并且职位是向具备相应德才的人开放的。在哲人王社会中，一套以音乐、体育、哲学等为内容的教育体系用于培育社会职位的继承者，除了优秀者接受专门训练以便继承最高职位外，其余合格者成为城邦的护卫者。在大同社会中，一套以礼仪、德育等为内容的教育体系用于培养和选拔社会职位的继承者，优秀者进一步通过以修身、立功等为内容的察举体系而被授予更高的职位。相较而言，哲人王社会侧重教育内容的知性，以勇敢与智慧的人才为优，其选才范围局限于出身高贵的贵族；大同社会侧重教育内容的德性，以谦让与贤能的人才为优，其选才范围从贵族扩大到了士。

就弱者保障而言，这两个社会对待弱势群体都有自己的处理方式。在柏拉图的理想社会中，有先天缺陷的孩子会被秘密地杀掉，对于残疾人或老人也无相应的社会保障。"优秀者的孩子，我想他们会带到托儿所去交给保姆抚养……至于一般或其他人生下来有先天缺陷的孩子，他们将秘密地加以处理，有关情况谁也不清楚。"[1]在大同社会中，人自然情感中的孝悌得以充分呈扬，推己及人的仁爱，使得年老之人能够颐养天年，中年之人能够效力社会，幼年之人能茁壮成长，老而无妻的男人、老而无夫的女人、幼而丧父的孩子、老而无子的人、残疾的人、生病的人都得供养，即"使老有所终，壮有所用，幼有所长，矜、寡、孤、独、废疾者皆有所养"。

从以上的对照来看，孔子和柏拉图都注意到人格世界（理念世界）和现实世界（可感世界）之区分，并试图融合这两个世界之间的张力。但如上面所述，他们两人不仅对这两个世界本身的阐释不同，对融合方式的阐释也不同。这种不同的系统性差异是：哲人王社会是经由知性推理演绎而来的，它展示出了浓厚的形而上的思辨倾向，其理念世界的先验性带有其所处时代泛宗教的烙印，也为后来的基督教世界提供了理论给养；大同社会是经由个人修行以及孝悌伦理扩展而来的，展示出了更浓厚的实践务实倾向，其人格社会的仁义观超越了其时代原始宗教的祭祀礼仪，将仁义的获得诉诸人的后天努力，从而开启了注重在当下社会中立德、立功、立言三不朽的儒家世界。

---

1 ［古希腊］柏拉图：《理想国》，第174页。

事实上，在假托孔子之口的《礼运》篇中，孔子感叹大同社会已逝后，并没有紧接着探讨其如何复兴，而是话锋一转直接进入到对小康社会的描述。小康社会不是天下为公，而是天下为家，"各亲其亲，各子其子，货力为己"，"私"已成潮流，天子诸侯的权力也变成了世袭。他们修建城郭沟池以作为坚固的防守，制定礼仪作为准则，"以正君臣，以笃父子，以睦兄弟，以和夫妇，以设制度，以立田里，以贤勇知，以功为己"，由此争利、起兵、征伐也随之而来。夏禹、商汤、周文王、周武王、周成王、周公是三代中的杰出人物，这六位君子都谨慎奉行礼制，彰显礼制内涵，用其来评判人们的诚信，揭露人们的过错，树立礼让的典范，为百姓昭示礼法的常轨。若有越轨行为，有权势者会被斥退，百姓也把他看作祸害。

然而，在孔子之时，以上尊礼而得安定的小康社会也逝去了。居于乱世中的孔子虽向往大同社会，但其所真正致力于追求的是小康社会，即前文提及的"祖述尧舜，宪章文武"。这是孔子务实的具体表现。由此可见，在儒家的理想社会图景中，大同社会和小康社会是作为二阶叙事存在的，前者让社会精神处于不断升华之中，而后者则让社会实践有着明确可及的现实感。这个现实感，借由儒家对文武诸王功绩的叙事而渗入历史。今天我们再回看儒家对小康社会的描述，甚至不会有太大的历史隔阂感，这不仅因为当前社会依然没有完全迈出"各亲其亲，各子其子"的私有社会，也因为儒家非常贴切地描绘了私有社会中由社会良序构建的安定图景。

如果说孔子"吾从周"更多将社会理想落实到以礼法为核心的小康社会，表现了先秦儒家的务实倾向，那么，康有为的《大同书》则直接承继《礼运》中的大同社会，在吸纳西方基督教、空想社会主义、达尔文主义等外部资源的基础上，论域涵及古今、囊括中西，将大同社会推至涵括环球诸国的世界大同的位置上，彰显了晚清儒家的激进倾向。在《大同书》中，康有为先叙述了人生之苦、天灾之苦、人道之苦、人治之苦、人情之苦、尊尚之苦，继而将诸苦的根源归于国界（分疆土、部落也）、级界（分贵贱、清浊也）、种界（分黄、白、棕、黑也）、形界（分男、女也）、家界（私父子、夫妇、兄弟之亲也）等九界，因此去除苦的根源，就在于去除九界："第一曰去国界，合大地也；第二曰去级界，平民族也；第三曰去种界，同人类也；第四曰去形界，保独立也；第五曰去家界，为天民也；第六曰去产界，公生业也；第七曰去乱界，治太平也；第八曰去类界，爱众生也；第九曰去苦界，至极乐也。"[1]

其中的"去国界"，康有为并非直接主张建立一个统一世界政府，而是考察古今社会实践给出三种可能的政府类型，一是各国平等联盟，二是各联邦内治而大政统一于大政府，三是消除各国之域号，各建自主州郡而统一于世界政府，并强调最终选择何者需要根据实际情况而定，及其实现的长期性。[2] 然而，从今日世界政局来看，英国脱欧，美国民粹主义泛滥，大有逆全球化之势，由此，康有为的"去国界"难矣。

从康有为详细刻画的大同世界来看，它有着浓厚的共产主义社会色彩。这显然与康有为取材欧洲空想社会主义资源有关，也与其主旨有关，即主张消除国家、阶级、家庭等界限，追求世界融合、种族平等、男女独立等。也正因此，李子文先生认为康有为虽

---

[1] 〔清〕康有为：《大同书》，汤志钧导读，上海古籍出版社2019年版，第81页。
[2] 〔清〕康有为：《大同书》，第101页。

然没有接触过马克思的学说,但是在社会理想上接近于马克思主义的共产主义社会。[1]但是,正如深受大同思想影响的毛泽东在历经康有为的大同政治理想、孙中山的三民主义而后选择了马克思主义时所评述的:"康有为写了《大同书》,他没有也不可能找到一条到达大同的路。"[2]

现代世界显然已经不是两千多年前的世界,当下中国也不是孔、孟、荀时期的中国。但不可否认的是,当下中国人的生活方式仍然受着儒家思想的影响。最初的时候,是儒家思想反映了中国人的心理、思维和行为方式,随后,在董仲舒的"罢黜百家,独尊儒术"主张得到汉武帝采纳之后,儒家获得对社会意识形态的主导地位,继而又落实为汉唐及以下各代政府组织和人才选拔的制度安排,从而反过来形塑了中国人的政治、社会和日常生活。进入现代,儒家制度体系被摧毁,儒家思想本身也几经沉浮,但它已经内化为中国人生活和思维方式的那部分,在整体上已经构成了中国人的底层文化心理结构。经历无数世代的锤炼,这个结构具有维持自身存在的坚韧性。它曾被视为中国落后之根源,以至于在五四新文化运动时期,有人喊出了"打倒孔家店"的口号。这里无意去评述这段中华文明自我反思的历史。事实上,从改良派康有为、革命派孙中山、新中国开国领袖毛泽东身上,我们不仅能见识到大同社会理想的传承,也能见识到他们推陈出新的发展。[3]当前,随着国力的提升,中国的文化自信也日渐增强,自然要以更合理的态度来审视自身的文化传承。改革开放之后我国之所以能够取得巨大的经济

---

[1] 李子文:《论康有为的大同思想》,《史学集刊》2001年第4期。

[2] 《毛泽东选集》第4卷,人民出版社1991年版,第1471页。

[3] 王遐见、王勇:《论毛泽东对大同世界理想的追求》,《社会科学界》2011年第2期。

成就，离不开中国共产党对中国传统哲学和贤能政治的回归。绵延数千年的中华文明及其在数以亿计中国人身上的折射，是中国共产党取得成功的源泉。找到一个与中国人的底层文化心理结构相一致的国家治理模式，既是对党在改革开放之后成功经验的总结，也是为实现千年大同世界梦想奠定坚实的基础。

第五章
活在当下的中国人

中华文明发源于黄河流域。殷商时期的黄河流域，平均气温比现在高2—3摄氏度，属于亚热带气候，雨水充沛，植被繁茂，野生动物众多，犀牛、亚洲象、水鹿和貘等今天只能在亚热带看到的动物，在那时的中原地区却很普遍。在这种自然环境下发展出来的中华文明，从一开始就养成了知足、欣赏现世生活和天然乐观的性格。这样的性格一直延续到今天。因为关注当下的生活，中国始终没有产生自己的宗教，而且，当佛教、伊斯兰教和基督教传入的时候，中华文化也足以溶解到它们的教义之中，让它们潜移默化地发生本土化。如同儒家包容人性的多样性一样，中国人的性格也具有多样性，但是，就其底色而言，务实主义是最显著的特征。因为没有宗教，中国人很少相信永恒的真理；与此相适应，中国人的人生目标具有相对性，往往视情景而定，而实现这些目标的手段也会随之变化。这样的性格，让中华文明具备了强大的韧劲，在历史上经受住了外部文化冲击的考验。

中国文化在历史上遭遇了两次外来文化的挑战，一次是两汉之际由印度传入的佛教，另一次是明末清初由西方传入的西学。经过魏晋时期的扩散和唐代的吸收，佛教已经融合成了中国文化的一部分，其高度思辨的运思逻辑拓展了中国文化的内在世界。自1840年以来的近二百年间，中华文明再次受到冲击。与往次冲击不同的是，这次发起冲击的是在物质上比中华文明更强大的西方文明。过去二百年的中国历史，就是一部中国人如何回应这个冲击的历史。在1978年之前，回应的主线是接受西方文明，并借此否定中华文明；1978年之后，邓小平开启了中国共产党的"中国化"进程，在哲学和行动逻辑两个方面回归中国传统智慧，而其中最显著的就是务实主义。毫不夸张地说，没有务实主义，中国就没有一项改革能够获得成功。如同对佛教的吸收一样，中国能否恰当地应对西学的冲击，也取决于中华文明能否再次发挥务实和包容的优势，将西学吸收和溶解在自己的文明之中。

但是，务实主义不是没有原则的。孔子本人在日常生活中常表现出务实的一面，但这不妨碍他坚持自己的理想。机会主义在任何社会都难以避免，社会规范需要一定的隐性和显性的制度以及个人作为载体，才能够得以实施。在儒家那里，社会中的贤人是最为重要的；他们不仅遵守"己所不欲，勿施于人"的行为准则，而且弘扬"己欲立而立人，己欲达而达人"的高尚品质。在当今世界，法治是压制机会主义的通行方法，但是，仅有法治是不够的，因为法律无法说清楚所有的可能性。一个良治的社会必须给社会本身留出空间，鼓励社会本身的向善倾向，而在其中，贤人的作用是至关重要的。

实用理性辨析[1]

马克斯·韦伯是最早指出中国文化的务实主义倾向的西方学

---

[1] 本章大部分内容参见姚洋、秦子忠：《中国务实主义及其儒家哲学基础》，《文史哲》2019年第5期。

者,并以"工具理性"加以概括。工具理性较为准确地把握了中国务实主义在实践层面的特征,但却存在两方面的问题,一是忽视了中国务实主义的其他面向,二是遮蔽了儒家价值理性的成分。李泽厚试图为中国务实主义给出一个更加宽泛的定义。在《孔子再评价》一文中,他从儒家仁学的四因素(血缘基础、心理原则、人道主义和个体人格)出发,总结了儒学和中国人的人格特性,他写道:"这特性是一种我称之为'实践理论'或'实用理性'的倾向或态度。它构成儒学甚至中国整个文化心理的一个重要的民族特征。"[1]不同于韦伯,对于李泽厚来说,实用理性(pragmatic reason)不仅包含认识论和实践论的成分,而且还包含伦理论和存在论的成分,但这样一来,实用理性就变成了一个模糊的概念,以至于(至少在哲学层面)无法进行精确的分析,从而削弱了它的哲学力量。

在认识论层面,李泽厚认为,实用理性是"一种理性精神或理性态度",主张"一切都放在实用的理性天平上加以衡量和处理",具有极端重视实用性的特点。[2]这种实用理性的原初形态"建立在血缘基础上,以'人情味'(社会性)的亲子之爱为辐射核心,扩展为对外的人道主义和对内的理想人格,它确乎构成了一个具有实践性格而不待外求的心理模式"[3]。在这个层面,实用理性和韦伯的工具理性是相通的,不同之处在于,李泽厚不把工具理性作为理性计算的工具,而是把它还原为亲情和血缘关系。实用理性"讲求各个因素之间动态性的协调、均衡,强调'权'、'时'、'中'、'和

---

[1] 李泽厚:《中国古代思想史论》,生活·读书·新知三联书店2017年版,第22页。
[2] 李泽厚:《中国古代思想史论》,第22页。
[3] 李泽厚:《中国古代思想史论》,第24页。

而不同'、'过犹不及'等等"。[1]这种注重"掌握分寸，恰到好处"的观念，李泽厚将之概括为实用理性的逻辑——"度"。人类及个体首先是以生存为目的，而人要做的第一件事就是维持肉体生存，即衣食住行，由此这个"度"便首先产生并出现在生产技艺中。人类依靠生产技艺中的"度"的掌握而生存、存在，从而维持族类的存在，"度"便随着人类的生存、存在而不断调整、变化、扩大、更改。[2]在这个层面，实用理性大大超出了工具理性的范畴，扩展到人生态度和伦理层面。

从古希腊哲人巴门尼德以来，便有"思维与对象是同一的"这样的思想，至近现代虽经康德的批判，但到黑格尔那里，他的"绝对精神外化"依然存在重新将思维实体化的倾向。与此不同，"'实用理性'今日明确认为，无论是形式逻辑或辩证法都只是人类处理事物的方法，而并非事物或对象本身的性质，即它们不能实体化、存在化"[3]。马克思和杜威从黑格尔的理性主义脱身出来，走向了日常生活的经验和实践。杜威的"实验经验主义"详细论述了人类操作活动对认识的基础地位和关键作用，强调理性绝非本体而只是工具，只是因为在劳动操作的社会实践中"出现了不停地敲、削、切、锤"等等，以及它的节奏、尺度，才使人类将一个无秩序和不稳定的生存状态改造成一个可控制和有秩序的生活世界，但是它仍然没有从哲学上充分重视作为历史积累的人类文化心理成果。[4]马克思的唯物史观较为系统地论述了社会生产实践活动的基

---

[1] 李泽厚：《中国古代思想史论》，第25页。
[2] 李泽厚：《人类学历史本体论》，青岛出版社2016年版，第240—241页。
[3] 李泽厚：《实用理性与乐感文化》，生活·读书·新知三联书店2005年版，第18—19页。
[4] 李泽厚：《实用理性与乐感文化》，第14—20页。

础地位以及社会意识的能动作用，但是它也同样没有充分重视更为复杂的作为历史积累的人类文化心理结构。与此不同，实用理性以辩证范畴强调作为历史积累成果的人类心理结构。最后，康德哲学所提出并论述的是使一切经验成为可能的人类心理的普遍必然的结构形式，但其论述方式是先验的，即它将这个结构归于无所由来也无从解说的"先验"。而实用理性认为，这个结构是人类长久历史实践特别是劳动操作活动的产物，即是积累沉淀而形成的人类独有的人性能力。[1]

一方面，李泽厚关于实用理性不等同于理性计算的判断，是对韦伯工具理性的一个纠正；同时，将实用理性与"度"相勾连，也为这个概念填充了儒家元素——"度"与儒家的中庸思想显然具有相通之处。然而，在摒弃理性计算之后，实用理性的内涵变得模糊了。经验固然是认识世界的方法，但如果总是相信经验，则人类对世界的认识就可能被经验所困，就如同农民很难想到发明拖拉机来代替体力劳动一样。实用理性要成为一种对社会进步有益的哲学，就需要具有一定的前瞻性；它可以不认可永恒的真理，但不能放弃对真理的追求。如果说实用理性在中国改革开放过程中发挥了作用，那么，实用理性就肯定不是仅仅依据经验行事。尽管改革是"摸着石头过河"，但摸石头的过程也是探索新的方向的过程，在最低层次上，改革必须向未来敞开所有的可能性。

---

[1] 李泽厚对"人文"和"人性"做了如下区分：人以实践操作活动作为基础区别于其他动物，形成不同于任何其他动物群体的社会语言、秩序、组织和各种物化亦即物态化的产物或符号，如仪式、文字、艺术等等，他将其统称为"人文"（human culture）；与之相对应的是，由此文化积淀而成的心理结构形式，他将其统称为"人性"（human nature）。参见李泽厚：《实用理性与乐感文化》，第3页。

另一方面，李泽厚对实用理性的认识论着墨很多，对它的实践论则鲜有论及，这不能不说是一个缺憾。认识世界是为了改造世界，后者受实践论的支配。从字面上理解，实用理性的目标是"有用"，因而李泽厚可能认为，实用理性的实践论是不证自明的事情。然而，"有用"的目标必须经由一定的手段才可能实现，那么，仅凭目标的有用性就可以肯定手段的合法性吗？对这个问题的回答将构成后文对中国务实主义实践论的主要论述。

实用理性是如何形成的？"积淀说"是李泽厚实用理性的发生学。[1]具体而言，积淀说有三个层次：原始积淀、文化积淀以及两者投射到个体身上的心理层面。积淀不是一成不变的，而是演进的。积淀说一方面构成了实用理性的历史根源，另一方面也构成了实用理性自我生成的内涵。然而，这样的实用理性发生学太过抽象了。如果它是正确的话，那么，实用理性就应该是所有文化共有的特征。可是，李泽厚的初衷是用实用理性来概括中国人文化性格的一个显著特征，而他的发生学显然和这个初衷相背离。此外，李泽厚的实用理性不仅包含认识论和实践论，而且涵括伦理论和存在论，甚至它首先是伦理论和存在论的，因此，它具有相当的模糊性。如阿玛蒂亚·森所言："如果基本思想有着本质的模糊性，对这个思想的精确表述必须力图抓住其模糊性而不是把它隐藏起来或干脆把它抹掉。"[2]李泽厚关于实用理性的模糊性并不完全来自其基本思想的模糊性，其论述的疏漏也是问题之一。结果是，实用理性这个范畴显得过于宽泛而含混，既缺乏对其目标特征的一般性规

---

1 李泽厚：《实用理性与乐感文化》，第34—37页。
2 [印]阿玛蒂亚·森：《能力与福祉》，载[印]阿玛蒂亚·森、[美]玛莎·努斯鲍姆主编：《生活质量》，龚群等译，社会科学文献出版社2008年版，第39页。

定,也缺乏对其机制进行详尽的分析。从学理角度来看,"积淀说"把实用理性还原为人类的经验过程,因而它的论证是人类学而非哲学的。就实用理性是一个文化范畴而言,这个论证过于宽泛;就实用理性是一个哲学概念而言,这个论证又过于松散。实用理性要成为一个描述来自中国文化传统同时又可供分析的哲学概念,就必须在哲学的范畴内对其进行还原和论证。

以实用理性来概括中国人的人格特征不是一个恰当的名称,特别是它以"实用"来限定理性,让人感觉中国人就是没有原则、专攻算计的实用主义者。我们更愿意采用"中国务实主义"这个名称,它既可以承载中国人的人格特征,也可以被赋予哲学含义,成为哲学分析的对象。[1] 那么,何谓中国务实主义?一个简短的回答是:从认识论上讲,它不承认超验和永恒的真理;从实践论上讲,它主张手段的合法性源于目的的合意性。下文就从认识论和实践论这两个层面对中国务实主义进行探讨。这两个方面紧密关联在一起,但为了清晰起见,将它们分开叙述是必要的。

务实主义的认识论

在《充分理由》一书中,美国实用主义的当代代表人物之一布罗姆利说:"真理不是(一般人们所认为的)一组命题(语言)与它所谈及的具体事物之间的'准确映射'——即不是一种语言与事物(符号与物体)之间的性质。'真理'不是一种符号指称性的

---

[1] 在英文里,"务实主义"和"实用主义"都是pragmatism,然而,在现代汉语语境里,"实用主义"已经带有较为强烈的负面意义,而"务实主义"则是一个中性词语。

性质;相反,真理是一种关于某一事物的某一种陈述(语言)的性质——一种在相互竞争的言语论断中生成的性质。"[1]但在不同文化传统中,人们对真理的性质的认知并非完全相同。在《东西方文化及其哲学》一书中,梁漱溟区分了三种基本的人生路向:(一)向前面要求;(二)对于自己的意思变换、调和、持中;(三)转身向后去要求。[2]他认为,中国人采取的是第二种路向。尽管这种区分的合理性有待讨论,[3]但应当承认,它让我们对中国人的人生路向有个大体的把握。从认知逻辑上讲,沿着"向前面要求"或"转身向后去要求"的路向走下去,势必都会超越人类社会,其认知边界将抵达作为最终存在的上帝那里,只是途径有所不同而已。与此不同,沿着"对于自己的意思变换、调和、持中"走下去,则不需要超越社会,其认知边界渗入或内嵌于人类历史并随着历史进程而延展。这种认知边界的差异性,在某种意义上,形塑了不同文化传统中的人们对真理性质的不同认知。这里把中国人和西方人、印度人做一个比较,以提供一个大致的说明。[4]

西方人注重人与上帝的关系,作为人的他们只因是上帝的子民而产生关联,并因背负原罪而需要在凡间完成救赎,由此,凡间的父子、兄弟、夫妻等亲人乃至朋友等诸多关系,都是人神关系的

---

1 [美]丹尼尔·W. 布罗姆利:《充分理由:能动的实用主义和经济制度的含义》,简练等译,姚洋校,上海人民出版社2017年版,第170页。

2 梁漱溟:《东西方文化及其哲学》,上海人民出版社2005年版,第71页。

3 比如,这种区分是否合理?他关于西方文化、中国文化和印度文化的一般性界定是否准确?这些都是有待进一步讨论的问题。

4 任何文化传统,其内部都有诸多流派,并且相互之间有征伐。但这并不妨碍每个文化传统在一般意义上,与其他文化传统,存在这样或那样的差异性。显然,这里的说明主要是在一般意义上对不同文化传统而言的。

附属，或者说，遵行上帝旨意而非血缘才是界定人伦关系的（优先）根据。就此而言，上帝是最高的存在，反映在认知上，上帝连同他所制定的支配整个宇宙（包括人类及社会）的秩序是完美的真理，而人类是有限的存在，只有有限的理性，不可能把握到完美的真理，因而这个真理对于人类而言，是超验的、永恒的。

与西方人相近，印度人也具有宗教情怀，但是，印度文化的业报轮回观念，使他们既有别于西方人，也有别于中国人。业报轮回观念讲"三世因果"——前世的作为是现世过这般生活的因，而来世过那般生活是现世作为的果——在这个因果链条中，现世中的印度人，或者将现世生活视为前世生活的结果而予以承认，或者将之视为获取自己想望的来世生活的手段，以至于都不重视甚至贬低现世生活。来世作为可欲的目标，反映在认知上，就是对"梵"和往返于"三世"的"我"的认知。因为"梵"（在婆罗门教那里是"不变的实体"，而在佛教那里是"无常"）[1]是最高的实体存在或因缘条件，而"梵我同一"，由此对"梵"的认知，可通过对"我"的认知来实现。西方人经由上帝探寻真理，而印度人采取的路径是认知人自身。

中国人的认知系统渗入历史之中，它既没有如西方人那样表现为对超验和永恒的上帝的狂热追求，也没有如印度人那样表现为对人自身的苦行僧式探寻，而是介于两者之间。具体而言，中国人以家族为其生活核心，由此向外延展，最外围是天下。在这种生活中，个人被各种各样的人际关系所包裹，内层是父子关系、兄弟关系、夫妻关系，次层是亲人关系、朋友关系、同事关系，外层是公

---

[1] 姚卫群：《印度宗教哲学概论》，北京大学出版社2006年版，第4—5页。

民关系、天人关系,等等。中国人的人生幸福从某种意义上就是维持好自己在这些关系中的适当位置或角色;相应地,人与自然的关系,人与上帝的关系,人与来世的关系(如果有的话),是次要的,是人际关系的延伸与补充,或者说是承载人际关系的媒介。这些关系以及内嵌于其中的秩序,既不是固定不变的,也不是超验存在的,而是人们世世代代生活所直接遭遇的。反映在认知上,真理作为一种关于具体事物的陈述的性质,便是因事物或条件的变化而变化的。因为陈述或思想语言体系的主体是人类的思维活动,由此我们转入到关于思维形式的讨论。

中国人在真理观上的务实倾向与其认知宇宙人生的方法论关联在一起。这一方法论,就其精髓而言,就是中国人的思维形式,李泽厚将之表述为情理思维。如果说在《易经》等古籍中,这种思维只显其雏形的话,那么在孔子和儒家的思想著述中,它不仅得到发扬光大,而且已内化成中国人普遍的文化心理结构。

对中国人的思维形式的自觉意识,是近现代儒学者的一个集体性特征。在与西方思维形式的对照性论述中,梁漱溟将中国人的情理思维表述为"理智运用直觉的"[1]。"所谓以理智运用直觉的其实是直觉用理智,以理智再来用直觉,比那单是直觉运用理智的多一周折而更进一层……孔子的直觉生活实以理智为之先,此不可不知也;其理智之运用仍由直觉为之主,此不可不知也"。[2]钱穆则将情理思维作为中西文化区分的基本特征,并且将这种情理思维视为中国文化的基础,他如此写道:

---

[1] 梁漱溟:《东西文化及其哲学》,第159页。
[2] 梁漱溟:《东西文化及其哲学》,第161页。

东方与西方,有绝然不同之态:西方于同一世界中,常有各国并立;东方则每每有即以一国当一世界之感。故西方常求其力之向外为斗争;而东方则惟求其力于内部自消融,因此每一种力量之存在,常不使其僵化以与他种力量相冲突,而相率投入于更大之同情圈中,卒于溶解消散而不见其存在。我所谓国史于和平中见进展者在此。故西方史常表见为"力量",而东方史则常表见为"情感"。西方史之顿挫,在其某种力量之解体;其发皇,则在某一种新力量之产生。中国史之隆污升降,则常在其维系国家社会内部的情感之麻木与觉醒。此等情感一旦陷于麻木,则国家社会内部失所维系,而大混乱随之。[1]

李泽厚更进一步,明确地将这种思维提到本体论的高度。"情本体"是中国人文化心理结构的核心,其对应的思维是情理思维。它区别于西方的理性思维或感性思维。或者说,西方的"logos"强调理性对感情的主宰和统治,而中国传统则注重理由情生。郭店楚简中一再说,"道始于情","礼生于情","苟以其情,虽过不恶",等等。情理思维产生于并作用于人际关系,以求得在复杂人际关系中的平衡。在人类活动产生的人际关系网络中,自然、超自然都是它的构成要素。这种思维方式注重全体,以及个人在全体中的位置。[2]

然而,中国人的这种寓理于情、浑然而整体的思维形式,在近现代遭受严峻挑战。随着科学的引进,中国人的思维方式遭受源

---

[1] 钱穆:《国史大纲》(上册),商务印书馆2010年版,第24页。
[2] 李泽厚、刘悦笛:《从"情本体"反思政治哲学》,《开放时代》2014年第4期。

自西方的理性思维的挑战，后者所支撑的西方文明让中国文明相形见绌。反推过来，一个结论是，中国文明的落后源自中国人缺乏理性精神。果真如此吗？或者说，中国人的思维结构是否也能创造出与西方文明相当的东方文明？这成了包括梁漱溟在内的近现代中国知识分子终身思考的问题。

理性的觉醒是西方启蒙运动的一个伟大成就。人类理性对中世纪的神秘主义做了摧枯拉朽般的批判，但是与此同时，西方世界也经历了从价值理性到工具理性的过渡。因此，当康德赋予人为自然立法的理性自信时，[1]西方世界的理性已经沿着工具理性走出很远。韦伯特别强调，从价值理性到工具理性是人类及其社会的进展方向，他如此写道："高度发达的官僚机器和其他组织相比，犹如一套机械装置和非机械化生产方式的关系。精确、迅速、明晰、档案知识、连续性、酌处权、统一性、严格的隶属关系、减少摩擦、降低物力人力成本，在严谨的——尤其是独断形式的——官僚行政中都可以达到最佳状态。"[2] 在下面谈到实践论的时候，我们将看到，中国务实主义具有强烈的工具理性特征；事实上，韦伯恰恰认为，工具理性是儒家的主要特征之一。如果我们相信韦伯对儒家的

---

[1] 康德区分物自体与现象界，一方面限定了人类理性的边界，为信仰留出了立足之地，也为灵魂、上帝等信仰的对象留出立足之地，另一方面也赋予人类理性在现象界以无所不能的力量，即人为自然立法。康德给出了三条道德形而上学的原则："（1）要只按照你能够同时意愿它也应该成为普遍规律的那个准则去行动。""（2）你的行动，应把人性，无论是你自己身上的人性或是他人身上的人性，始终当作目的而从不当作手段来对待。""（3）每一个理性存在者的意志的观念都是作为普遍立法的意志的观念。"参见［德］康德：《道德形而上学基础》，孙少伟译，中国社会科学出版社2009年版，第47、60、63页。

[2] ［德］马克斯·韦伯：《经济与社会》第二卷（上册），阎克文译，上海人民出版社2009年版，第1113页。

论述，那么，我们就不应该把中国在近代的落后归咎于中国人思维方式的"落后"，而应该在其他方面寻找原因。

一方面，理性只是人类生活的一个面向，除此之外，人类社会还需要情感生活，而儒家的人生观为此提供了一个可选的方案。在社会层面，理性是法治的基础，而后者成为现代国家治理的基石；然而，仅有法治无法实现完美的社会，因为法律不可能穷尽社会的方方面面，而且，仅有法治的社会必然也是灰暗和无趣的。另一方面，以理性为基础的分析方法是至今科学进步的基石，但是，这种分析的方法并不能解决所有的科学问题，特别是在量子世界里，整体方法比局部分析方法更可能得到正确的结论。在人文社会科学领域，理性分析方法导致学科的过度专业化，已经是一个共识；如何从整体出发，构建新的整合人文和社会科学，儒家的整体方法论或许也可以提供帮助。

总结一下，中国务实主义的认识论具有如下特征：它不承认或不追求超验和永恒的真理，真理的性质是历史和具体的；它的思维形式是情理交融的、整体性的；所以，它的认知系统是开放的、现实的、融合的。

务实主义的实践论

在现实层面上，思维总是个体层面的行为，因此，它探寻、把握具体事物的方式，除了其自身，还有外化的语言、陈述乃至更为系统的理论。真理就是思维、语言、陈述、思想理论体系的性质，但是，即便是面对同一具体事物，不同的个体也有不同的陈述或理论，如何确定这些互竞的陈述或理论的真假，就成为一个问题。哲学的进路是比较每种理论论证的严密性，欧洲的大陆哲学在很大程度上继承了这个传统，直至逻辑实证主义的出现才得以改观。美国实用主义者继承了苏格兰经验主义的传统，因而走得更远，把"有用"作为判断理论真伪的第一标准。换言之，理论的对错不再是思维逻辑的问题，而是实践的问题。中国的务实主义在这方面与其具有很大的共通性。当实践成为检验真理的标准的时候，那些原先被证明是真理的理论，也有可能随着实践活动的不断展开而被证伪或被修正。这正是改革开放之后中国所发生的事情。下面我们将以实践活动的核心范畴——目的与手段——为切入点，阐述中国务实主义的实践论。

目的是一个面向未来的概念，但具体如何构想它，不仅因人而异，甚至因文化传统的不同而表现出族群层面的差异。这点不难理解。从个人来讲，每个人都可以基于现在面向未来构想其目的，或基于历史（包括过去、现在、未来）面向未来构想其目的，或仅基于未来构想其目的，由此产生变革或遵循现在，等等。从集体来讲，在民主政治中，某个阶段的社会目的表现为公民个体目的的某种加总（通常是遵循多数原则），而在贤能政治中，某个阶段的社会目的表现为代表全体国民的领导层的集体目的（这个目的本身可能是通过某种程序产生的）。为了便于说明，这里稍加介绍一下布罗姆利的相关工作是必要的。

在《充分理由》一书中，布罗姆利发展了一种与民主社会制定公共政策过程相适应的构想目的的方式，即基于未来（由此构想目的）评价/选择现在，并且提出了实用推理的三段论：能动推断、认知推断和实用要件。能动推断是关于行动目的的一次陈述；使用目的论的语言，我们可以把能动推断理解为一个未来的合理结果,或者,"什么是必须做的"。认知推断是为实现能动推断所指定的目的,而利用科学和传统的信念提供对必要行动的可靠指导。实用要件则告诉我们实现目的的手段是什么。[1]

布罗姆利的分析为我们呈现了务实主义实践论的基本逻辑。但是布罗姆利所发展的这套构想目的的方式,是否也同样适用于现在的中国人,或者更具体一些,是否适用于解释中国务实主义的目的?

前文辨析了西方人和中国人在认知边界上的差异性。这个差异落实在实践论上,便体现为目的在性质和范围上的差异性。具体而言,布罗姆利发展的构想目的的方式——基于未来构想今天——虽然摒弃了上帝这个最高存在,但依然带有欧洲大陆那种非历史的思维特征,由此所构想的目的,其性质缺乏历史维度。个体在构建未来的时候,不可能不运用自身获得的经验以及生活于其中的文化积淀,因而,未来是历史和当下的延续。但是,布罗姆利的目的论对于我们认识中国务实主义的实践论具有借鉴意义。尽管李泽厚的"积淀说"道出了中国人文化性格的一大特征,但这不是中国务实主义的全部内容,特别是不能描述改革开放过程中务实主义的实践。自1978年以来,改革具有强烈的目的性,这就是提高经济运行的效率,在这个目标的驱动下,各种改革的手段才得以存活下来。即使是回到孔子的时代,儒家也不是被现实所裹挟的卫道者,而是怀揣理想的改革者,差别可能在于,这些理想是生发于历史之中,而不是神授的命令或先验的构建。

置身于五千年文明传统中的中国人,个人及群体的认知系统

---

[1] [美]丹尼尔·W.布罗姆利:《充分理由:能动的实用主义和经济制度的含义》,第13—18页。

会以这样或那样的方式嵌入历史维度。在这样的认知系统之下，即在由过去经过现在指向未来所构筑的绵延历史的这个基座上，中国人个体及群体构想目的的方式不可能是单一的，并且其目的的性质和范围有着很大的伸缩性，如"达则兼济天下，穷则独善其身""修身齐家治国平天下""居庙堂之高则忧其民，处江湖之远则忧其君"，等等。但这些追求又兼具明显的共性，即目的的世俗性，如韦伯在《儒教与道教》一书中所论：

> 除了渴望摆脱无教养的野蛮之外，儒家徒不企求任何"救赎"。他期待着此世的长寿、健康与财富以及死后的声名不朽，并把这些视为对德行的报答。就像真正的古希腊人一样，他们没有事先确定下来的超验的伦理，没有超世的上帝的律令与现世之间的对峙；他们没有对彼岸目标的追求，也没有极恶的观念。……在这样的条件下，一个有教养的中国人会断然拒绝持久地背负"原罪"的重担，对任何有教养的知识分子阶层而言，原罪这一概念是某种难堪的东西，且有损尊严……儒教不仅不奉行禁欲、冥思、苦行与遁世，而且还把它们鄙视为像雄蜂一样的寄生虫。[1]

在这段论述中，韦伯较为完整地辨析了儒家与西方乃至印度在目的取向上的差异性。这个差异性使得儒家实现目的的方式——用韦伯的话说——"清醒的、理性的自我控制"，确实有别于基督教基于原罪而来的、以上帝的宽恕为目的的救赎，也有别于印度教

---

[1] 马克斯·韦伯：《儒教与道教》，洪天富译，江苏人民出版社2003年版，第235—236页。

基于业报轮回而来的、以求来世幸福为目的的艰苦修行。

布罗姆利的实用推理三段论，经过对其目的和手段的重释之后，可以用来完善李泽厚实用理性中的形式逻辑的部分。在不考虑目的的性质和手段的性质的前提下，布罗姆利的实用推理三段论是一套逻辑体系，与演绎逻辑、归纳逻辑属于同一个层次。从某种意义上讲，这套逻辑是务实主义的基本骨架；然而，因为它是在抽象层面的理论，缺乏具体的内容，因而就本书的目的而言，它是一个稀薄的理论。我们需要深入探讨中国务实主义实践论在手段方面的内涵。

一方面，与目的的内涵多维度相一致，儒家在追求其目的的时候，手段也是多元、可变和务实的。孔子说"有教无类"，因而要因材施教，就如同他对不同的弟子采取不同的教育方式一样。在中国，不同思想流派的人以不同的方式追求人生理想。儒家入世，冀望以世间的功名来实现成圣的理想；道家通过遁世的苦炼参透宇宙和人生的奥秘；普通人则多是以积累财富获得光宗耀祖的荣光。儒家坚持自己的取向，但也不排除他人的主张；事实上，儒家的入世哲学极大地鼓励普通人对财富的追求。这与西方以宗教为主线的文化传统是非常不一样的。在基督教那里，神是单一的，人生目标是单一的，而人的生活方式也是单一的。如果没有宗教改革，西方就不可能走出黑暗时代。相比之下，中国很早就进入了世俗社会，因而文化、艺术、农业技术和国家治理比西方早成熟近千年。

另一方面，世间是无常的，要实现世间的理想，手段就需要根据当下的情况而变化。在道德教化和自身修养方面，孔子是一个坚持原则的人，但在具体行动上，他又表现出很大的灵活性。比如，在从卫国到陈国的途中，他和门生们被卫国的叛军包围，被迫签字答应不去向卫国国君告发，但一旦脱险，他马上回去告发。这看起来违背孔子所强调的"人而无信，不知其可也"（《论语·为政》），以及"自古皆有死，民无信不立"（《论语·颜渊》）。这需要做些解释。对于孔子来说，忠、仁是最高理想，不可改变，但是，实现这个理想的手段却是可以因为情景的不同而改变的。叛军对卫国国君不忠，是大逆行为；在这个认识之下，孔子认为，向叛军"守信"是次要的。用当代的哲学语言来说，儒家对于手段合法性的判断源于目的的合意性，即如果目的是合意的，则能够实现目的的手段就大致上具有合法性。之所以要强调"大致上"，是因为这个论断不能推向极致，也不能僭越一些基本的道德底线，否则就会出现不择手段的事情。在当代，"猫论"是中国务实主义的典范。"猫论"是邓小平在1962年提出来的。[1] 中国的改革事业能够走到今天，在很大程度上得益于邓小平的"猫论"。在改革开放初期，邓小平自己也不知道改革的最终目标，因此只能"摸着石头过河"，走一步看一步，不断试验，结果好就推广，结果不好就停下来；对改革不设框框（"不争论"），用实践来判断改革的成败和方向。

综上所述，儒家早于韦伯两千多年就提出了工具理性的原理，只是没有用这个词而已。这里有必要稍加说明一下儒家的手段论与韦伯的工具理性之间的关系。在《经济与社会》一书中，韦伯将"工具理性"列为四种社会行为的类型之一，并界定了它的基本含义，即："它决定于对客体在环境中的表现和他人的表现的预期；行动者会把这些预期用作'条件'或者'手段'，以实现自身的理

1　《邓小平文选》第1卷，人民出版社1993年版，第323—326页。

性追求和特定目标。"[1]在随后的对照性论述中,韦伯进一步阐述工具理性的内涵:

> 如果完全理性地考虑并权衡目的、手段和附带后果,这样的行为就是工具理性的。这就涉及理性地考虑达到一个目的所要选择的手段,该目的与附带后果的关系,以及最后,各种可供选择的目的的相对重要性。因此,由情绪或传统决定的行为就完全不属于这种类型。在可供选择与相互冲突的目的和后果之间进行选择,只有抱着价值理性的态度才能做出决定,在这种情况下,只有考虑到手段的选择,行动才是工具理性的。另一方面,行动者……只是把这些目的当作特定的主观愿意,并按照经过自觉权衡的轻重缓急尺度进行安排,然后据此采取行动,尽可能按照这个轻重缓急的顺序……去满足他的目的。因此,价值理性的行动与工具理性的行动就可能存在着多种不同的关系。[2]

因而,韦伯的工具理性与儒家的手段论一样,都强调理性地考虑并权衡目的、手段与附带后果的关系,既注重目标的层次性和手段的多样性,也注重手段的合意性。但是由于儒家和韦伯(更一般地说,中、西方)在思维形式的认知或构造上的差异,即情理思维与理性思维的差别,前者注重情理交融,而后者注重逻辑或算计。由此落实到手段或工具层面的选择上来,韦伯的工具理性的行

---

[1] [德]马克斯·韦伯:《经济与社会》第一卷,阎克文译,上海人民出版社2009年版,第114页。
[2] [德]马克斯·韦伯:《经济与社会》第一卷,第115—116页。

动多是直接的、"斤斤计较的",[1]而儒家的手段性行动多是迂回的、"留有情面的"。

儒家人性论与务实主义

人性是文化构建的起点,对人性的不同理解,在根本上形塑文化以及植根其中的文化理论的性质。尽管中国务实主义可以追溯到远古时代,但就其哲学基础而言,儒家人性论为它做出了很好的说明。[2]具体而言,中国务实主义与儒家人性论的两个特点相关,一个是它的世俗性,另一个是它的流变性。前者可以推导出中国务实主义的认识论,即世间不存在超验和永恒的真理;后者可以推导出中国务实主义的实践论,即目的的合意性可以合理地推断手段的合法性。

希腊-罗马人对人性的认知始终与神关联在一起。这种关联始显于荷马史诗,发展于柏拉图的人性哲学,成熟于耶稣创立的基督教。荷马史诗是人类上古时期所特有的神话叙事,它关于英雄人物的刻画与诸神的刻画交织在一起。柏拉图的人性哲学虽然展示了人类思辨能力的光辉,但他关于人性的论述仍然具有神话色彩。[3]在《圣经》中,耶稣接受了希腊神话中神造人的部分,但与柏拉图不

---

1 与此相对,韦伯的价值理性行动是指不计较成本或后果去"实践由义务、荣誉、美、宗教召唤、个人忠诚或者无论什么'事业'的重要性所要求的信念"。参见[德]马克斯·韦伯:《经济与社会》第一卷,第114页。
2 姚洋、秦子忠:《人性的多样性与儒家政治结构》,《开放时代》2017年第6期。
3 [古希腊]柏拉图:《理想国》,第116—117页。亦可参见郭长刚:《柏拉图社会政治学说的人性基础》,《齐鲁学刊》1996年第4期。

同,他不是主张人性的等级性,而是主张所有人同为上帝的子民而人人平等,并且强调人的原罪,因而都需要遵守上帝的戒律,多做圣功,以得到救赎,重回天上之国。从细节上讲,柏拉图与耶稣的人性学说有所差异,但在主干上都注重人性的神圣性与不变性。从历史上讲,这种人性学说与其说反映了希腊乃至罗马时期人性的现实境况,不如说折射了西方人对摆脱人性现实境况的超越性期许。[1] 在《利维坦》中,霍布斯虽然从自然状态而非上帝那里推演其人性论,但这种人性论仍然是一种抽象的建构和想象,而非对现实的描述。从这点来看,希腊文化最终成为西方文化之主流,是因为希腊文化的建构主义吻合了西方人对超越现实世界或征服自然的自我认知,而其人性论的抽象建构与想象能为此提供不竭的思想之源。

与西方不同,中国人对人性的认知很早就摆脱了宗教束缚。早在公元前四百多年,孔子通过研究礼乐的沿革和推寻其本源,为注重礼治的中华文化确立了统一的哲学基础。正如钱穆所言:"中国在先秦时代,早已完成了国家凝成与民族融合两类大事业……同时中国民族的学术路径与思想态度,也大体在先秦时代奠定,尤要的自然要算孔子与儒家了。但我们与其说孔子与儒家思想规定了此下的中国文化,却更不如说:中国古代文化的传统里,自然要产生

---

[1] 具体而言,希腊诸城邦均不能依赖农业生产以图自足,唯有对外贸易、殖民以求发展,故而在外诸城邦相互征伐,在内人人相争以求城邦独立、个人自存。待至罗马帝国时期,其帝国体系实质上是将希腊城邦制复制到其属国,因此这一时期城邦相互征伐、人人相争的情形并未减轻,而只是在更大范围内进行,以至于最终帝国衰败、人人自危。面对这种人人自危的人性境遇,希腊人的人性哲学是以神性呈现的。这种人人自危的人性境遇,在西方持续了很长时间,并影响了西方人对人性的认知乃至制度的建构,近现代政治学者霍布斯的学说可以说是对这个传统的直接继承。

孔子与儒家思想。"[1]孔子结束周游列国回到鲁国之后,把大部分精力放在整理经典上面,由此可见上古思想对他的影响。孔子以前的重要古籍,流传下来的,主要是《尚书》《诗经》和《易经》,它们分别记录了中国先人生活的不同侧面。

《尚书》记录了统治阶级治国理政的言行、事迹和训示,这些记录虽有宗教色彩,但其旨意在引天命交替来阐述历史兴衰,警示君臣敬德重民,以及明晰仁君治民之道与良臣事君之道。从这点来看,中国先人确实有宗教观。但是这种宗教观很早便被政治化或人文化了。具体说来,《尚书》对祭祀上帝的描述,展示的是中国先人对上帝、祖先乃至民众(即公共意志)的敬畏,或者统治者已施行或应当施行敬天保民的行为。这种祭祀活动不仅没有西方那种超验的或神话般的玄想,而且因为对上帝的吁请多仰赖祖先神灵为媒介,因此这类宗教活动也便被人文化了。又因为平民百姓不能私自吁请上帝,而只能仰赖天子,因此这类活动同时也被政治化了。[2]简言之,中国上古时期的宗教教化是经由人特别是上帝的代理者天子来完成的,而天子也是人,天子的教化即是人的教化,在这个意义上,世间的教化比上天的谕示更为重要。斯塔夫里阿诺斯也有类似论断:中国文明是"唯一在任何时候都未产生过祭司阶级的文明……固然,皇帝也是祭司,他为了所有臣民的利益而向苍天献祭,但是他履行的宗教职责比起他的统治职责,始终居于次要地

---

1 钱穆:《中国文化史导论》,商务印书馆1994年版,第65页。原文为繁体字,下同。
2 钱穆如此写道:"当知中国人观念里的上帝,实在是人类大群体所公共的,一面不与小我私人直接相感通,此连最高统治者的帝王也包括在内。只要此最高统治者脱离大群立场,失却代表民众的精神,他也只成为一个小我私人,他也并无直接感通上帝之权能。而另一方面,上帝也决不为一姓一族所私有。"参见钱穆:《中国文化史导论》,第46页。

位。因而，存在于欧亚大陆其他文明中的教士与俗人之间、教会与国家之间的巨大分裂，在中国是不存在的"[1]。

《诗经》是一种民间性的诗歌和散文汇集，其中关涉祭祀神灵祖先的歌曲、帝王英雄征伐的故事没有神话般的想象和荒诞，关涉男女两性恋爱的抒写"虽极执著极诚笃，却不见有一种狂热情绪之奔放"，关涉民众生活态度的叙述"极悲痛极愤激，但始终是忠厚恻怛，不致陷于粗厉与冷酷"[2]。由此可见，中国先人的生活态度很早时候就是非常实际的，不仅注重当下生活的喜怒哀乐，也注重以一种适中态度或方法去处理它们。换言之，"中国民族是一个崇尚实际的民族，因此其政治性与历史性的散文早已发展成熟了，而后始有抒情诗文学出现。但这一种文学，依然不脱崇尚实际的精神，他们所歌咏的，大部多以人生伦理为背景……"[3]也正因此，《诗经》常被视为中国先人生活面貌的一种整体性反映，而日后出现的推崇中庸的儒家思想也大致源于《诗经》。[4]从《诗经》颂扬世俗生活来看，中国人比西方人早一千多年开始世俗生活（西方人开启世俗生活起自文艺复兴时期），从而世俗伦理而非宗教训诫，从一开始就渗入中国人生活和社会组织纤维之中。

《易经》是一部研究变化以指示人避凶趋吉的古籍。因为变化

---

[1] 斯塔夫里阿诺斯：《全球通史：从史前史到21世纪》（第7修订版）上册，吴象婴等译，北京大学出版社2006年版，第155页。

[2] 钱穆：《中国文化史导论》，第66—67页。

[3] 钱穆：《中国文化史导论》，第68页。

[4] 钱穆如此写道："我们要懂中国古代人对于世界、国家、社会、家庭种种方面的态度与观点，最好的资料，无过于此《诗经》三百首。在这里我们见到文学与伦理之凝合一致，不仅为将来中国全部文学史的渊泉，即就来完成中国伦理教训最大系统的儒家思想，亦大体由此演生。"参见钱穆：《中国文化史导论》，第67页。

意味着没有固定不变的存在或本原，也即没有永恒的真理，它以多种条件的聚散为转移，因此对变化的把握不是去探寻最高的存在，或永恒的真理，而是去探寻在特定条件（即时间和位置的特定组合）下人要做或不做什么。如何探寻？《易经》以阴阳为基础，以六十四卦的变换组合为形式，占卜宇宙人生复杂精微的秘密，预知人事吉凶，指示个人或群体避凶趋吉。《易经》形似迷信，但实际上，它是通过若干个空灵的符号，将人生的复杂情形与天地自然的变化关联起来，以便能指教个人或群体依据条件的转移情况来避凶趋吉。《易经》展示了中国先人独特的思维形式，即情理思维，也展示了它所达到的高度，因而可以算作中国文化的哲学部分。[1] 日后包括儒家在内的诸家学说，都常凭借《易经》来发挥他们的哲理。[2]

总而言之，这三部古籍都有不少关于祭祀上帝的记录，但无论是祭祀活动还是占卜人事吉凶，都不诉诸非理性的信仰，而是出于敬畏天命和敬德重民的务实态度，其指向的领域既不是超越世间的天国生活，也不是前世生活或来世生活，而是人们（包括统治者）的现世生活，并且展示出情理交融的思维形式。就此而言，上古时期中国人就具有注重现世生活的务实传统，但是，这种务实传统夹杂在内容繁杂的古籍之中，并且也没有形成统一的哲学。孔子

---

[1] "《易经》虽是一种卜筮之书，主意在教人避凶趋吉，迹近迷信，但其实际根据，则绝不在鬼神的意志上，而只在于从人生复杂的环境和其深微的内在性上面找出一恰当无讹的道路或条理来。最先此种占卜应该是宗教性的，而终于把它全部伦理化了。而且此种伦理性的指点与教训，不仅止于私人生活方面，还包括种种政治、社会、人类大群的重大事件，全用一种伦理性的教训来指导，这又是中国文化之一个主要特征。"参见钱穆：《中国文化史导论》，第71页。

[2] 成中英充分取材于《易经》，进而创造出体系化的中国管理哲学。参见成中英：《C理论：中国管理哲学》，中国人民大学出版社2017年版。

的一大贡献就是删订古籍以成一系统学说并将之普及民间。孔子不仅懂得当时的礼、乐、射、御、书、数六艺，还注意到礼的沿革及其本源。礼之最大者为祭，孔子推原祭之心理根据曰"报本反始"。此即源于孝悌之心。孝悌之心根源于人性之仁，而仁指向人类内心的自然倾向与自然要求。如此，生死、群己、天人等大问题，在孔子哲学中均已全部融为一体。孔子一面批评当时贵族之一切非礼，另一面广招学生经营其教育事业。孔子的教育事业影响深远，他不仅将当时贵族之学普及民间，使得贵族宗庙里带有宗教色彩的知识转变为当时普通民众共有共享的崇尚务实精神的学说，也使得该学说所提倡的仁、忠恕、贤能等成为中国务实文化的核心要素。[1] 在这个意义上，孔子是先秦时期中华文化的一个集大成者，亦是此后成为中国主流文化之儒学的开创者。

由此，儒家的人是社会的人，而不是如西方那样建构的人；人的目的在于现世的生活本身，而不是救赎或来世。在西方，尽管摆脱宗教束缚才让科学得以发展起来，但西方科学家（如牛顿、爱因斯坦）都直接或间接地相信，宇宙万物受神的支配，这促使他们去寻求永恒的规律。换言之，就认识论而言，西方的世俗化并没有改变西方人认识世界的方法。中国人的认识论从一开始就是世俗化的，正如李泽厚所言，中国人的知识来自他对身边事物的观察。但这还不够，因为西方的科学发现在很长一段时间里，也是来自观察和实验。中国人和西方人最大的不同是，中国人不相信永恒的真理，因而在很长一段时间里，"格物致知"在中国没有市场。希腊人关注自然和人间社会的常态，因而倾向于总结自然和人类社会

---

[1] 参见钱穆：《国史大纲》上册，商务印书馆2010年版，第98—102页。

的"不变"规律;中国人则关注自然和人间的非常态,把"变"当作支配宇宙万物的规律。如前文所言,《易经》乃儒家滥觞之源泉之一。与《易经》对自然的关注不同,儒家关注人的行为,探讨君子修身成仁的路径。在这方面,儒家虽然没有把"变"作为其理论的核心范畴,但其思想显然根源于对"变"的深刻领悟。例如,孔子劝诫君子时如此说道:"君子有三戒:少之时,血气未定,戒之在色;及其壮也,血气方刚,戒之在斗;及其老也,血气既衰,戒之在得。"(《论语·季氏》)以往,这些教诲往往被简单地看作是处世方式,我们更倾向把它们作为孔子基于其人性论和认识论上的推论。孔子的这种态度,也被其他儒家所继承。如孟子在评论杨朱的极端利己和墨子的极端利人以及子莫的执中时也说:"杨子取为我,拔一毛而利天下,不为也。墨子兼爱,摩顶放踵利天下,为之。子莫执中,执中为近之,执中无权,犹执一也。所恶执一者,为其贼道也,举一而废百也。"(《孟子·尽心上》)君子的本体追求是求善、成仁,但是,求善和成仁并不需要遵循一定之规,而是随情景而动的相机抉择过程。

与世俗性相对应,儒家人性论还具有多样性和流变性特征,后者确定了中国务实主义的实践论,即目的的合意性可以合理地推断手段的合法性。儒家不追求超验和永恒的真理,但这并不意味着儒家没有目标,儒家的目标是成仁。不同于西方单一人性假设,儒家对人性的认识是建立在日常观察的基础之上的,他们得出的结论是,人性是多样和流变的。与此相呼应,不同的人因其自身造化或环境的不同,成仁的路径也不尽相同。据此,手段的合法性就失去了唯一的评判标准,加之世界的变动是永恒的,预先确定手段的合法性也成为一个问题。隐含在这层判断之后的一个推论是,儒家早于哈耶克两千年就隐隐地注意到人的知识的局限性。表现在认识论上，就是求助于经验获得知识，即李泽厚所定义的"度"；表现在实践论上，就是在实践中发现手段的合法性。

如第四章所述，孟子和荀子通常被分别当作儒家性善说和性恶说的代表，但是，他们之间并非彼此排斥，在最低限度上，他们都注意到外在环境对人性善恶最终走向的影响。整体来看，儒家不认为人性定格于人出生的时刻，而是将它当作人生修行的一部分，人性最终的高低，与人的努力和环境高度相关。据此，人性不仅是多样的，而且是可塑和流变的。这个判断并不常见于中国的学术界。我们在此无意重复儒家性善性恶的讨论，而仅考察比较有代表性的学者孙隆基对中国人的人性之论述。在《中国文化的深层结构》中，孙隆基从儒家的核心理念"仁"出发，借助中国人的口吻，将其自身的性质刻画如下："中国人对'人'下的定义，正好是将明确的'自我'疆界铲除的，而这个定义就是'仁者，人也'。'仁'是'人'字旁一个'二'字，亦即是说，只有在'二人'的对应关系中，才能对任何一方下定义。"[1]

孙隆基对"仁"在儒家理想中的地位的把握是准确的，但是，"仁"是儒家的理想，孙隆基似乎过快地过渡到用"仁"来定义"人"。这个太快的过渡不仅造成了论述的断裂，也窄化了人的形象，从而一定程度上遮蔽了人性的可塑性和流变性。仁具有两层含义，一是在"子帅以正，孰敢不正""举直错诸枉，能使枉者直"的他者驱动意义上，二是在"为仁由己""我欲仁，斯仁至"的个体自我驱动意义上。仁既是一种他在的标准，同时也是自我发自内

---

[1] 孙隆基：《中国文化的深层结构》，中信出版社2015年版，第15页。

心的追求。孙隆基的论述遮蔽了第二个意义上的仁，从而也否定了人性的可塑性。进一步，作为一种观察视角，孙隆基的良知系统虽然帮助人们把握到中国文化的深层结构，但这个视角相对于儒学而言依然较窄，因此难以融贯地解释儒学中看似分立的性善说和性恶说，也难以融贯地解释中国文化在吸收外来文化（如佛教、马克思主义等）上的开放性与自我优化能力。与此不同，我们将儒家的人性还原为一个受到个人特质、个人努力和环境影响的函数，这不仅能将人的性善或性恶解释为不同的个人努力和外在环境影响下的产物，也能解释中国文化在吸收外来文化上的开放性与自我优化能力。[1]

因此，在人性层面，当认知意向从聚焦"仁"这个已抽象化的概念转向聚焦"人性的多样性和流变性"这个直观的事实时，中国文化传统中的一些文本，如"周虽旧邦，其命维新"《诗经·大雅·文王》，"穷则变，变则通，通则久"《周易·系辞下》，等等——借用孙隆基的术语——也便呈现在"光"照之下。[2]

仁是儒家的最高追求，但不是人性本身。人性是多样的，因而实现仁的手段必定是多样的；手段正确，愚人也可以成仁，所以孔子说"有教无类"。这显然与基督教对于人的看法不同。在基督教那里，人无论贵贱愚直，在上帝面前赎罪的方式都是一样的。这

---

[1] 据此，孙隆基以及其他论者所谓中国文化的"超稳定结构"是否存在是存疑的。事实上，随着经济和社会的变化，中国文化在明清之前发生了缓慢但显著的变化，到了近现代，这种变化就更加明显了。

[2] "如果我们将'光'比作某种认知意向在现象中看到的'本质'部分，又将'暗'比作它所看到的'非本质'部分，就会获得这样的理解：将认知意向的方向转换，作为认知对象的'现象'的内容也会跟着起变化。"参见孙隆基：《中国文化的深层结构》，第12页。

似乎比儒家更接近人的平等，但事实上却抹杀了个人在理解上帝意志方面的差异，在现实中，它也没能阻止教会演变成极其严格并极具剥削和压迫性质的等级机构。平等在西方文化中成为一个追求目标，还要等到启蒙运动之后，那种把平等回溯到基督教的说法，不过是一种文化粉饰而已。平等是一个现代意义的乌托邦理想，通向这个理想的道路不止西方这一条。儒家对人性的认识是符合日常生活经验的实然判断，在此基础上设计追求平等的制度将更加有效。不仅如此，儒家对平等的追求是以仁为前提的，平等只在成仁这条路上才有意义，从而避免了当前西方因对平等的抽象定义和追求而产生的诸多问题。[1] 反过来，在成仁的前提下，手段并不需要整齐划一，而是可以因人而异。进一步地，因为人本身也在成仁的路上发生变化，所以，即使是同一个人，在不同的时刻也需要不同的手段。

不仅如此，手段还随环境的变化而变化。儒家尽管不愿与道家为伍，但也继承了先秦时代中国人对周遭环境的认识，认为世间唯一不变的是变化。这导致了儒家对终极真理的否定；在实践层面，儒家把人的完善与环境的塑造结合在一起，并在荀子那里达到极致。荀子曰："人无师法则隆性矣，有师法则隆积矣，而师法者，所得乎情，非所受乎性，不足以独立而治。性也者，吾所不能为也，然而可化也；情也者，非吾所有也，然而可为也。注错习俗，所以化性也；并一而不二，所以成积也。……故圣人也者，人之所积也。人积耨耕而为农夫，积斫削而为工匠，积反货而为商贾，积礼仪而为君子。"（《荀子·儒效》）"古者圣王以人之性恶，以为偏

---

[1] 姚洋、秦子忠：《人性的多样性与儒家政治结构》，《开放时代》2017年第6期。

险而不正，悖乱而不治，是以为之起礼义、制法度，以矫饰人之情性而正之，以扰化人之情性而导之也。始皆出于治，合于道者也。今之人，化师法，积文学，道礼义者为君子；纵性情，安恣睢，而违礼义者为小人。"（《荀子·性恶》）荀子的这些论述，绝不应该仅仅从修身养性的角度加以解读，而是应该和其他儒家经典一起，上升到哲学层面，看它们如何奠定了中国人的哲学观以及古代中国的政治制度的基础。事实上，早在两汉时期，"荐举"和"考课"制度就成为统治者选拔官员的通行机制，而其精髓就是儒家化性移情的哲学思想。隋唐确定的科举制度摒弃了荐举制度的弊端，但保留了考课制度的实质；而就其哲学基础而言，今天的干部选拔制度也是古代中国政治制度的回音。基于单一和不变的人性假设，西方的政治制度的出发点是限制私欲（包括权力产生的恶）；而中国的政治制度包括教化和训练功能，原因在于，中国文化相信人性的可变和可塑性。

儒家没有原则吗？

由于历史的误会，英文中的pragmatism一词由美国传入中国的时候，被翻译成"实用主义"，而不是"务实主义"。从这个翻译也可以看出，一个主张务实的人常常有被别人看作是机会主义者的危险。那么，中国务实主义缺乏原则吗？我们的回答是：原则有高阶和低阶之分，仁是儒家的最高阶原则，它等同于儒家的最高理想。由于坚持仁这个最高原则，立基其上的务实主义就不同于机会主义的务实主义，因为机会主义者没有自身利益之外的固定原则。但这一点并不否认在实践层面可能存在的机会主义。从儒家人性论来看，实践层面可能存在的机会主义是根源于人性的流变性，因此法治是必需的。缺乏法治，不仅是中国古代社会的特征，而且也是欧洲古代社会的特征；两者的不同之处在于，前者靠社会规范和个人修行降低机会主义的危害，而后者依靠的是宗教教义和教廷的权威。

原则源于信仰。如果信仰指向一个超验且不能被理性所认知的对象，那么儒家确实没有信仰，因为儒家是世俗的学说，不是宗教教义。然而，以有无超验的对象及能否被理性所认知来界定的信仰过于狭隘。即便如此界定的信仰是合理的，也不意味着缺乏这种信仰的民族、国家就必然会缺乏超越性的目的。从人类文明史来看，形成超越性的目的存在多种不同的路径。儒家的超越性目的落实在世俗社会，追求的是成为具有理想人格的君子或圣贤，如韦伯所言："君子乃是儒家理想的人，其'典雅与威严'表现为对传统的义务的履行。也就是说，君子在任何生活处境下都必须在典礼与仪式上得体。为了实现这一主要的德行，达到自我完善的目标，他必须采取合适的手段：清醒的、理性的自我控制，抑制所有可能动摇心境平衡的非理性的激情。"[1]

因为君子或圣贤不是超验的上帝，也不是来世中的自我形象，而是现世人伦关系中的贤能特质达到一定高度的个体，因此儒家追求超越性的手段不是求助于外在的信仰，而是强调仁对人的行为的约束。如同乌托邦一样，没有人能够成为圣贤，而是只能无限逼近，但是，由追求成为圣贤所衍生的行为准则，却是人可以做到的。仁是君子理想人格的内涵及其行为准则，因而也是儒家用以规

---

[1] 马克斯·韦伯：《儒教与道教》，第235—236页。

范个体和人际交往的最高原则。对于儒家而言，人性具有可塑性和流变性，因此一个人是否是君子，一种检测方式是看其在最高原则面前会不会动摇。如果始终不会动摇，即便为此付出沉重代价，那么这个人就是君子。如孔子力阻鲁君接受齐国送来的美女和骏马，不惜因此丢掉官位，被迫流亡，这就是君子之态。但这只是儒家对君子而非对所有人的道德要求。儒家确实强调"人皆可以为尧舜""涂之人可以为禹"，但是更强调后天的努力，从而非常务实地承认，在现实层面并非每个人都能成为君子或圣贤。前面已经论证，中国务实主义承认手段的多样性。仁是儒家的首要价值，所有能够保障和促进它的手段都应当加以采用，所有毁损和威胁它的手段都应当加以摒弃，即便这些手段已经被社会所接纳。那么，这种态度是否会被机会主义者所利用，成为他们不择手段的借口？毕竟，确定一个人的动机总是非常难的事情，因此，当一个人说"我做这件事是为了追求仁"的时候，中国务实主义者就可能会处于失语的状态。这正是我们要讨论的第二个层面的问题，即如何看待手段的问题。基于以下两个原因，我们认为，儒家并不主张不择手段，相反地，儒家对机会主义有足够的戒备。

其一，儒家强调个人的修行，以个人的修行来避免手段的失范。儒家承认人性的可塑性和流变性，因而强调个人的道德修养和自我约束，克己复礼，以达天下。仁是儒家的最高理想。生为君子者自然成仁，但绝大多数人需要通过自我的修行才能成仁。从根本上来说，儒家对手段的约束源于自我的修养。在这一点上，儒家与宗教特别是佛教是一致的。这似乎与当代对制度约束的强调背道而驰，从而让人不得不问，儒家是否适合于当代这样快节奏的陌生人社会。我们认为，即使是站在今天的位置，完全否认个人修养的作用恐怕也是武断的。制度的实施者仍然是人，无法避免人的作用；哪怕我们相信制度实施者可以如同机器一样实施制度，制度本身也不可能是完备的，不可能穷尽未来可能发生的所有事情，因而，当某个未料到的事情发生的时候，制度实施者就必须发挥他的主观判断能力，此时，他的个人修养的高度就具有决定性意义。

其二，儒家强调义和礼对日常政治和百姓生活的规范作用。尽管仁、义都是儒家坚持的理想，但仁、义是有层次的，仁在前、义在后。仁是一种道德理想，是儒家对人生和社会的美好构想，因而是儒家追求的最高目标。相比之下，义产生于社会和家庭的人伦关系之中，如对君主之义、对家人之义、对朋友之义、对誓约之义，转译成今天的语言，就是伦理规范。当义和仁相冲突的时候，儒家主张要舍义取仁，正如孔子在卫国所做的那样。不仅如此，儒家还强调礼对于实施仁义的作用。礼是固化的义，翻译成今天的语言，礼接近于诺斯所定义的正式制度。孔子特别强调恢复周礼，其意不完全是对鼎盛时期周朝的向往，而是以制度来规范君主、贵族以及平民的行为。这些制度不是无的放矢，而是要保证仁、义的实施。从这个意义上来看，不能把中国古代的治理模式简单地等同于人治，至少，孔子是重视制度建设的。当然，孔子所推崇的制度，和现代意义上的法治仍然有巨大的差异。现代意义上的法治是在把每个人当作独立的个体对待的基础上发展出来的一套社会契约，而孔子的制度是镶嵌在人伦关系中的行为规范，其最终指向仍然是内省的。

然而，必须认识到的是，如何克服手段的机会主义，不仅是儒家中国面临的问题，而且也是所有社会面临的问题。在启蒙运动之前，西方是靠宗教解决这个问题的。当宗教式微之后，西方找到了世俗的解决方案。为此，霍布斯将人类的自然状态描述为"人与人争夺的丛林"，并由此推导出国家；在此之上，洛克发展出自由主义国家和法治观。中国从来就没有真正意义上的宗教，因此从一开始就要诉诸世俗的解决方案。但是，或许是受制于中国人的人生观和社会观，或许是受制于人类知识的缺乏，彼时儒家发明了一套主要是向内求索的方案，强调个人的修养和德性而不是法治手段对机会主义的抑制作用。在现代复杂的社会中，儒家的仁、义教诲不足以限制个人的机会主义行为，作为社会治理的根基，法治变得更为重要。西方的法治传统（包括理性），是摆脱宗教束缚之后不得不接受的替代品，我们也不必为儒家需要法治的补充而感到羞愧。

第六章
层级结构

前面两章阐述了儒家的人性观和人生哲学。对于大部分中国人包括当下的读经讲道者来说，这也几乎是儒家在今天能够被接受的全部内容；对于多数人来说，儒家学说只提供人生指南和社会规范，与政治无关。本书的目的之一，就是打破这种对儒家的狭义理解，还原儒家作为政治哲学的一面。作为政治哲学的儒家学说，其首要问题是回答政权的合法性问题。但不幸的是，20世纪之后的中国习惯把中国古代政治的落后归咎于儒家的政治学说，儒家政治不可幸免地被贴上"腐朽""专制""落后"等标签。然而，这些标签贴在明清时代的儒家学说尚可，贴在汉、唐、宋三代就大谬其旨了。儒家学说成为古代中国的主导政治哲学，始于汉武帝"独尊儒术"时期。政权合法性是董仲舒在当时复兴儒家的时候要处理的首要问题。他以"天命"定义君主的合法性，但同时也以"天人感应"之说将君主置于儒家的德政约束之下；在君主之下，国家的行政由经过儒家训练的士大夫所掌握。自此之后，儒家君德和士大夫对行政的掌控成为约束帝王的主要手段。这样的宪制安排，在汉、唐、宋三代具有明显的作用，宋代中国的政治和法治文明已经达到一个相当的高度。但是,明、清两代却出现了衰败,士大夫失去了对行政的掌控,而仅剩下的君德不但没有约束住帝王,还让他们变得更加自大,特别是在康熙、雍正和乾隆时期。个中原因不是本书所能涵盖的。简言之,一是元作为一个游牧民族入主中原的政权没有继承儒家的政治传统;二是明的开国皇帝朱元璋出身草莽,没有赵匡胤的远见和度量;三是没有万古长青的文明,中华文明自秦始皇统一之后大体上进入一个上升通道,到宋代达到农耕文明的顶峰,因为缺乏"新边疆"的继续刺激,其后的停滞也是可以想见的。与这些大势一致,儒家学说自南宋之后开始遁入内心,心学成为正统,完美道德代替事功成为儒家士大夫的人生追求。这个传统一直维持到今天,已经持续了一段时间的国学热也基本上将儒家作为修身养性的学说来对待。

然则,现代社会是陌生人社会。在这个社会中,仅有道德是无法实现良治的,因为道德的实施需要一个熟人社会作为支撑。法治是在现代社会里实现良治所必不可少的。法治是非人格化的,界限分明,易于操作。法治的首要任务是约束执政者。在西方,法治是宗教、贵族社会以及后期兴起的资产阶级在与王权的斗争中生发出来的。早在11世纪,教皇格里高利七世在和罗马皇帝的叙任权斗争中取得胜利,让教会摆脱了罗马皇帝的控制,成为欧洲社会与君主权力并行的重要力量。在英国,封建分权给予地方较大的自由度,惯例法法庭应运而生,而早期的议会成员也都来自地方法庭。随后,在17世纪漫长的革命当中,清教与新兴资产阶级联合,打败王权并最终迫使王权屈服于《权利法案》之下。中国的封建社会早早地被官僚帝制所取代,而除了极少数时期(如魏晋时期佛教盛行),宗教也没有获得独立于皇权的社会地位。中国的现代化道路异常艰难，与此有很大的关系。

本书的目的之一就是还原儒家的政治哲学原貌，并将它与现代价值相勾连，形成适合现代社会的新的政治哲学。本章探讨儒家政治的一个基础问题，即政治层级问题。

过去一百多年来，中国人牢固接受的西方理念之一，就是人人拥有参与政治的平等权利。"人人生而平等"是一个听起来激动人心的口号，但它毕竟不是一个事实陈述——没有哪个受过教育的人会相信每个人生来都是一样的——而是一个政治诉求，真要实施起来极可能带来灾难性后果。在历史上，所有的大型文明都依赖层级来管理社会，这背后大概与这些文明从其漫长的演进中习得的经验有关——层级保证决策的有效性以及社会的安定。当然，在一些高度稳定的社会里，层级被宗教、习俗或制度所固化，最终走向了自己的反面；然而，因其在公共决策过程中的不可替代作用，层级在所有现代社会得以保留，只不过随着"民主化"的推进，公共话语日益被平等主义的修辞所主导，层级这个话题被小心地回避掉了。儒家政治的一大任务，就是掀开披挂在民主身上的种种矫饰，直面人性的复杂性以及由此而生的政治现实。作为这个现实的一部分，层级在国家治理中具有不可替代的位置。除此之外，层级还为社会注入激励因素，鼓励人们向上、向善。一个社会存在差异并不是问题，能否提供向上的流动性才是关键，而儒家政治通过选贤任能恰恰能够提供足够的流动性。而且，儒家政治里的层级结构与中国人的底层文化心理是一致的。费孝通先生把中国的社会结构概括为"差序格局"，每个人的社会关系都是以自己为中心的涟漪状同心圆。这种格局不仅存在于水平关系之中，而且存在于垂直关系之中；中国人都习惯有一个权力中心，并在这个中心的涟漪同心圆中找到自己的位置。一个社会的治理模式必须适应民众的底层心理结构才可能具有生命力，儒家政治在这方面做得很到位。

层级的意义

人人参与的民主形式，往往被描述为理想的治理模式。对于一些学人来说，最值得推荐的是雅典的民主。在雅典，不仅每个公民都可以参与公共决策，而且每个公民都可以成为官员，而抽签往往被用来作为选拔官员的手段。[1]赞同者认为，抽签是打破权贵专权、实现真正民主的最佳选择。然而，即使是撇开个人之间能力的差异不论，抽签所造成的政策的不连贯性也会让它成为最差的治理方式之一。在这里，介绍一下经济学家肯尼思·阿罗关于社会选择的不可能定理是有益的。

阿罗是20世纪最伟大的经济学家之一，在一般均衡理论、社会选择以及风险理论等领域做出了开创性的贡献，并因此获得过诺贝尔经济学奖。他是社会选择理论的奠基者之一，他于20世纪50年代初提出的、后来以他的名字命名的"阿罗不可能定理"，曾经让经济学家和政治学家倍感惶惑。所谓社会选择，就是集体决策。个体决策遵循一定的理性原则，如A比B好，B比C好，那么A就比C好。这也是自然界的法则，用康德的话来说，就是人的逻辑与宇宙的逻辑是同构的。阿罗要研究的，是社会选择或集体决策是否也遵循个体的理性原则。显然，这些原则对于一个良性运转的社会是必要的，否则的话，社会选择就会出现逻辑混乱。然而，阿罗不

---

[1] 王绍光：《抽签与民主、共和》，中信出版社2018年版。

可能定理恰恰告诉我们，在四个较弱的公理下，社会选择不可能实现个体理性。这四个公理分别是：无限制性偏好（即不能对个人的偏好进行任何限制）、两两独立原则（即个人对两个备选方案的排序不受它们与任意第三个方案之间排序的影响）、帕累托原则（即如果所有人都偏好某个备选方案，那么社会也应该偏好这个方案）、无独裁原则（即不能出现一个人说了算的情况）。定理的证明很复杂，大体的思路是证明在符合前三个公理的前提下，社会选择最终可以被一个人所决定，即违反了最后那个无独裁原则。

从自由主义的原则出发，阿罗不可能定理赖以存在的四个公理都是不辩自明的，因而我们就只能接受阿罗的结论：集体决策不可能实现个体理性，从而我们也不得不生活在一个无序的世界里。直接民主符合阿罗不可能定理所描述的政治过程，即由个体选民直接产生集体决策，因而这个定理击中了直接民主的最大软肋，从理论上否定了直接民主的可行性。在现实中，民主制度以各种方式打破这个定理的四个公理前提，以实现有效的决策。比如，代议制以及与之相关联的议会辩论制度，就打破了无限制性偏好这个公理。代议制是一种层级制度，它挑选议员代表民众来实施治理。但是，议员不是民众偏好的简单加总机器，而是具有自己的政治主张的特定人士。事实上，他们在竞选的时候，很多时候不是在告诉选民他们将如何代表选民的利益，而是向选民兜售他们自己的治国理念；换言之，他们是在影响甚至改变选民的偏好。另外，议会的法案都有辩论环节，议员们参与辩论，目的是影响和说服其他议员，最终，议员们的偏好会趋向集中，形成多数。北欧的民主通常被认为是最成功的民主，原因在于它是一种审慎民主（deliberate democracy），即一项法案要经过很长时间的咨询、辩论、协商和修改，直至意见比较统一之后才会付诸投票。

阿罗不可能定理不是对现实的描述，而是为现实树立了一面镜子，对照这面镜子，我们可以看清楚集体决策在现实中是如何实现的。这个定理的本质不是否定现实中的集体决策，而是指出了分散政治决策的不可靠性，从而让我们看到现实政治是如何规避这个问题的。以平白的语言来阐述一遍，即阿罗不可能定理告诉我们，分散决策要么会陷入逻辑的不一致性，要么会被独裁者所篡夺。前者的原因在于，在分散决策制度下，今天一部分人的意见占主导，明天另一部分人的意见占主导，时间长了就会发现，后面的决策与前面的决策相矛盾。比如，19世纪末，因为官员很腐败，美国加利福尼亚州决定重大事宜一律采取全民公决来做决定，时间一长，其中的一些决定就成为制约该州发展的障碍。如20世纪70年代末，经全民公决，加州决定此后加税必须经过全民公决。结果，加州的房地产税率一直较低，到今天已经无法支撑加州的中小学教育，作为美国最富有的州之一，加州的教育却是全美最差之一。那么，分散决策为什么会产生独裁呢？从阿罗不可能定理的自身逻辑来看，原因刚好是逻辑无法达到一致的反面，即如果要实现逻辑一致的决策，最终就必然给某个人可乘之机以主导决策。在现实层面，当一个社会出现较大分歧的时候，权威（英雄）往往是解决分歧的出路，历史上这种例子比比皆是。当今世界，独裁政府通常出现在社会组织不发达的地方，或者说，独裁政府更倾向于消灭社会组织，原因主要有两个方面：一方面是因为社会组织可能成为反对力量；另一方面是因为面对一盘散沙的民众，独裁者更容易说服民众成为他的追随者。抛开对独裁的道德责难，我们需要认识到，独裁所体现的权威对于一个社会的良性运转是必要的，特别是当社会面临外部威胁的时候。新自由主义经济学家对于自发秩序总是津津乐道，然而，在所谓的"自发秩序"——由分散的政治过程形成的且无须外力实施的秩序——的背后，总是能够找到权威的作用，如氏族首领、祭司、哲人等等。轴心时代的伟大哲人看穿了人性，因而他们的理论可以洞悉人类社会几千年，今天欧亚大陆上的人们仍然生活在他们的思想阴影之下。

文明社会发明了诸多制度，以克服分散决策所导致的后果，层级就是其中之一。把决策权交由少数人，这样的例子在日常政治、经济和社会生活中比比皆是。民主社会的一人一票与其说是人人参与国家治理的手段，毋宁说是显示人民主权的一项仪式，而真正的治理总是交给少数精英来完成。议会（立法）由人民的代表构成；除行政首脑之外，政府（行政）是由职业官僚组成；而法院（司法）的法官多数是由行政机构提名并经议会同意的。在经济生活中，企业管理依靠的是一套命令系统，董事会负责重大决策，经理及其团队负责执行。一些国家（如德国和北欧国家）提倡经济民主，但普通员工对企业管理的参与也是经由工会实现的，而后者的内部决策也要经历一个从分散到集中的过程。在社会生活中，家庭是最为重要的组织，在家庭内部，即使是最平等的父母也要对子女进行指导和潜移默化的教育。人们还组成不同的群体或社团，并有意设立门槛，以排除那些"不合格"的人。尽管这些安排的目的不尽相同，但共性之一是提高决策和运转的效率，并维持一定的秩序。在儒家那里，秩序即是"礼"，后者往往被认为是中国社会陷入停滞的根源之一。然而，一个社会是否陷入停滞，不取决于它是否维护一定的秩序，而取决于它的秩序是否具有弹性，是否能够适应变化的外部环境。无序是所有人类社会都想极力避免的，然而，秩序总是与层级联系在一起的。霍布斯认为，在无组织的自然状态下，人与人之间的关系是战争关系，因此人们情愿把部分权利转让给一个利维坦，让他来维持秩序。利维坦是高于一般人的存在，"臣民中任何人也没有理由控告他不义"。层级是霍布斯国家理论的重要构件。洛克试图打破霍布斯构建的层级，用一个听命于公民的政府代替利维坦，然而，他没有告诉我们的是，公民如何形成决策，而这样的政府又如何执行公民的决策。密尔的代议制政府解决了这个问题，而他给出的方法恰恰是一种层级制度。在他的建构中，代议制政府意味着公民只能通过议会行使权力，而议会也不直接管理国家，而是监督政府管理国家。独裁为现代政治秩序所不容，但原子化的直接民主也不可能形成稳定的政治秩序；好的政治秩序一定是在独裁和直接民主之间找到一个平衡点，只是这个平衡点因一个国家的历史和文化而异。

差序格局：中国人文化心理的内核之一

如我们反复强调的，一个国家的治理模式非与本国民众的文化心理相一致则不能成功。儒家政治的层级结构是否与中国人的文化心理相一致呢？答案是肯定的。最有力的证据是费孝通先生对中国基层社会的社会学观察，其中，"差序格局"是他对中国社会关系的总结。

费孝通先生的成名作是他的博士论文《江村经济》，但其影响更大更加持久的学术作品是1947年出版的《乡土中国》。《乡土中国》不是对某个具体（农村）社会的描述，而是要从具体社会中提炼出具有普遍意义的概念。这些概念所呈现的"乡土中国，并不是具体的中国社会的素描，而是包含在具体的中国基层传统社会里的一种特具的体系，支配着社会生活的各个方面"[1]。在这些概念中，差序格局是其中最为重要的一个，它传达了乡土中国的骨架信息。

在费孝通先生看来，西方社会的社会结构是一个团体格局，一个人身份的定义以及他的权利与义务都以加入某团体来获得。用一个比喻来形容，那就是："西洋的社会有些像我们在田里捆柴，几根稻草束成一把，几把束成一扎，几扎束成一捆，几捆束成一挑。每一根柴在整个挑里都属于一定的捆、扎、把。每一根柴也可以找到同把、同扎、同捆的柴，分扎得清楚不会乱的。在社会，这些单位就是团体。……团体是有一定界限的，谁是团体里的人，谁是团体外的人，不能模糊，一定分得清楚。团体里的人是一伙，对于团体的关系是相同的，如果同一团体中有组别或等级的分别，那也是事先规定的。"[2]

中国的社会结构是非常不一样的。中国社会的主体在农村，并且中国人从古代流传下来的社会组织方式，是以个人为中心，以家人、亲属、朋友等依次为外围来推展其整个关系面。当其力量很强时，便可以推得很远，反之亦然。这种伸缩关系虽然以个人为中心，但是从整体来看，个人及其所携带的关系网又构成了整个社会。用一个比喻来形容，那就是："我们的社会结构本身和西洋的格局是不相同的，我们的格局不是一捆一捆扎清楚的柴，而是好像把一块石头丢在水面上所发生的一圈圈推出去的波纹。每个人都是他社会影响所推出去的圈子的中心。被圈子的波纹所推及的就发生

---

[1] 费孝通：《乡土中国》，人民出版社2015年版，《旧著〈乡土中国〉重刊序言》第3页。
[2] 费孝通：《乡土中国》，第26—27页。

联系。""我们社会中最重要的亲属关系就是这种丢石头形成同心圆波纹的性质。亲属关系是根据生育和婚姻事实所发生的社会关系。从生育和婚姻所结成的网络，可以一直推出去包括无穷的人，过去的、现在的和未来的人物。"[1]波纹是有差等的，一层层向外拓展开去，石头越重，波纹圈推得越远。我们也可以想象，把两个石头、三个石头同时丢在水面上的景象，那交错的涟漪就如同生活中人与人的关系一样。

但是，差序格局是一个比喻，所以在概念上引起了一些歧义。[2]一种观点认为，差序格局仅仅是对横向层面社会关系的描述，不涉及纵向层面的等级。如果存在等级的话，那么就不可能有所谓的个人中心一说，因为在等级里只有皇帝这一个中心，其他人都是这个中心的外围。[3]另一种观点则认为，差序格局是立体的，既有横向的远近亲疏关系，也有纵向的次序等级关系。[4]

我们的观点接近第二种观点，即认为差序格局是立体的，涵括横向和纵向两个方面。一个原因是，费先生虽然没有明确说明差序格局是否包括纵向层面的等级，但是他明确地把儒家伦理看作是差序格局的根源，而后者既有横向意义上的情感强弱不等的差别，比如亲属关系、朋友关系，也有纵向意义上的伦理上下先后的次序，比如家中有高低辈分、出生有长幼之序等等。费先生如此说道："以'己'为中心，像石子一般投入水中，和别人所联系成的

---

[1] 费孝通：《乡土中国》，第28页。
[2] 关于差序格局概念的澄清，参见廉如鉴：《"差序格局"概念中三个有待澄清的疑问》，《开放时代》2010年第7期。
[3] 翟学伟：《再论"差序格局"的贡献、局限与理论遗产》，《中国社会科学》2009年第3期。
[4] 阎云翔：《差序格局与中国文化的等级观》，《社会学研究》2006年第4期。

社会关系，不像团体中的分子一般大家立在一个平面上的，而是像水的波纹一般，一圈圈推出去，愈推愈远，也愈推愈薄。在这里我们遇到了中国社会结构的基本特性了。我们儒家最考究的是人伦，伦是什么呢？我的解释就是从自己推出去的和自己发生社会关系的那一群人里所发生的一轮轮波纹的差序。""伦重在分别，在《礼记·祭统》里所讲的十伦：鬼神、君臣、父子、贵贱、亲疏、爵赏、夫妇、政事、长幼、上下，都是指差等。……伦是有差等的次序。……其实在我们传统的社会结构里最基本的概念，这个人和人往来所构成的网络中的纲纪，就是一个差序，也就是伦。"[1]

如费先生明确点明的一样，差序格局是以儒家作为其内生的精神根源，而儒家又是对之前时代的一个总结，同时形塑它之后的中华文化传统，并成为后者的主流。然而，经过20世纪几番疾风暴雨式的革命，差序格局是否还是对中国社会的准确描述呢？

从新中国成立至改革开放之前，中国社会是按照马列主义的社会主义理想进行建构的，因而它具有相对均等而同质化的社会结构。由于中国实行城乡二元管制，城镇化缓慢，乡村结构也基本保持原有格局。改革开放之后，中国城镇化进入了快速车道。在这个进程中，中国社会发生了两个宏观层面的变化。从世界体系来看，中国逐渐融入了以欧美为中心、其他地区为边缘或半边缘的全球资本主义体系。中国从边缘地区开始，经历数十年的赶超，现在已从边缘区过渡到半边缘区，并向中心区靠近。从中国社会内部来看，它自身内生出了具有资本主义商业性质的市场经济，后者驱动了中国的工业化和现代化进程，据此，中国形成了多元而复杂的社会

---

[1] 费孝通：《乡土中国》，第30页。

结构。

中国社会的主体不再是乡村，而是城市，后者是由大量城镇人口、各级政府、专业化组织等主体构成的。具体而言，在社会分工和城镇化的持续驱动下，中国社会一方面在不断纵深化，另一方面也在不断多元化。纵深化是指中国政治治理向基层延展，多元化是指中国社会在横向上发展出非政府的但却具有相当政治功能的组织机构，如媒体等反映民意舆论的组织，律师团体等各类权益社团，以及第三方组织等具有精英参政议政特征的组织。纵深化和多元化交错在一起，因此社会整体来看没有了旧社会的等级性。就个体而言，人际关系趋向于陌生化，即使是在农村地区，以往以地缘和血缘关系为纽带的交往模式也在被以商业和市场为纽带的新型模式所取代。

然而，社会关系的变迁并不一定导致文化心理的彻底改变，因为，除教化之外，后者具有生物学上的基础。后天的教化和集体经验当然会影响一个国家的文化心理的形成和演变，但是，越来越多的心理学研究表明，人的行为（以及与其相关联的思想）可以在生理层面找到依据，心理学研究因而日益向着神经网络层面挺进。在生物学意义上，文化心理可以通过自然选择得以传递。比如，东亚的居民比其他地区的居民显得更有耐心，如更愿意牺牲自己的享受以换取后代的福利等；与此相适应，东亚的居民也更趋于守成而不是创新。这里面的原因是什么？我们听到的一般解释是，这是东亚的传统。问题是，这个传统是如何形成的？它恐怕与东亚的地理和气候以及由此决定的自然选择有关。由于地理因素，东亚地区既有自己的作物（如小米和水稻），也有从中东传来的作物（如小麦），而东亚的气候具有很高的规律性，中国人因此早已发明了节气，指导农业活动。从事农业需要耐心，因为只有勤劳耕作并耐心等待，一个人才能获得收成。而气候的规律性又增加了农业的可预测性，因而在长期，守成比创新可能获得更高的收成。表现在社会生活中，那些耐心差或经常偏离常规的人就会被社会所鄙视，无法找到配偶，或者即使能够结婚，也无法养活自己的子女。经过几百代的筛选（自农业在一万年前发明以来，大体上已经经历了四五百代人），这些人的基因越来越少，占据主导地位的是既有耐心又比较保守的基因。文化心理恐怕也经历了相似的自然选择。比如，中国人从一开始就赞赏重视家庭的人，这样的人就更容易在婚姻市场上被接纳，也更容易在社会上获得成功，从而更容易留下后代，这样，中国人的文化心理中就有了重视家庭这个因素。所以，我们有理由相信，中国人的文化心理至少部分是通过代际自然选择延续的。

然而，到了现代社会，上述这种自然选择的作用却可能大大减弱了，原因来自三个方面。一是现代社会给予人们多种成功的途径。比如，在传统农业社会，爱冒险的人取得成功的概率很低，但在现代商品经济社会，更愿意冒险的人却更可能取得成功。如张维迎所言，企业家在没有被社会认可的时候都是赌徒，他们的信条就是"成王败寇"。[1] 顺着这个逻辑想下去，今天的企业家放在古代就都会变成"寇"，其中的绝大多数最终都无法善终。冒险者在今天能够成功，但他们不是唯一可以成功的群体，保守者兢兢业业地完成本职工作，也未必不能过上中产阶级的生活。这也就引出了第

---

[1] 张维迎：《成王败寇企业家》，《读书》杂志2018年第7期。此文为张维迎为《杜厦自传》所作的序言。

二方面的原因，即社会对于成功的定义变得多样化了。积累财富是成功的标志，专注做好公益也令人起敬；做明星让万人仰慕，做普通人也不会被人唾弃。最后一个方面，生育在现代社会成为家庭主动的选择，因而也打破了传统农业社会那样的自然选择规律。比如，低收入男性可能会因为无法结婚而失去传递基因的能力，而高收入家庭也会选择不生育，主动放弃基因的传递。事实上，除收入之外，决定家庭是否生育的因素非常多，就人口层面而言，一个家庭生育与否是一个随机现象。

自然选择在现代社会失去了作用，意味着文化心理的演变失去了一个重要途径，让古代形成的文化心理获得一个免于被淘汰的机会。在这种情况下，尽管中国社会变得更加多元，但千百年来所形成的文化心理却可能被保存下来，其中的核心部分，如务实、中庸、重视家庭、以自我为中心决定社会亲疏关系、尊重个人的努力、崇尚个人成就与遵循权威并举等等，都能在今天找到显著的表现。这为儒家政治提供了生存的土壤。

好的层级制度、坏的层级制度

层级制度是国家治理的必要制度，但不是所有的层级制度都是好的。一个坏的层级制度要么具有压迫性，要么是固化的，目的是保护特权者的利益；而一个好的层级制度除了保证决策的有效性和维持秩序之外，还必须具有流动性，为贤能者提供向上流动的机会。

在历史上，坏的层级制度比比皆是。在英国革命之前，除中国之外，其他社会里的"国家"都是属于国王一家的，皇家对国家的垄断是最显著的坏的层级制度。各种世袭的等级制度也是坏的层级制度。如印度的种姓制度，按照高低贵贱把人分成婆罗门、刹帝利、吠舍和首陀罗四等，在这四等之外还有"不可接触者"。这些身份代代相传，而且种姓之间不能通婚，因而得以延续几千年。印度独立之后宣布废除种姓制度，但直到今天，种姓制度仍然在印度社会特别是农村社会起作用，是一股阻碍印度现代化进程的顽固力量。中国西周和欧洲中世纪实行的贵族制度也是一种坏的层级制度。尽管它们没有像种姓制度那样披上神化的外衣，但它们的世袭特征阻碍了社会的流动和创新。

好的层级制度是开放的，为人们提供向上的流动性。从个体层面来看，这样的层级制度之所以是好的，是因为它们给予人们激励，鼓励人们的向上之心。平等是每个社会都追求的目标，而且，适当的平等——如提升个人基本能力的平等诉求——具有激励效应，因为它提高个人努力的能力和积极性，但是，如果把对平等的追求变成消除人与人之间在结果上的所有差异，那么社会就会失去向上的动力。中国在计划经济时期实行"大锅饭"，一个人的所得与他的努力基本无关，这是计划经济低效在微观层面的主要原因。层级——无论是就职位的分级，还是就收入的分级——为个人的努力设定了目标，让能力强且努力付出的人有了奋斗的动力。中国社会自战国以来就开始打破固化的阶级格局，给平民出身的士人提供向上流动的机会，到唐宋科举制度完善之后，让平民子弟真正实现了"朝为田舍郎，暮登天子堂"的理想。这种向上的流动性，在中华文明的上升期起到了积极的作用，增强了社会的活力，提高了社会的政治参与度。

层级面临的最大问题，是被固化下来并走向其初衷的反面。

汉代的荐举制度最终演变为门阀制度，科举考试到明清变成八股文风行，因而不再是选拔优良人才的工具，而是成为束缚思想的制度。那么，层级是如何被固化的呢？

一是优势利益集团的操纵。前面举的印度种姓制度是一个典型的例子。它的起源既有种族的因素，也有阶级的因素。婆罗门最早是3000多年前入侵印度的所谓"雅利安人"，[1]他们的肤色较印度原住民的肤色浅，又是统治者，有动机用身份把自己的特权和身体特征固定下来。直到今天，多数婆罗门的肤色仍然较浅。此外，婆罗门是祭司，掌握宗教权，具有独立于政权的权威，就连国王（来自第二等级刹帝利）也要听命于他们。他们可能也是当时唯一识字的群体，因而也掌握了社会的话语权，可以构建一套话语体系来为他们的身份辩护，捏造一种不可动摇的种姓制度，并把它嵌入宗教（印度教）之中，达到固化的目的。

二是层级本身的机制出现问题。荐举制依赖地方官员保荐地方青年才俊，那么，保荐自己人是人之常情，久而久之就会形成分门别派的门阀制度。科举考试一开始考很多科目，算术、法律、军事都包括在内，进士科只是其中一科，但由于补充官员主要来自这一科，因此它的分量不断增加；又由于进士科的考试在判卷时判卷官的主观评价占据很大的分量，为公平起见，考试变得越来越标准化。唐代以前，文人墨客写诗的格式比较随意，唐代的科举为标准

---

[1] 由于德国纳粹曾经以"雅利安人"自称，以彰显其种族的"高贵性"，目前一般不再使用这个称呼。所谓"雅利安人"，可能来自高加索地区。在公元前3000—前2500年期间，大批居住在高加索一带的游牧人群入侵当时的文明社会，并逐步扩散，最终散居在从印度到地中海沿岸的众多社会中。这些社会的语言形成了现在的印欧语系。参见［美］贾雷德·戴蒙德：《第三种黑猩猩》第十五章，王道还译，上海译文出版社2012年版。

起见，要求考生写律诗，格律错一处都不行，这样律诗才开始流行起来。以前的诗因而被称为"古体诗"。有鉴于唐代科举的固化倾向，宋代进士科考试开始让考生写策论，就皇帝关于治国理政的问题写一篇政论文，科举考试为此风气一新。可是，这种考试最终还是绕回到唐代的问题，就是标准该如何把握。进入明代之后，科举基本上只剩下进士科，而且只考四书五经。八股文兴起，起初有解决标准化的动因，但时间一长，就变成束缚文人思想的文体了。

三是一切事物的内在发展机制。世界上没有常青树，宇宙间的万事万物都有生灭。无论设计者想得多长远，一种制度总是会逐渐失去活力，当外部条件改变之后就成为阻碍社会前进的羁绊。社会科学里经常出现的一个研究主题是阶层的固化，研究者给出了许多解释理论，试图找到阶层固化的原因，但是，即使我们把这些原因都整治了一遍，恐怕阶层的固化还是要发生，因为在概率意义上总会有一些人放弃向上的追求，停留在原来的阶层上，甚至下滑到下面的阶层去。试想一下，如果只有向上的阶层流动，那总有一天所有人都会进入最高阶层，社会也就没有差异了。这显然不是一个合理的图景。因此，社会学家应该关注的问题不是阶层是否被固化了，而应该关注哪些因素阻碍了那些有心升入较高阶层的人实现他们的理想。

这也适合于我们对于政治层级制度的思考。一个好的政治层级制度不是要让所有人都能够升入较高的层级，而是清除阻碍那些有志向、有能力的人向上升迁的障碍。为此，层级制度必须是开放的，允许竞争，并奖励贤能。在此基础上，防止强势集团形成对高层级的垄断也是重要的。要做到这一点，权力之间的制衡是必要的。后续章节会涉及这些内容。

第七章
选贤任能

林肯把民主总结为"民有""民享""民治"。儒家相信"民有"和"民享",孟子的"君轻民贵"思想集中体现了这一点,当代学者白彤东进一步认为,孟子的思想蕴含了一个"薄版本的民主"。[1]我们在下一章将讨论儒家政治下的人民主权问题,本章先按下不表。本章的主题是儒家的选贤任能原则。这个原则与普遍的"民治"不相容。汉代儒家在将儒家制度化的时候吸收了墨家的贤能思想,形成了选贤任能的国家治理传统。按照当代学者苏力的判断,选贤任能是中国古代官僚帝制的一个宪法原则。[2]本章意在从儒家人性论出发,为这个宪法原则构建一个政治哲学基础。在儒家看来,人性是多样的、流变的、可塑的;虽然"人皆可以为尧舜",但是在环境影响、个人后天努力等因素的作用下,个人所能够达到的高度是不同的。因此,要实现天下大治,就需要设定政治层级,并把贤能之人选派到相应的职位上去。与民主制度不同,儒家政治

1　白彤东:《旧邦新命》,北京大学出版社2009年版。
2　苏力:《大国宪制》,北京大学出版社2018年版。

不是把选拔贤能的职责交由民众，而是交由一个统一的中央机构。民主制度下官员产生于普选，儒家政治下官员则产生于选拔。儒家认为，不仅被选拔的对象需要符合贤能的标准，而且，参与选拔的人也必须符合一定的贤能标准。为更好地理解儒家的这个原则，我们先从民主的问题入手。

民主的"斜坡效应"

霍布斯和洛克都持有人性大体相同的观念，[1]更宽泛地说，都持有"上帝面前人人平等"的观念。这一观念深刻地影响了美国开国元勋，并且经由他们被确立为广为人知的《独立宣言》的条款之一，即："我们认为这些真理是不言而喻的：人人生而平等，造物者赋予他们若干不可剥夺的权利，其中包括生命权、自由权和追求幸福的权利。""人人生而平等"，在反封建的过程中是一个激动人心的信念，追随这个信念的行为不仅摧毁了当时的等级制度体系，也成为美国建国的理论基础之一。但是，现在看来，人们并非理解这个信念的全部含义。从经验层面来看，人际差异是无处不在的。这种差异，在封建的等级制度中确实表现为身份上的不平等，但是在封建等级制度消解后的社会之中，这些差异作为一种自然而然的差异，并不一定就会转化为不合理的不平等。因此，不是所有的差异都是不合理的，也不是所有的差异都应当被抹平。

如果"人人生而平等"就是指法律上的人人平等，那么经由

---

[1] 事实上，他们都注意到人性在德性和能力上的差异，但是他们及其继承者侧重人性的同质性，而非差异性。

启蒙运动洗礼后的现代人不会对此加以反对。但是,"人人生而平等"蕴含着比这更多的内容。对现代美国人来说,"人人生而平等"这个信念并不局限于政治领域,它还被贯穿到其他领域,并且几乎等同于人性的"同一性",在价值上则等同于平等和民主。托克维尔在《论美国的民主》一书中,非常生动地描述了平等和民主在美国各个领域交互强化的现象,并且准确地预言了在平等和民主价值的双重驱动下会导致一个扁平化的美国社会。更重要的是,托克维尔充分注意到故事的另一面,即美国社会在走向扁平化的同时,也会走向个人疏离和群体分化。平等和民主这两个价值,一方面可以起到凝聚和团结的作用,比如面对共同危机的时候;另一方面可以起到离散和分裂的作用,比如面对利益竞争的时候。

事实上,美国开国元勋有意识地将精英元素植入美国宪法。美国开国元勋的分歧集中体现于时任国务卿杰斐逊和时任财政部长汉密尔顿之间的争论,前者主张人生而平等,主张民主政治、限制政府权力;后者认为人生而不平等,主张精英政治、中央集权。双方展开激烈的争论,而后演化成以汉密尔顿和副总统亚当斯为首的联邦党人与以杰斐逊和众议员麦迪逊为首的共和党人之间的论战。在这场最终演变为党争的论战中,先是联邦党人获胜,而后共和党人获胜。[1]在此之后,民主政治成为美国政治生态的主导。经由杰克逊总统的民主改革后,美国政治步入了沿着民主普选制持续推进的轨道。精英元素在民主进程中不断走向式微,与之相应的选举权的范围先后经历了从有财产的白人拓展到所有白人,然后拓展到黑人和女人,最后拓展到法律上所有成年的合法的美国公民的过

---

1 许良英、王来棣:《民主的历史》,法律出版社2015年版,第149—150页。

程。这里的逻辑并不难理解。如果每个人的人性（由德性与能力共同界定）都是同样的，那么在政治上就应当给予每个人以相同的选举权。问题在于，人性的同质性或无差别只是对人性的一种理想建构。这种建构确实激动人心，并且让反对它的人面临着道德审查（这是由启蒙运动形成的平等思想所施加的），但是这种理想建构不仅抹去了人性的真实的多样性，也无助于支撑一个优良的政治生态。

当代政治学和经济学的一般见解是，完备的制度既是优良政治的前提，也是优良政治的最终保障，官员的能力和德性则退居其次。特朗普给这种观点致命一击。美国的政治制度可以说是民主政治的典范之一，但当遇到特朗普这样无底线的人的时候，仍然显得苍白无力。究其原因，是因为制度不可能做到尽善尽美，人的因素仍然是至关重要的。中国需要更多的法治，但把"人治"完全从政治中剔除只能是乌托邦式的想法。我们要做的，是在加强法治的同时继续发扬光大儒家政治的传统，关注官员的能力和德性。

然而，人是有差别的。在现实世界中，人性的真实的多样性不仅表现为自然禀赋上的差异，而且表现为经由后天努力所积累起来的差异。前者是客观的、不可消除的，后者是主观的、人为使然的。这些差异投射在政治领域，就表现为人们在处理公共事务上的德性和能力的差异。由此，一个合理的推论是，政治职位应当分配给那些德性和能力与之相匹配的人。但是，作为自由民主理论前提的人性假设，它的同质性预设事先把人的真实的多样性排除了，并且，基于它发展而来的一人一票的民主制自身并不保证选举出与政治职位相匹配的人。或者说，这样的民主制只能够确保选举出与多数人偏好相匹配的人，甚至在新近的实证研究中，这一点也不能确保。比如，在两党政治竞争中，如果每个政党都有人数彼此相当的支持者，那么最终决定某个政党成为执政党的关键因素是那些没被纳入任何一个政党支持者群体中的游离的少数群体的偏好。因此，一个政党或其候选人的胜利可能就不是源于其竞选承诺或执政方案真正解决了社会的现实问题，而是仅仅源于其竞选策略误导了其选民觉得如此而已。在这个意义上，民主制至少不是挑选适合解决社会问题的人选的好方式。这里，我们再次回到了柏拉图用以批评民主制的那个著名比喻，其大意是，如果一个人生病了，他会明智地去看专业的医生而非愚蠢地找来一帮不同医术的人为他治病。

任何一个社会，都有涉及每个人切身利益的公共事务，处理这些公共事务的制度安排就是结构化了的政治职位体系。由此，一个称得上优良的政治生态，就应当把政治职位分配给那些具备相应德性和能力的人。然而，前面的论述表明，民主制并不算是一种好的分配方式。在某些情况下，民主制甚至会将某个或某些缺乏政治经验的人推选到某些重要的政治职位上。因此当代西式民主的困境不仅在于一人一票导致的扁平化政治结构，而且也在于位居于其中的相当数量的从政者只有表演技能而缺乏实质的政治能力。但这只是西式民主困境的一部分，另一部分是民粹主义与经济失衡之间的耦合。

西方的民主化过程，主要是通过取消选举权与财产等限制条件的捆绑来实现的。但是，与此同时，财富分配却几乎走向了相反的路径，即社会财富在不断趋向两极分化。由此，政治的扁平化与经济的两极化之间构成了一个失衡。这个失衡至少有三个方面的表现。第一个方面，政治的扁平化赋予了每个人同等政治权利，但是同时它也稀释了公权力在处理国家重大事务和供给、再生产公共品等方面的决策力量，从而导致了决策的低效与难产。第二个方面，经济的两极化，不仅催生了对政治议程或政策制定有相当影响力的财团，也弱化了普通公民在政治参与上的影响力。第三个方面，作为公共权力执行者的政府，其政治行为（尤其是总统竞选的时候，主要表现为竞选承诺）不仅容易受到选民的短期偏好影响，而且容易受到国会、司法乃至其他社会利益集团的钳制。在防止公权力滥用的问题上，美国的三权分立制度确实取得了相当良好的效果，但是作为问题的另一面，它完全有可能将政府、国会、司法三者推到一个相互否决的困境之中。由此看来，在民主选举中，看似体现公共性的全民参与的政治决策，实则并不一定符合人民的根本利益。民主政治的这个弊病，需要一个体现"精英元素"的中性官僚制度来加以克服，但因为作为整体的民主体系是不稳定的，因而中性官僚制度中的精英元素所起的作用是非常有限的。在这个意义上，当前西方社会愈演愈烈的民粹主义，又表现为经济失衡与否决政治相互耦合的结果。

我们可以用下面的图来解释民主与经济社会发展之间的关系。图中横轴为民主化程度，纵轴为经济社会发展水平。图中的"中庸点"表示民主的最佳程度。之所以称其为中庸点，是因为最佳的民主程度符合儒家的中庸原则——不应太少，但也不应太多；既保留贤能的因素，又具备足够的民主成分。图中的L1曲线代表福山式的历史终结论，即自由主义民主向其最优状态无限趋近，且经济社会发展无限增长。图中的L2曲线则代表民主化可能出现过度状态的情形，图中的民主拐点表示，当民主化程度超过该点之后，经济社会发展发生倒退。

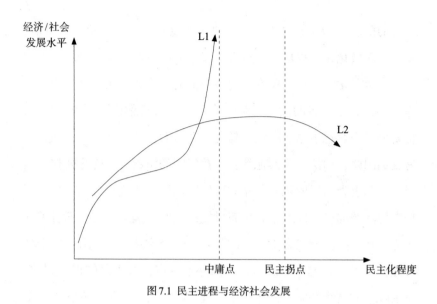

图7.1 民主进程与经济社会发展

不幸的是，与L1相比，L2更接近事实。对L2的一个解释是：如果民主进程越过了拐点，那么就有可能遭遇民粹主义以及（或者）否决政治，由于政治制度缺乏对社会发展的长远规划，从而导致社会发展乏力或停滞。在这个拐点处，民主社会表现为政治扁平化和经济两极化之间的失衡关系，若这个失衡关系不能得到很好的控制，那它就会阻碍社会的经济发展。当然，民主化的扩大即使是越过了中庸点，经济社会发展也不会马上衰退，而更可能发生停滞。所以，图中当L2处于中庸点与民主拐点之间的时候，经济社会发展处于一个稳定的区间。西方现在就可能是处于这个区间。如何避免滑过民主拐点，甚或恢复到中庸点，是西方有识之士必须思考的问题。

贤能与职位

与当代西方的政治思想不同，在儒家看来，政治结构的善性是由其组成人员的贤能性来规定的。传统儒家并没有对贤能性进行定义，但从词源学来看，贤能由"贤"与"能"两字组合而成。贤，其基本义为有道德（的人）；能，其基本义为有才干（的人）。两字相合，其含义则为有道德和才干（的人）。从根本上来说，贤能的指向是公共性的。"大道之行也，天下为公，选贤与能，讲信修睦。"（《礼记·礼运》）在这段论述中，"天下为公，选贤与能，讲信修睦"是对"大道之行也"的进一步解释。分而言之，"天下为公"具体规约了社会及其财富的属性（即是公共性），"选贤与能"具体规约了维护"天下为公"的群体的资格（即品德高尚且能力出众），"讲信修睦"则具体规定了社会成员的交往原则（即讲求诚信与促进团结）。

当代西方的政治学说却不关注官员的贤能性质，而是关注制度对良治的作用。自诺斯在20世纪70年代初期创建经济学的制度学派以来，[1]制度成为经济学、社会学和政治学经常研究的主题，国际学术界逐步形成了把良治等同于优良制度的观念。福山认为，政治秩序有三大要素：强大的国家、法治和责任政府。他认为，中国在世界上率先建立了强大的国家，但却一直缺乏法治和责任政府。后两者都和制度建设有关。制度规定了政府官员活动的范畴和规则，拒绝任何人把自己置于法律之上，因而有利于良治。这样的思想，可以追溯到洛克的自由政府理论。如我们在第三章所阐述

---

[1] 相关内容参见姚洋：《制度与经济增长：与新制度经济学对话》，上海文汇出版社2022年版。

的，洛克的自然状态是一个几近完美的状态，政府只是公民为解决自然状态下自然法执行过程中的不确定性而不得不设立的机构，政府的唯一责任是执行自然法。由此，一个引申的结论是，政府在其他方面的作为都必须受到严格的约束。到了现代，尽管这种"最小政府"理论不再流行，但约束政府仍然被西方政治理论奉为实现良治的第一要务。在当今世界，大概不会有人否定制度的重要性，但问题是，仅有制度是否就足以实现良治？

世界上不存在完备的制度。哥德尔定理已经告诉我们，一个逻辑系统要么是不完备的，要么是不能自洽的。诺贝尔经济学奖获得者奥利弗·哈特更具体地提出了不完全合约理论，并研究了不完全合约下的锁定和"敲竹杠"问题。人们在制定法律等制度的时候，总是要在完备性和自洽性之间做出选择，最终通常会选择放弃完备性而保证自洽性，因为没有自洽性就会出现矛盾，在执行的时候就会让执行者无所适从。但是，一旦选定了不完备的制度，就会给官员留出自由裁量的空间；此时，制度就不是保证良治的唯一保障，官员的贤能性也成为良治的一个重要因素。

自舒尔茨在20世纪60年代早期提出人力资本的概念以来，人力资本对经济发展具有重要贡献已经成为经济学家的共识，人力资本研究也成为劳动经济学领域的一大分支。然而，很少有经济学家研究政府官员的人力资本，原因当然是经济学家都相信制度已经足以保证政府官员做好事了。但当我们意识到一个国家无论实施何种制度都会给官员留出巨大的自由裁量权的时候，这个现象就变得很难理解了。可喜的是，过去十几年间经济学家开始关注官员的人力资本。本书作者之一参与的北京大学中国经济研究中心的"中国官员项目"对官员的能力进行了细致的界定和测量，并研究了能力在官员的经济表现和升迁中的作用。[1] 这些研究发现，当代中国的政治体制具备贤能性质，能够以能力为基础培养和选拔官员，而官员也因此获得激励，通过良好的表现展示自己的能力。这些研究还发现，高能力的官员更可能克服机会主义动机，而且，他们的表现更可能得到市场的认可。

但是，并不是每个官员都具备贤能性。儒家的人性论在此为选拔提供了哲学基础。如第四章所述，儒家相信人性是多样的、流变的和可塑的。人生而不同，后天的努力因个人的境遇而各异，因而每个人的人性成就也会不同，只有极少数人能够成圣成贤，多数人最终都处于愚钝和圣人之间的某个地方。选拔就是要确定每位候选人的贤能性，按照他们的贤能程度把他们安排到适合的职位上去，贤能程度越高的人获得的职位越高。这样的一个制度不是静态的，它给予每位有意愿从事政治的人正向激励，促使他们完善自身的道德和能力，吸引贤能兼备的人士源源不断地进入体制内。

林达夫妇写过一本畅销书《总统是靠不住的》，[2] 用许多生动的例子说明美国是如何靠制度制衡和约束总统权力的。然而，他们没

---

[1] 参见Yang Yao, and Muyang Zhang, "Subnational Leaders and Economic Growth: Evidence from Chinese Cities", *Journal of Economic Growth*, 2015, 20: 405–436; Tianyang Xi, Yang Yao, and Muyang Zhang, "Capability and Opportunism: Evidence from City Officials in China", *Journal of Comparative Economics*, 2018, 46: 1046–1061; Jingheng Li, Tianyang Xi, and Yang Yao, "Empowering Knowledge: Political Leaders, Education, and Economic Liberalization", *European Journal of Political Economy*, 2020, Volume 61: 101823; 姚洋、席天扬、李力行等：《选拔、培养和激励——来自CCER官员数据库的证据》，《经济学（季刊）》，2020年第3期；He Wang, Yang Yao, and Yue Zhou, "Markets Price Politicians: Evidence from China's Municipal Bond Markets", *Journal of Economics and Business*, September-October 2022, 122: 106083。

[2] 林达：《总统是靠不住的》，生活·读书·新知三联书店2019年版。

有告诉读者的是,既然需要如此精巧的制度来约束总统,为什么当初美国的建国者们还执意要设立一个权力如此之大,以至于被时人认为相当于国王的总统职位呢?汉密尔顿对此的解释是,行政部门权力集中于一人有利于克服多人负责制意见分散、悬而不决的缺点,也有利于克服多人负责制的推诿问题。他说:

> 决定行政管理是否完善的首要因素就是行政部门的强而有力。舍此,不能保卫社会免遭外国的进攻;舍此,亦不能保证稳定地执行法律;不能保障财产以抵制联合起来破坏正常司法的巧取与豪夺;不能保障自由以抵御野心家、帮派、无政府状态的暗箭与明枪。凡对罗马历史略知一二的人,无不通晓当时的共和政体曾不得不多次庇护于某个个人的绝对权力,依靠独裁者这一可怕头衔,一方面去制止野心家篡政夺权的阴谋,制止社会某些阶级威胁一切统治秩序的暴乱行为;另一方面防止外部敌人占领并毁灭罗马的威胁。[1]

美利坚合众国是人类历史上少有的设计出来的国家,合众国建国者们的思考反映了他们对良治的思考。但他们并没有迷信他们所设计的制度,而是把很大的权力交给了总统、参众两院的议员以及最高法院的法官们。在过去的两百多年间,这些人在美国的政治和社会生活中发挥了巨大的作用。最高法院的九个法官的作用更为特殊。他们不是选举产生的民选官员,而是由总统提名、参议院认

---

[1] [美]汉密尔顿、[美]杰伊、[美]麦迪逊:《联邦党人文集》,第356页。

可的终身法官。他们不代表民意，而是依据自己对宪法的理解裁决涉及宪法的案件，而他们的裁决具有最终的效力。这是美国制度设计里最不可思议的地方：这九个权力巨大的人的裁决不受任何制度的限制，而只忠实于他们对宪法的理解。总统的权力受到多重约束，但他的自由裁量权也非常大，日常行政当中需要他应对无数新情况，及时做出决定，而这些决定是任何法律都无法事先确定的。即使是涉及立法的事情，他也可以使用总统行政令的方式绕开议会对他的约束。由于总统的权力如此之大，因此汉密尔顿要求，总统必须具备相当的德性和能力："搞卑劣权术的本事，哗众取宠的小动作，可能把一个人抬到单独一州的最高荣誉地位；但要使一个人在整个联邦受到尊重和信任，则需要真正的才能和不同性质的优点，要使一个人成为合众国总统这样显要职务的当选人，至少也需要相当的才能和优点。这个职务十之八九会由德才都很杰出的人担当，这样说恐怕也不算过分。"[1]

不仅总统必须"由德才都很杰出的人担当"，而且，直接参与选举总统的人也必须是"最善于辨别适宜于这一职位需要的品质"的人。美国的选举院制度是这一要求的具体体现。选举院由各州推选的选举人组成，他们拥有直接选举总统的权力。按照美国宪法的本意，选举人必须是各州德高望重的贤达人士，因为只有他们才有能力"辨别适宜于（总统）这一职位需要的品质"[2]。很少有人注意到，四年一度的11月的第一个星期二的大选投票并不是美国大选

1　［美］汉密尔顿、［美］杰伊、［美］麦迪逊：《联邦党人文集》，第348页。
2　［美］汉密尔顿、［美］杰伊、［美］麦迪逊：《联邦党人文集》，第346页。

的最终结果，后者要等到来年1月初在华盛顿的选举人投票。[1]

美国宪法的制定者们一定研读过孔子，不然，孔子的塑像也不会出现在美国最高法院大楼的门楣上和国会图书馆里。就他们对政治人物高贵品质的追求来看，他们和孔子都属于古典主义者。随着西方民主化的推进，这种追求日益弱化，取而代之的是把政治人物看作普通人，西方政治哲学也习惯性地以自利的人性为起点构建其理论，因而推演出限制政府官员的制度安排，特别是法治。儒家意识到人性的多样性，特别是人向善的一面，因而就制度而言，儒家倾向于建立鼓励人性光明面的制度。选贤任能就是这样的制度。法治可以让官员变成职业化的官僚，选贤任能则对官员提出更高的要求，要求他们把政治作为韦伯所说的"志业"——从事政治并不仅仅是一个养家糊口的职业，而是把自己作为其中的一分子，建立自己的主张，并沿着这个主张推动政治的进步。贤能人士，就对他们的要求和对他们的训练而言，一定是把国家责任扛在他们肩上并身体力行之人，"铁肩担道义，妙手著文章"是谓也。因此选贤任能倾向于培养能动的人，儒家比马克思更现实，意识到这样的政治家不是普遍的存在，而是需要培养和选拔。更难能可贵的是，儒家在两千多年前已经有了这个意识。下面我们就具体阐述先秦儒家是如何论述选贤任能的。

---

[1] 美国的选举院（Electoral College）制度在过去二百多年间发生了很大的变化。目前，除少数州外，绝大多数州都规定了州内赢者通吃的制度，要求所有选举人必须把选举人票投给州内获得多数选票的候选人。为保证选举人这样做，候选人会预先确定自己信赖的选举人。不按照规定投票的选举人称为异见选举人（dissentelectors）。历史上只出现过极少数的异见选举人，他们的投票没有改变选举的结果。选举院制度已经演变为保护小州权利的制度，违背了这个制度的初衷。在2016年的大选中，希拉里获得全国的多数票，但在选举人票上输给了特朗普，由此引发了新一轮关于是否应该取消选举院而实施全国性的多数票决制度的讨论。

论德定次，量能授官

中国的选拔制度可以追溯到周朝以前，只是"古代的选举，是限于士以下的，大夫以上乃是世官"[1]。因为这种选举只限于士及民众，因而也被称为选士制度。周朝实行分封制，大夫是分封的世袭官员，但大夫以下的士是选拔的。《礼记·王制》记载了古人逐级选拔"造士"的程序，并且针对优秀者还要进行"论辩"选拔，而后才根据定论授予相应爵位、俸禄：

> 乡论秀士，升诸司徒曰选士；司徒论选士之秀者，而升诸学曰俊士；既升于学，则称造士；大乐正论造士之秀者，以告于王，而升诸司马曰进士；司马辩论官才，论进士之贤者，以告于王，然后因其才而用之。

据此而言，当时的选士制度已经体现了一定的选贤任能性质。周朝的选士制度，初由乡举里选，后由乡大夫按照一定程序将人才贡举给诸侯或天子，"其评选人才的标准分为三等：德行为上，其次治事，再次言语，一律皆采取平日的素行"[2]。在这个意义上，选士制度是内嵌于世袭制度内部的一种补充性制度，但是与嫡长子继承制不同，它是选拔性的，其对象是王、公、卿、大夫等贵族的庶子（非正妻之子），用毛佩琦先生的话来说，就是"王和卿大夫之子并不可以简单地直接继承爵禄。不论出身多么高贵，都要经过

---

[1] 沈兼士：《选士与科举——中国考试制度史》，漓江出版社2017年版，第5页。
[2] 沈兼士：《选士与科举——中国考试制度史》，第7页。

'造'"[1]。但是，这时候的选士制度局限于贵族集团之内，因此对于普通民众而言它是封闭性的。

随着宗法制度的瓦解，诸侯交相征伐的激化，选士制度以贤能为标准的选拔性质，便越来越受到当时主持国政者的重视。从孔子等人的论述来看，他们不仅阐述了选贤任能的意义，也论及了选贤任能的具体方法。就选贤任能的意义而言，可用子夏对孔子所言"举直错诸枉，能使枉者直"的阐释来表达，即："富哉言乎！舜有天下，选于众，举皋陶，不仁者远矣。汤有天下，选于众，举伊尹，不仁者远矣。"（《论语·颜渊》）孟子也有类似表达，即："尊贤使能，俊杰在位，则天下之士皆悦，而愿立于其朝矣……贤者在位，能者在职，国家闲暇，及是时明其政刑，虽大国必畏之矣。"（《孟子·公孙丑上》）反过来说，"不信仁贤，则国空虚"（《孟子·尽心下》）；"不用贤，则亡"（《孟子·告子下》）。荀子吸收了墨家的贤能学说，对选贤任能讲得更为详尽，即："论德而定次，量能而授官，皆使其人载其事而各得其所宜。上贤使之为三公，次贤使之为诸侯，下贤使之为士大夫，是所以显设之也。"（《荀子·君道》）

那么，如何在操作上进行"论德而定次，量能而授官"呢？从孔、孟、荀三人的文本来看，他们对此问题并没有多少论述。但是从现存的相关论述来看，他们在这个问题上的核心思想，大致可用"立贤无方"（《孟子·离娄下》）予以概括。仲弓为季氏的宰相时，向孔子问政。孔子说："先有司，赦小过，举贤才。"仲弓又

---

[1] 毛佩琦：《总论》，载金滢坤：《中国科举制度通史》上册，上海人民出版社2017年版，第5页。

问:"焉知贤才而举之?"孔子说:"举尔所知;尔所不知,人其舍诸?"(《论语·子路》)孟子也有类似表述,即:"国君进贤,如不得已,将使卑愈尊、疏愈戚。"(《孟子·梁惠王下》)至于如何确定贤与不贤,孟子说道:"左右皆曰贤,未可也;诸大夫皆曰贤,未可也;国人皆曰贤,然后察之,见贤焉,然后用之。"(《孟子·梁惠王下》)孟子的"国人皆曰贤"这一主张,带有明显的民主色彩;但他也没有忘记"察"之重要,而"察"需要人去做,在孟子那里,应该指的是君主或他的大臣们。在本书所构建的儒家政治当中,这接近于中央机构和主权机构之间的关系,不同之处在于,儒家政治赋予主权机构否决权,而孟子只是把民众的判断当作一种参考。荀子进一步对不贤和不能者表明态度:"贤能,不待次而举;罢不能,不待须而废。"(《荀子·王制》)据此而言,孔、孟、荀三人虽然没有明确否定世袭制度,但是他们的工作已经孕育了这样的思想观念,即以贤能高低而非血缘关系亲疏作为选拔人才的标准,这为随后出现的选拔制度确立了理论基础。

  选贤任能成为中国古代官僚帝制的宪法原则,还要等到汉武帝"独尊儒术"、儒家思想成为官僚帝制的政治哲学的时候,它的制度形式也经历了汉代的察举制和魏晋时期的九品中正制,而后过渡到隋唐及以后的科举制。我们将在第十一章较为详细地讨论历史上的儒家政治。本章下面的内容继续讨论选贤任能的性质,并把它与民主制进行比较。

开放性和竞争性

  选贤任能必然导致选拔制度的开放性和竞争性。选拔必须是开放的，因为每个人都具有贤能的潜质，即孔子所谓"我欲仁，斯仁至矣"，孟子所谓"人皆可以为尧舜"，荀子所谓"涂之人可以为禹"。在古代西方社会，除雅典和罗马的共和国时期之外，世袭制都是最为稳定的政治选拔制度。中国的情形则大不同。秦末，陈胜喊出"王侯将相宁有种乎？"，自此以降，尽管其实现方式有变化和反复，但德性和才能一直被确立为官员选拔的主要标准。既然王侯将相不是由出身决定的，而且每个人都有成仁的潜力，政治职位就应该向所有人开放。但这种开放不是没有条件的，而是要被置于贤能的考量之下。由于环境的影响以及个人自身选择或努力的差异，每个人成仁的程度是有差异的，因而在现实中只有部分人有资格进入政治结构，并且依据相应的资格而分处在不同的层级中。又因为他们的贤能性可能会发生变化，所以他们有可能从一个层级升迁或降低到另一个层级，甚至被剔除出政治结构——如果他们完全丧失贤能性的话。由此观之，儒家政治的开放性具有两层含义：一是任何人都有机会从外部进入政治结构，二是政治结构的职位只向具有相应资格或贤能性的人员开放。这与自由主义的机会平等原则不同，后者的开放性只涉及儒家开放性原则的第一层含义，而不涉及第二层含义。更准确地说，就解决政治职位的分配而言，自由主义的机会平等原则是竞选性的，即政治职位的分配主要是通过民主程序来进行的，而儒家的开放性原则却是选拔性的，即政治职位的分配主要是通过相应的选拔组织来进行的。

儒家政治的贤能性和开放性必然导致竞争性，原因有二：一是政治职位是有限的，其数量少于贤能者的数量；二是人们事先不知道哪个人是贤能的，竞争是发现贤能者的手段。这里的竞争性包括两个方面的内容。一方面是与自己竞争，表现为不断修善自我，即孔子所谓"为仁由己",孟子所谓"尽其心者,知其性也;知其性,则知天矣"。另一方面是与他人竞争。每个人在修善自我的时候,既受自身努力程度的影响,也受外在环境的影响,因而一些人最终比另一些人更加具备德性和能力。一般而言,在没有适当的对比环境的情况下,个人的德性和能力很难显示出来,个人之间的竞争就是在对比的过程中让个人显示他们的德性和能力。由此,选拔或惩罚才可以令民众信服,如孔子所言:"举直错诸枉,则民服;举枉错诸直,则民不服。"(《论语·为政》)

在儒家选贤任能的视野之中,党争是没有立足之地的。党是许多人的集合,其构成难免良莠不齐,因此,以党为单位进行竞争,极有可能让那些别有用心的投机者有可乘之机,在最低限度上,也让那些贤能性不高的人搭上"便车"。然而,党争似乎是政治的常态,不唯民主政治,即使是在古代中国,党争也存在。党争是意识形态的产物,不同的人群对未来的美好世界有不同的想象,想象大致相同的人容易集合起来,形成一党,目的是通过党的集体力量掌握政权,实现自己的美好世界理想。儒家政治如何消弭政治的这种天然倾向?基于人性的多样性,儒家不否定人具有不同的意识形态,即使是在贤能者当中,这种差异也是存在的。儒家政治要做的,是开展充分的讨论,听到不同的声音,从而能够在制度建设和政策制定过程中博采众长。人类社会目前所崇尚的价值,是人类千万年进化过程中保留下来的,因而都值得我们尊重。但是,正因为是长期进化的产物,这些价值之间难免会出现矛盾。党争解决这些矛盾的办法是利用政党的轮替,在时间上进行调和——今天这个党当政,根据本党的意识形态实施一项政策,明天另外一个党当政,实施相反的或补救的政策,因而在长期,大体上人类的价值都得到伸张。儒家政治则采取即时调和的办法，每一次都试图让制度和政策反映人类的共同价值。在长期，这种办法可以实现与党争相同的目标；在短期，它避免了党争所带来的政治动荡。但它的问题是，即时调和需要一个权威最终加总集成意见，因而可能陷入独裁和僵化。这是为什么儒家政治必须引入权力的分割和制衡的原因。第十章将专门论述这个问题。现在，让我们回到选拔本身，看一下儒家政治如何落实选拔的竞争性。

将儒家的竞争思想落实下来，至少涉及两个挑选环节。一是在初级意义上，贤能者从普通民众中脱颖而出。在这点上，与贤能者相对照的是普通民众。二是在次级意义上，从贤能者中挑选出更贤能的人（即政府官员）。在这一点上，与贤能者相对照的不是普通民众，而是贤能程度较低的贤能者。由此而来的问题是，应当如何构想挑选机制，以便尽可能地选出适合从政的贤能者，进而又能将更加贤能的人推选到更高的政治职位上？在这个问题上，通常而言，执政品德与学习能力是挑选机制设计的两大关键指标。汉代的察举制，魏晋的九品中正制，以及后来的科举制度，就是以当时社会所注重的执政品德和学习能力来挑选合适的从政人员的具体制度。察举制盛于两汉，但随着东汉门阀的兴起而式微。科举制始于隋代，完善于唐代，延续了1300多年，直至清末方才终止。在撇开君主这个特殊位置之后，科举制是古代社会沟通民间与官僚机构的桥梁，借助这个桥梁，各类人才获得参政议政的资格，并能够在不同层级中流动。

察举制，作为世袭制的替代，注重被察举者的品德与才能，而非家世。它由地方官员担任察举者，为朝廷选拔时局所必需的各类人才。汉朝已有太学，太学生人数"由五十人而百人、千人，乃多至三万余人"[1]，其考试分甲科、乙科、丙科，甲科出身为郎，乙科出身为吏，丙科出身不能取得官职。郎官是皇宫里的侍卫，依旧例，凡是二千石官的子侄后辈，都得照例请求，送进皇宫当侍卫。待他们在皇帝面前服务若干年，遇到政府需要人，就在这一侍卫群体中挑选。乙科出身的吏则要回到其本乡政府充任吏职。由此观之，汉朝察举制在实践中已具有相当的开放性。但是，不论是郎还是吏，他们都是贵族集团的子弟，因此"这一制度，虽非贵族世袭，但贵族集团，同时便是官僚集团，仕途仍为贵族团体所垄断"[2]。此外，汉朝的察举制还存在两个缺陷，一是品德与才能的衡量缺乏客观标准，二是察举权缺乏有效监督。[3]魏晋时期设立了九品中正制，[4]在制度设计上相比汉朝的察举制而言较为严密与合理，但是它在操作上也走上歧途。究其根源，一是担任中正的二品官员多出于名门望族；二是品评时，中正重家世而轻行状（即个人的品德与才能）；三是在定品时，出现了"上品无寒门，下品无势族"的局面。[5]三者相互强化，最终导致官吏选拔之权由门阀士族所操纵。至此，察举制已有名无实，丧失了选贤任能之功能，最终蜕变为流弊甚重的门阀制。魏晋的覆灭与此制不无关系。

因为注意到九品中正制的流弊，隋唐主政者代之以科举制。

1　沈兼士：《选士与科举——中国考试制度史》，第37页。
2　钱穆：《中国历代政治得失》，生活·读书·新知三联书店2012年版，第13页。
3　赖华明：《汉代察举制概论》，《天府新论》2003年第6期。
4　就最初的目的而言，九品中正制是"为了在汉魏革命已经可以预见之际，将东汉朝廷亡后的东汉官吏方便纳入曹魏政权中而设计的权宜之法……毫无疑问，这一制度的目的是审查官吏的资格，尤其是审查那些汉魏革命后希望在曹魏任官的原东汉官吏的资格"。参见［日］宫崎市定：《九品官人法研究：科举前史》，王丹译，大象出版社2020年版，第9页。
5　陈长琦：《魏晋九品官人法再探讨》，《历史研究》1995年第6期。

该制度以考试成绩高低来选拔官吏，不同于注重家世、行状、定品的九品中正制，由此避免了后者的缺陷。具体而言，科举制的主要特征有以下几点：一是选拔官吏的形式是考试，士人报考，不再需他人的荐举；二是考试成绩是量才赐官的唯一根据，不再参照个人出身与品德；三是考试定期举行，不再等待皇帝下诏书；四是主考官由朝廷临时任命，或直接由皇帝担任（即担任殿试的主考官）。由此，科举制不仅确保官职向中下层士人开放，亦去除了门阀制死灰复燃的基础。毋庸讳言，科举制是一项伟大的选拔制度发明，它非常有效地解决了民间向政府输出合适人才的问题。[1]然而，科举考试最终演变为只考四书五经和八股文，成为束缚中国年轻人的枷锁，令人叹息。究其原因，有两个方面：一是科举考试成功即得授官，其在选拔人才的过程中占据太重的分量；二是科举考试本身出现问题。正因为科举考试的分量太重，所以考试的公平性就变得很重要，最终考试的科目越来越少，而答卷却变得越来越标准。

当代公务员考试制度继承了科举制的传统，但其作用远小于后者。它兼有笔试和面试两个环节。从整体来看，它注重的首要指标是学习能力，而非执政品德。鉴于现代社会的信息化特征，注重从政人员的学习能力看起来是合理的，但是，具有较高学习能力的人并不一定同时具有较高的执政品德。由此，在初级挑选环节偏重学习能力，在次级挑选环节上凸显执政品德是一个合理的标准。随着挑选层级的上升，被挑选上来的贤能者也随之占据更高的政治职位，相应地，他们对整个政治生态的影响也随之增大。

上述回顾虽然简短，但却揭示了儒家政治选拔的两个核心问

---

[1] 何忠礼：《二十世纪的中国科举制史研究》，《历史研究》2000年第6期。

题,即如何避免选拔者垄断选拔过程,以及如何避免选拔过程的僵化。吸收民主政治合理的部分可以是一个选择。这可以从两个维度展开。一是让被挑选者得到其他贤能者的认可,即开展贤能者之间的民主选举,在公开、公平的选举中,得票最多者就是"众星共之"之人、"国人皆曰贤"之人。二是让民众或通过他们的代表对被中央机构选中的贤能者进行表决。前一个办法可以防止少数人对选拔过程的垄断,而后一个办法把民众的意愿纳入考量,从而更容易让选拔反映现实中的变化,防止选拔的僵化。

与民主制的比较

儒家政治中的选拔制度能够实现选贤任能,但它并不是完美无缺的,其得失在和民主制的对比中可以体现得更为清楚。选拔制与民主制的最大不同,在于官员的选拔是由一个中央机构而不是民众来完成的,如同九品中正制中的"中正"、科举制中的"考试"一样。依据民主进路,政府官员或首脑由选民通过投票选举产生。从理论上讲,民主制允许选民从多个维度评估候选者的德性和才能,并依循多数决原则,最终选出合适的政府官员或首脑。这在很大程度上解决了选拔制下如何实现对选拔者的监督与制衡问题。但是,民主进路的缺陷也内在于此。民主进路,其合理根据是建立在人性及其成就的同质性假设之上的。基于此,有学者主张,与其将权力委托给少数精英,不如将知识普及给民众,这样,就如亚里士多德所言:"如果民众有一定的操守,尽管他们个别判断能力比不上专家,但整体来说,判断力不亚于专家,甚至有时还胜过专家。"[1]然而，这里的"操守"恐怕会比其字面上的含义更深一些，包括了民众抵御政客蛊惑的能力。另外，也不应将权力分配与知识分配对立起来。在轴心时代，也许没有一个理论学派比得上儒家注重将知识普及民间，并倡导有教无类。在《论语》《孟子》《荀子》等典籍中，涉及劝学、修身、学以成人的语句俯拾皆是，但这与权力分配并不冲突，原因至少有二：一是儒家主张"学而优则仕""量能授官"的权力分配理念，这与普及知识的知识分配理念是一致的。二是儒家持有的权力观，是一种道德责任，其宗旨是以民为本，因此儒家有许由、务光等人权衡之后不接受天子之位的典故。这既有别于柏拉图意义上的不愿当王但基于现实考虑而不得不当王的哲人王，也有别于近代西方意义的权力观。拥有知识和能否理性地应用知识是两码事，这大概是为什么亚里士多德要对民众的权力行使加上"操守"这个限定的原因。

在现代政治环境中，任何算得上优良的政体都会将知识普及给民众，并且尽可能提升民众的政治参与能力。但如前所述，人与人在品德与能力上并非毫无二致，这一点在考虑个人修行的努力程度与环境影响之后，更是如此。投票本身需要一定的能力，如收集信息的能力、做出正确判断的能力等，要求赋予每个选民以相同的选票，不是一个不证自明的结论。在宏观层面，选票数量的简单多数，也不一定能够保障被选者具备处理公共事务的品德与才能。民主制如果要做到选贤任能，就必须至少部分采纳儒家政治的层级制度，或是对选民的资格进行一定的限制，或是采用代表制。事实上，美国宪法所设立的原始的选举团制度正体现了这一点；可惜，

1　[古希腊]亚里士多德：《政治学》，吴寿彭译，商务印书馆1965年版，第76、77页。

经过二百年的演化,选举团制度已经名存实亡了。与民主制相比,选拔制的优势在于,官员选拔的标准是统一的,而官员选拔机构本身是由经过挑选的上级官员组成,因此可以克服民主制下选民流变性所带来的问题。

民主制有一定的纠错机制,但这个机制,诉诸的是事后问责而非事先预防。此外,民主制也不利于培育政府官员的自主担当意识。因为建立于自利人假设之上的民主政府,其选民往往将政府官员看作潜在的威胁力量,而非为其谋求福利的合作力量,因此在制度设计上就会过多强调问责(accountability)。问责是对官员的一种事后约束,官员在事前并不能完全确定自己的行为是否符合事后的问责标准,从而容易造成官员明哲保身与推诿扯皮的现象。相比之下,选拔制更加关注官员本身的修行和德性,对官员的约束不是来自民众的监督,而是来自官员自身品格的自我管制。在选拔制下,官员拥有更大的自我裁量权,与此相匹配的,是官员承担更大的责任,必须主动地改善民众的福利。当然,这种机制的弊端是失去了对官员的限制,自身修养欠缺的官员容易恣意妄为。加强法治,维护行政领域的程序正义,是防止这种现象的必要措施。

在民主制下,官员的选拔和民意的表达是合为一体的,当选的官员理所当然地必须代表民众的意愿。然而,官员不是听命于民众的机器,而是具有自我意识的能动的个人,会根据自己对事务的认识制定政府政策,而这些政策务必符合当初给他们投票的选民的意愿。这种制度导致许多官员的机会主义行为,即选举时说一套,当选之后做另一套。更可怕的是,一些官员为了当选而随波逐流,被民粹主义所裹挟,失去了官员应有的品质。与此不同,选拔制强调对官员能力和德性的鉴别,官员选拔的目标不是他们能否代表民意，而是他们是否能够胜任他们的职位。通过低层级职位的历练，官员治国理政的能力得到提高；如果国家事务所处的环境相对稳定的话，则这些能力可以为他们胜任更高层级的职位打下良好的基础。儒家政治不是单单依靠制度来约束官员，而是通过选拔能力更强、德性更高的官员来实现公共目标。当然，官员在其漫长的职业生涯中也会懈怠，甚至走向腐败，但是，持续的升迁动力给予多数官员正向的激励，促使他们继续做对社会有益的事情。

总体而言，选拔制在选拔德才兼备的官员、给予官员正向激励以及保证官员免受民众短期利益约束等方面，比民主制更具有优势。但是，如同民主制一样，选拔制也有其不足之处。具体而言，选拔制度面临着两个棘手问题：一是在变动的世界里，官员在历练中获得的经验和能力可能不足以应对新的问题和新的形势；二是如何解释最高权力的来源并对其实施监督。

为应对第一个问题，选拔制需要与时俱进地更新官员的选拔标准并经常性地给官员队伍注入新的血液。中国当前的人事制度较好地解决了年轻官员的挑选问题。公务员考试是挑选年轻官员的主要途径。考试内容多由现实案例组成，并且分为初试和复试，初试阶段考察应试者的学习能力与分析能力，复试阶段考察应试者的心理素质与应变能力。选调制是对公务员考试的补充，直接征招在校或基层表现优秀的人员，充实官员队伍。对于官员的提拔，标准也在不断改进。以往，经济增长是提拔官员的最重要标准；在过去的十几年间，环境、民生等指标的权重逐渐增大，以适应民众不断提高的要求。但应当承认，考试标准的客观化与社会发展对多样化人才的需要之间始终存在着张力。因此，如何解决这个张力是选拔制内含的命题，它需要与时俱进地予以化解。

相较而言，第二个问题更难处理。在民主制下，最高权力的合法性来源于民主程序下选民的认可，对最高权力的监督来源于三权分立所形成的权力之间的制衡。在选拔制下，从理论上讲，最高权力来自于领导者的德性和能力；然而，在操作层面，最高领导者的选拔应由谁来承担，却是一个问题。对于低层级的官员来说，他们的选拔可以由更高层级的官员来完成；但是，最高领导人之上没有更高层级的官员，低级官员的选拔方式就不再适用了。为解决这个问题，我们还是要求助于儒家的经典思想。孔子下面的这一论断可以成为设计最高领导人选拔标准的原则："为政以德，譬如北辰，居其所而众星共之。"（《论语·为政》）在儒家政治结构里，选拔制的中央机构可以成为产生最高领导人的场所。这个机构应该由经过层层选拔之后留存下来的官员组成，他们的能力和德性都已经达到很高的高度。为做到"众星共之"，最高领导人的产生程序必须是中央机构内部的民主选举。这样，最高领导人的权威和合法性既来源于其自身的能力和德性（由他作为中央机构的成员所保证），也来源于其他几乎拥有同等能力和德性的同僚们对他的信任（由民主投票机制所保证）。另一方面，中央机构也行使对最高领导人的监督职能。既然中央机构是最高领导人权力的来源，由它来监督最高领导人应是情理之中的事情，就如同民主制下民众应该是最高领导人的最终监督者一样。顺此逻辑，中央机构对最高领导人的选举和监督也部分解决了儒家政治的合法性问题：最高领导人的合法性来源于中央机构中同僚们的民主认同，而中央机构的合法性来源于它的构成的贤能性、开放性和竞争性。

民众对儒家政治的认同，至少部分可以通过儒家政治的开放性得到实现，即每个愿意参与国家治理的人士都可以尝试加入选拔体系；只要具备必要的能力和德性，他就可以升上更高的层级。但是，对于那些不愿意加入选拔体系的人来说，如何获得表达的途径，可能影响他们对儒家政治的认可。儒家政治需要为这些人提供一个表达的场所。这是下一章要讨论的内容。

第八章
民何以为贵?

斗争是动物也能学会的本事,而人性的光辉就在于超越这一点。中国历史上缺少能与王权相抗衡的力量,但并不意味着中国就无法建立法治,只是中国需要找到一条与西方不同的路径。中国文化传统中充满对天下百姓苦难的深切同情与关爱,而儒家的民本主义是对此的最好总结。回到儒家,从民本主义出发探索政体的哲学基础并由此建立法治,是一条可能的路径。美国的建国史就是这方面的一个例子。华盛顿是有机会做国王的,但他拒绝了,情愿做宪法约束之下的总统,而美国宪法的法理基础是洛克的自由主义政府理论。洛克的自由主义政府是个人之间斗争并形成均势的结果,儒家那里没有这种均势概念,而只有统治者对民本主义的认可,从这种单向的承诺能否推演出统治者和民众之间双向的政治契约?这个契约与洛克自由主义政府契约有何不同?这是本章要重点回答的问题。我们从中国传统中的保民思想和儒家的民本主义开始本章的讨论。

敬德保民

民为贵观念起源于远古时代君王对民众颠覆性力量的注意。民众在平时也许比较顺从，但一旦造反，就会形成巨大的力量，因而，若不顺应民意，君王的基业势必会被摧毁。由此而来的敬德保民思想，是认识到民众蕴含的巨大力量的结果。但是君王认识到这一点也经历了很长时间。

在夏朝，君王统治的合法性来自天命，即他的"天之子"地位。只有他才能在"天"与人之间沟通。这不仅是对君主身份的神化，而且也构成了君主的一种责任。夏朝第三代国君太康，沉迷酒色狩猎，疏于朝政，致使内部矛盾激化，外部四夷叛乱；由此太康的五个弟弟，每个人唱一首劝诫他的歌曲，其中第一首就有后世广为传颂的名句"民为邦本，本固邦宁"。但是，这一名句仍算不上是民为贵意义上的民本思想的开端，至多只算是认识到民众在邦国中的重要作用。从整首歌词来看，"民为邦本，本固邦宁"不仅是在君王高贵前提下进行言说的，即"皇祖有训，民可近，不可下"，而且强调君王要注重驾驭民众的方式，即"予临兆民，懔乎若朽索之驭六马；为人上者，奈何不敬"（《尚书·五子之歌》）。这种君王高贵于民的思想，在夏朝最后一个君王那里得到充分体现，当其暴政激起民众反抗时，夏桀如此说道："天之有日，犹吾之有民，日有亡哉？日亡吾乃亡矣。"（《尚书大传》）因为太阳是不灭的，所以他的统治亦是不灭的。[1]

---

[1] 林国敬：《天民 民命 民主——论〈尚书〉民本思想的逻辑建构》，《海南大学学报（人文社会科学版）》2017年第5期。

商朝作为中国历史上的第二个王朝，在君权的合法性上仍然沿袭夏朝的天命观，但更加注重天子的责任部分。流传下来的汤王祈雨的神话故事给了一个很好的注脚。汤王灭夏登上天子宝座，赶上天下大旱，巫师告诉他，必须用人祭天祈雨。汤王不忍心让普通百姓做人祭，决定自己做。他沐浴更衣，安详地坐到巫师准备好的柴堆上，等待点火升天，向天上的父亲祈雨。汤王的举动感动了"天"，没等巫师点火，瓢泼大雨便倾盆而下。但是，商朝后面的国君并没有延续商汤的德政，最后落到被周所灭的下场。

以民贵思想为前提的德政，大致萌生于商周之际。在与盟军讨伐商纣的誓言中，周人不仅在君民、君臣关系的认识上达到了很高水准，也强调德义的关键作用。摘录部分内容如下：

> 天佑下民，作之君，作之师，惟其克相帝，宠绥四方。……同力，度德；同德，度义。……受（纣名——引者注，下同）有臣亿万，惟亿万心；予有臣三千，惟一心。……天矜于民，"民之所欲，天必从之"……（《周书·泰誓上》）
>
> 受有亿兆夷人，离心离德；予有乱臣十人，同心同德。……"天视自我民视，天听自我民听"……（《周书·泰誓中》）
>
> 古人有言曰：抚我则后，虐我则仇。独夫受，洪惟作威，乃汝世仇。"树德务滋，除恶务本。"（《周书·泰誓下》）

从上述内容来看，周人虽然在天的语境中阐述敬德保民的思想，但是他们不仅已将天意转为民意，即"民之所欲，天必从之""天视自我民视，天听自我民听"，也一定程度上将统治者的德义与臣民的拥护关联起来，并视之为决定战争胜负的关键要素。当周人及同盟军在牧野一战中击溃商军、克灭商朝后，如何治理商朝广大遗民，以及如何维护与同盟军的关系，便是周人面临的主要政治问题。这个问题的核心是，周人统治商朝遗民的合法性何在？对于这个问题，周人转化了原有的统治合法性叙述，即将天命永定说转化为天命转移说，并且确立了转移说的根据，即新发明的顺应民心的道德观，从而为周武王革命赋予了道德的合法性。这个道德合法性随后被孔子所发掘并成为儒家的道统叙事，而后被孟子所继承，后者较为系统地论述了民为贵意义上的民本思想。

民贵君轻

在第四章，我们大体勾勒了儒家的世界，并且区分了这个世界的内外两面，即内在的人格世界和外在的大同世界。人格世界以成圣成贤为依归，而大同世界则以爱民养民为依归。因为仁者爱人、立己达人，因此成圣成贤便可以通达爱民养民，在这个意义上儒家的内外世界也得以沟通起来。这个世界在孔子那里初具雏形，并且确立了以德配位的社会秩序，但系统阐述君主与民众关系的是孟子。如当代学者白彤东所指出的，先秦儒家要解决的首要问题是在一个广土众民的社会如何建立秩序的问题，也就是政治哲学问题。[1] 孟子虽然强调君主的道德修养，但他关心的不仅仅是君主的个人修养，而是把君主的道德作为建立合意的君民关系的必要条件。当代世界的主流理论接受洛克的契约论思想，把道德排除在政

1　白彤东：《天下：孟子五讲》，广西师范大学出版社2021年版。

治哲学之外，但契约论只是一种哲学论证方法，为的是论证某种预设的观念（如自由主义政府），而后者总是可以追溯到论证者所相信的道德准则。孟子的道德学说为儒家政治提供了道德指南，而且也不缺乏逻辑分析，我们今天要做的，是把他的逻辑清晰化，使之成为当今世界接受的政治哲学。

孟子最引人瞩目的学说是他的民贵君轻思想，这个思想奠定了儒家政治哲学的基调。

"民为贵，社稷次之，君为轻。是故得乎丘民而为天子，得乎天子为诸侯，得乎诸侯为大夫。诸侯危社稷，则变置。牺牲既成，粢盛既洁，祭祀以时，然而旱干水溢，则变置社稷。"（《孟子·尽心下》）在这段论述中，孟子第一次将君王、社稷（谷神）和民众放置在一起比较，并且明确地将民众的重要性排在君王和社稷之上。依据孟子的相关论述，支持其民贵君轻的理由大致有三。一是天子可以变置诸侯、社稷，而民众可以变置天子。如荀子所言："君者舟也；庶人者水也；水则载舟，水则覆舟。"（《荀子·哀公》）二是天子的高贵根源于民众的拥戴，即"得乎丘民而为天子"。换言之，天子的合法性不再是天命，而是世间凡人的拥戴。这个思想超出了周人的道德观，后者仍然是从天子的角度，说出天子单方面对民众的施与，而孟子则从合法性的角度，把民众的地位放在天子之前。三是民众对天子的拥戴与否，不以天子的意志为转移，而以天子是否施行仁政为转移。孟子在总结历代君王得失天下时，如此写道："三代之得天下也以仁，其失天下也以不仁。"（《孟子·离娄下》）并且，他将得天下的道理归结为："得天下有道：得其民，斯得天下矣；得其民有道：得其心，斯得民矣；得其心有道：所欲与之聚之，所恶勿施，尔也。"（《孟子·离娄下》）孟子的这一民本思想，超出了同时代古希腊哲学家对民众的论述。亚里士多德比他的老师柏拉图更具有平民主义的精神，但是，他对民众的态度仍然是有保留的。在《政治学》中，他承认三种合法的政体，即君主政体、贵族政体和城邦政体（共和制），它们的反面是僭主政体、寡头政体和平民政体。尽管他并不否认民众也可能具有智慧，但是，他对城邦公民德行的要求却止于统治与被统治："人人都应当具备良好公民的德性……公民应当懂得如何以自由人的身份进行统治和接受统治——这些就是公民的德性。"[1]与孔子相似，亚氏更强调善行和德性，而不是某部分人的利益。如他所言，城邦的"最优良的生活（无论是个人还是城邦集体）是具备充足物质条件以便实践善德的德性的生活"[2]。孟子把民众的好恶抬到合法性的高度，在他那个时代的思想家中是绝无仅有的。

民众的反抗是矫正无良君主的最后手段。在孟子看来，如果君主不仁、统治无道，那么他就是残贼之人，人人得而诛之。因此，当齐宣王问"臣弑其君，可乎？"时，孟子答道："贼仁者谓之'贼'，贼义者谓之'残'，残贼之人谓之'一夫'，闻诛一夫纣矣，未闻弑君也。"（《孟子·梁惠王下》）反过来，民众安居乐业，则可以为君主的统治提供基础。孟子的民贵君轻思想也体现在明君制民之产、与民同乐等方面。"是故明君制民之产，必使仰足以事父母，俯足以畜妻子，乐岁终身饱，凶年免于死亡。"（《孟子·梁惠王上》）"乐民之乐者，民亦乐其乐；忧民之忧者，民亦忧其忧。乐以天下，忧以天下，然而不王者，未之有也。"（《孟子·梁惠王下》）

---

[1] ［古希腊］亚里士多德：《政治学》，郭仲德译，西北大学出版社2016年版，第63、65页。

[2] ［古希腊］亚里士多德：《政治学》，第181页。

孟子超越了前人只因敬畏民众的巨大力量而实施的"民本思想"，并且在与君主对照中论述了民贵主张。这一主张强调社会秩序的安定，需要在君王、社稷和民众三者的关系上赋予民众以最高的重要性。再者，孟子破除了在位君王独霸天下的地位，展示了一定的君臣共治思想：

> 故将大有为之君，必有所不召之臣，欲有谋焉，则就之。其尊德乐道，不如是，不足与有为也。故汤之于伊尹，学焉而后臣之，故不劳而王……（《孟子·公孙丑下》）
> 唯大人为能格君心之非。……无罪而杀士，则大夫可以去；无罪而戮民，则士可以徙。（《孟子·离娄下》）

自孟子之后，儒家世界的仁政，基本上把民贵君轻作为理想蓝本，而以君臣共治作为治理方式。但是，孟子的民贵思想仍然是从君主的角度阐述的，由此也将社会安定托付于君主的躬身践行仁德正义之上，即"一正君而国定矣"（《孟子·离娄上》），而缺乏对君、臣、百姓各自职责的结构性安排。汉、唐的制度安排部分解决了君臣共治的问题，但当宋明理学兴起之后，君主的道德再次上升到最高层次，国家的统治更加依赖君主的德性而不是君臣之间的权力分割和制衡。南宋之后中国政治的衰败，与此关系极大。然而，在理学当道的日子里，也不是没有出现不同见解者。明末清初的思想家黄宗羲就是其中最显眼的一位，他对公天下和私天下的辨析，到今天仍然有借鉴意义。

"天下为主,君为客"

黄宗羲对于中国现代化的重要性,梁启超给出了极高的评价:

> 梨洲[黄宗羲]有一部怪书,名曰《明夷待访录》,这部书是他的政治理想。从今日青年眼光看去,虽像平淡无奇,但三百年前——卢骚《民约论》出世前之数十年,有这等议论,不能不算人类文化之一高贵产品。其开卷第一篇《原君》,从社会起源说起,先论君主之职务,次说道……像这类话,的确含有民主主义的精神,虽然很幼稚,对于三千年专制政治思想为极大胆的反抗。三十年前,我们当学生时代,实为刺激青年最有力之兴奋剂。我自己的政治运动,可以说是受这部书的影响最早而最深。[1]

在《明夷待访录》中,黄宗羲在吸取孟子民贵君轻思想和《礼记》天下为公思想基础上,系统地阐发了"天下为主,君为客"的思想,并被后世学者视为民本思想的最高形态。在这部著作中,黄宗羲在考究历代儒学典籍及历代政治得失基础上,试图恢复政治权力作为天下公器的儒家政治理想。在古今对比的叙述中,黄宗羲明确地界定了原君、原臣、原法、置相、学校、取士等方面的内涵及其相互关系,更难能可贵的是,他还阐述了限制君王权力的制度性安排。大体而言,原君、原臣、原法是以公天下为旨归而设定的

---

[1] 梁启超:《中国近三百年学术史》,载〔明〕黄宗羲:《明夷待访录》,段志强译注,中华书局2011年版,第240—241页。

政治职位与法律制度；置相、学校、取士则是对君臣关系的具体说明，在公天下宗旨之下，置相和学校分别构成了对君主权力的纵向和横向的制度性约束与互补；而取士则设想了选拔任用人才的多种途径，目的是为共治天下补给源源不断的合格人才。下面着重讨论原君、原臣和原法，并附带论及置相、学校和取士。

何谓原君？在古之人君与后之人君的对比中，黄宗羲阐释原君是为民众兴公利、除公害而将个人利害置之度外的人。黄氏如此写道：古之为人君者，"不以一己之利为利，而使天下受其利；不以一己之害为害，而使天下释其害……后之为人君者不然，以为天下利害之权皆出于我，我以天下之利尽归于己，以天下之害尽归于人……视天下为莫大之产业，传之子孙，受享无穷……此无他，古者以天下为主，君为客，凡君之所毕世而经营者，为天下也。今也以君为主，天下为客，凡天下之无地而得安宁者，为君也"（《明夷待访录·原君》）。在黄氏的阐述中，君主含义的古今分别不仅是天下为主与君为主的分别，也是视天下为公器与视天下为私产的分别。从这两个分别来看，黄氏笔下的原君肩负着公天下、利万民的最高政治职责，由此古代有权衡之后不愿做君主的人，比如许由、务光；有做了君主又禅让的人，比如尧、舜；有刚开始不愿意做君主而后又无法退却的人，比如禹。最后，黄氏强调"君之职分"虽然不容易理解，但是经由君主含义的古今辨析，即便是愚钝之人，也能够理解"以俄顷淫乐不易无穷之悲"（《明夷待访录·原君》）的道理，因而也会认同古之人君的职责。

何谓原臣？黄宗羲认为，和原君一样，原臣必须以关注天下治乱与百姓忧乐作为其职责与道义担当，由此君与臣并非主奴关系，而是分工关系。黄氏如此写道："缘夫天下之大，非一人之所能治,而分治之以群工。故我之出而仕也,为天下,非为君也;为万民,非为一姓也。……盖天下之治乱,不在一姓之兴亡,而在万民之忧乐。……夫治天下犹曳大木然,前者唱邪,后者唱许。君与臣,共曳木之人也……"(《明夷待访录·原臣》)不仅如此,黄氏否定了臣与子并称,进而也否定了君与父并称,强调君臣名分只是服务天下才产生的,他们各自遵循其道(即君道君职、臣道臣职),分工共同治理天下;并且,如果没有从政,那么君王不过是普通人而已。"或曰:臣不与子并称乎?曰:非也。……君臣之名,从天下而有之者也。吾无天下之责,则吾在君为路人。出而仕于君也,不以天下为事,则君之仆妾也;以天下为事,则君之师友也。"(《明夷待访录·原臣》)

何谓原法?黄宗羲认为,如同君臣职位设定一样,三代之法也为有利于天下的目的而设定;与此不同,后世之法则是为了满足君主的私欲而用以桎梏天下万民的。在后世之法的统治下,天下既不能得到善治,也不能产生能够治理好天下的人才,除非复兴三代之法。黄氏如此写道:

> 三代之法,藏天下于天下者也。山泽之利不必其尽取,刑赏之权不疑其旁落……法愈疏而乱愈不作,所谓无法之法也。后世之法,藏天下于筐箧者也;利不欲其遗于下,福必欲其敛于上;用一人焉则疑其自私,而又用一人以制其私……法愈密而天下之乱即生于法之中,所谓非法之法也。……自非法之法桎梏天下人之手足,即有能治之人,终不胜其牵挽嫌疑之顾盼……而不能有度外之功名。使先王之法而在,莫不有法外之意存乎其间。其人是也,则可以无不行

之意；其人非也，亦不至深刻罗网，反害天下。故曰有治法而后有治人。(《明夷待访录·原法》)

从以上论述来看，将"天下为主，君为客"中的主、客分别理解为本位、附属确实既延续了孟子的民本思想，也体现了黄宗羲思想的超越性。这个超越性至少体现在三个层面：一是阐释了君臣职位的公共性，二是阐释了君臣职位的能动性，三是阐释了君臣职位的制衡性。如果这三点超越性被纳入考虑，那么主、客除了本位与附属之含义外，还应有主权与治权之含义（尽管黄宗羲没有直接用"主权"和"治权"这样的表述）。在黄宗羲的古今对比中，原君、原臣、原法不仅都以公天下、利万民作为其定义的核心，而且都受制于代表民意的以公议为要务的学校（随后论及）。就此而言，君臣的去留在根本上是由公议来决定的，而君臣职位的设定只不过是因为，涉及公利、公害等公共事务需要贤能者来专门处理。

当然，黄氏仍沿用君主制叙事的旧范畴，如君王、朝臣、宰相等，也没有在理论建构上割掉君王的"阉宦"，因此带有明显的君主制痕迹。但是在思想内容上，黄宗羲的政治建制思想已经超越了君主制，因为从内容来看，黄宗羲虽然预留了"君权"，但这一权力隶属于天下，不仅是为公而立，也受到"以天下为事"的"群工"的监督，以及"有治法而后有治人"意义上的"原法"的约束。据此而言，黄宗羲的政治建制思想比洛克的政治建制思想早出现30年左右，但两者具有相当的可比性，因为两者都明确反对君父并称耦合，并注重权力之间的相互约束，而且两者都从整体上明晰政治建制的工具性（服务于民众的福祉）以及政治职位的规范性。

至于两者的差异性，也是明显的。比如，黄宗羲诉诸历史的圣王先例——即克制自私以兴公利、除公害——来论证设置君臣的合法性；洛克则借助公民契约来论证设置政府的合法性。又比如，黄宗羲从原君、原臣、原法等来论述政治社会的形式，其中君主是最高政治责任的代表，其他政治责任的代表都从属于他，原法是规范包括君臣在内天下万民的法律制度；洛克则从立法权、执法权和对外权来论述他的政治社会，其中立法权是最高权力，其他权力从属于它。由此而来的另一差异是，在洛克那里，立法权作为最高主权属于公民，但是它只能作为一种受委托的权力；在黄宗羲那里，"原法"作为最高治权属于君王，但是它必须"以天下为事"，与群工分治共保天下安宁，否则就会被民众革除。这里分别摘引洛克和黄宗羲的一些论述，予以佐证。洛克说：

> 在一个建立在自己的基础之上并按照自己的性质，即为了保护社会而行动的有组织的国家中，虽然只能有一个最高权力，即立法权，其余一切权力都是而且必须处于从属地位，但是立法权既然只是为了某种目的而行使的一种受委托的权力，当人民发现立法行为与他们的委托相抵触时，人民仍然享有最高的权力来罢免或更换立法机关；这是因为，受委托来达到一种目的的权力既然为那个目的所限制，当这一目的显然被忽视或遭受打击时，受委托必然被取消，权力又回到当初授权的人们手中，他们可以重新把它授予他们认为最有利于他们的安全和保障的人。[1]

---

[1] ［英］洛克：《政府论》下篇，第94页。

黄宗羲则说：

> 使后之为君者，果能保此产业，传之无穷，亦无怪乎其私之也。既以产业视之，人之欲得产业，谁不如我？摄缄縢，固扃鐍，一人之智力不能胜天欲得之者之众，远者数世，近者及身，其血肉之崩溃在其子孙矣。……是故明乎为君之职分，则唐、虞之世，人人能让，许由、务光非绝尘也；不明乎为君之职分，则市井之间，人人可欲，许由、务光所以旷后世而不闻也。然君之职分难明，以俄顷淫乐不易无穷之悲，虽愚者亦明之矣。(《明夷待访录·原君》)

据此而言，黄宗羲和洛克的差异主要体现在关于保障民为贵的不同权力制度安排上，前者以兴公利、除公害、利万民为目的设定政治职位与分配治权，后者则以保障生命权、自由权和财产权为目的成立政府与分配立法权。从事后的价值标准来看，我们应注意到他们各自思想的不足。黄宗羲没有（充分）阐发"主权在民"，并且没有给予个人自由权利、权力制衡足够重视，而洛克没有（充分）阐发"治权在贤"，也没有处理好分立权力的制衡与合作之间的关系。

但是，黄宗羲也并不是完全没有触及制衡问题，他的学校实质上是兼具代表民意和精英议政的公议机构。黄氏如此写道："必使治天下之具皆出于学校，而后设学校之意始备。……天子之所是未必是，天子之所非未必非，天子亦遂不敢自为非是，而公其非是于学校。是故养士为学校之一事，而学校不仅为养士而设也。"(《明夷待访录·学校》)黄氏尤其强调学校的独立性，以及它对天子或君王的执政得失的谏诤功能，他说："郡县学官，毋得出自选除。郡县公议,请明儒主之。自布衣以至宰相之谢事者,皆可当其任,不拘已仕未仕也。……太学祭酒,推择当世大儒,其重与宰相等,或宰相退处为之。每朔日,天子临幸太学,宰相、六卿、谏议皆从之。祭酒南面讲学,天子亦就弟子之列。政有缺失,祭酒直言无讳。"(《明夷待访录·学校》)

显然,黄宗羲在作上面的论述的时候,脑海里一定想着汉、唐时代的制度;他关于制衡的想法没有超出中国古代的最优实践。但是,这不妨碍他的思想里已经孕育的主权在民之思想。因此,尽管主权在民观念植入中国社会并成为国家制度的基本面,是近现代以来西学东渐的产物,但是,在梁启超等人的积极宣传与推动之下,黄宗羲的民本主义思想参与和塑造了中国20世纪初期的现代化进程,黄宗羲并被时人称誉为"中国之卢梭"。

从民本主义到主权在民的现代性转换

黄宗羲政法思想研究已经取得了丰硕的成果,时亮将之归结为三种主要观点:"第一种观点认为,黄宗羲的政法思想从其内在规定性上就是近代民主(启蒙)思想,或是民主主义思想。……第二种观点认为,黄宗羲的政法思想从其内在规定性上是民本思想而不是近代民主思想,虽与近代民主思想有一定距离,但却可以(或可能)通向近现代民主思想。……第三种观点认为,黄宗羲政法思想仅仅是传统中国的儒家民本思想,而不是具有近现代意义的民主启蒙思想,也绝不会通向或走向近现代的民主思想。"[1]第一种观点

---

[1] 时亮:《民本自由说》,中央编译局出版社2015年版,第10—11页。

存在过度解读问题，遮蔽了黄宗羲与洛克等西方民主思想家在政治建制上的差异；第三种观点有足够文本支撑，但是忽视了黄宗羲思想对前人的超越性，也难以回应当代世界文明交互背景下来自自由民主价值的挑战。相较而言，第二种观点较为客观地反映了黄宗羲的原本思想。黄宗羲的政治建制思想根源于中国传统民本思想，并且超越了君主制，具有现代民主思想的一些特征，但是它向主权在民的过渡仍然需要现代儒家进行相应的现代性转换。本节将给出相应的论证。

我们首先必须面对的，是主权在民与儒家政治选贤任能原则之间的潜在矛盾。按照当代流行的由洛克开创的主权在民观念，人民主权意味着人民（经由他们的代表）掌握立法权和对政府重大决策（包括人事任命）的最终决定权；而选贤任能原则认为，政府的决策只能交由贤能者来完成，而且，越高的决策需要的贤能程度越高。这两者之间存在显见的矛盾。儒家政治以选贤任能为原则，但无法回避人民主权问题，因为在当代，主权在民是所有政权获得合法性的前提。国家是由公民构成的，这个观念已经深入人心，而洛克对人民主权的论证为它奠定了理论基础。稍微回顾一下第三章我们对洛克自由主义政府的叙述：自然法是自然状态下的法律，但由于没有一个统一的执行者，它无法让自然状态尽善尽美，因而人们自愿结成社会，并组成政府，后者的权威因此来自人民的认可。这个契约论的推理过程具有强大的逻辑，让人很难拒绝。它也对我们的工作提出了一个挑战：儒家民本主义是从君主的角度给出的单方面道德约束，如何能够把它转化为政府（统治者）与民众之间的契约，且不与选贤任能原则相冲突？

这个任务并不容易完成。白彤东在其《反对政治平等》一书中，以美国第16任总统亚伯拉罕·林肯提出的民有、民享与民治为参照系，充分论述了先秦儒家（主要是孟子）可以同意民有和民享，但不会同意民治的理由，并据此阐发了先秦儒家的贤能政治主张——主权在民、治权在贤。[1]白彤东的主要理由与本书的主旨是一致的，即人与人之间有贤能上的差距，只有那些具备相当贤能性的人才有资格获得治权。换言之，一个社会的公民不可能是完全平等的，因而也不可能建立洛克式的平等的契约。

在一个不完全平等的政治社会里，如何论证主权在民？仅仅从孟子出发，要完成这个任务是有难度的。孟子的民贵君轻思想确实把民众放在君主之前，但是对于如何节制君主的权力，他主要还是诉诸道德，而没有任何权力制衡的概念。相比之下，黄宗羲的论述要更加进步。如前文所论，在黄宗羲那里，"君主"不是以天下为私产的专制君主，而是以天下为公器的公仆，他和群臣一样是为了天下万民福祉服务而产生的，因此他在实质上已经接近了近现代意义上的最高政治职位的代表者。但是这仅仅是接近而已，尽管黄宗羲已经对君主的权力进行了约束，但他没有到达主权在民这一步。但在黄宗羲有限君主（"以天下为公器的公仆"）的前提下，儒家的民本主义是可以推导出主权在民的。我们的论证分两个方面，一个积极，另一个消极，两者都促使君主向民众让渡主权。

在积极方面，既然君主是贤能者，以民众的福祉为其统治国家的最终目标，那么，他就应该相信他的所作所为会得到人民的认可，因而也不惮于把自己的决策呈现给民众，让民众做最后的判断。这个论证过渡有点快，需要做些解释。从黄宗羲的民本主义来

---

[1] Tongdong Bai, *Against Political Equality: The Confucian Case*, Princeton University Press, 2020, pp. 32, 51.

看，君主关心公共利益，以利天下万民为己任，并以此宗旨来指引政令的制定与实施。由于君主制定和实施政令的出发点是利天下万民，因此君主应当相信他的政令会得到人民的认可，而因为相信自己的政令会得到人民的认可，所以君主也不惮于把主权让渡给人民。这里，君主的担心可能在于人民在公共事务上没有足够的精力投入或缺乏判断力，以至于不能对其政令做出客观准确的评判。在儒家的世界里，这种担心不是没有道理的，因为不是所有人都能在所有方面获得一样高的能力水平。因而，我们的论证有一个隐蔽条件，即君主应该主动拿出自己的决策来，然后让民众评判，而不是坐等民众自己来决策。在这个过程中，君主也可以向民众解释自己的动机和决策的可能效果，以此去说服民众。这显然与洛克的自由主义契约所昭示的程序不同，在洛克那里，民众是主动的立法者，而政府只是执行者。由此可以看到，儒家政治里的人民主权是一种被动的主权。

在现代社会，一方面，民众的认知和判断能力较之古代社会有了巨大的提升，而且现代社会是多元化的，并非所有贤能人士都愿意进入官僚体系。这意味着官僚体系外有足够多的贤能人士，他们不仅研究和关注公共事务，也有能力来评判政令的得失。由他们组成主权机构足以对中央机构（君主）的决策给出正确的评判。另一方面，普通民众虽然没有足够精力投入到公共事务之中，在认知上也不一定具有评判政令得失的能力，但是，政令的实施效果与民众的切实利益相关，因此政令接受民意（经由民意代表）的审议是必要的。基于这两个理由，在现代社会中，中央机构（君主）把主权让渡给人民，或赋予人民被动的主权——最后的否决权——是合理的。

在消极方面,在没有最后的否决权的情况下,民众难免对君主产生猜忌,或担心他是否真心以天下为公器,或担心他即使今天是明天却可能不是,或者他自己是但他的子孙未必是,等等。因而,为了消除民众的猜忌,君主也应该把主权赋予民众。黄宗羲论述了君臣职位的结构性安排,但在这个结构中,一方面个人意义上的臣、民的权益没有得到制度性的保障,另一方面君、臣的权益也没有得到制度性的约束。这意味着君主的权力边界不够清晰,其范围也可大可小,因此善待民众完全有可能是君主维护自己统治的一种临时性策略。在这种情况下,如果君主对人民的好坏可以任由君主自己处置,那么君主的示好就难免引起人民的猜忌;并且,即便君主本人真心实意对人民施仁政,他也不可能保证其后继者同样如此,从而势必在人民"覆舟"的武力下走向灭亡。要消除人民的猜忌或避免可能的社会革命,君主唯一的办法只能是让人民享有主权。

如我们在第三章所论述的,霍布斯认为,猜疑是人的三大本性之一,而避免因猜疑所导致的无畏争斗,是人们走出"霍布斯丛林"的重要动力之一。洛克虽然没有提到人的猜疑本能,但他坚持让人们走出自然状态的原因之一,是自然法没有统一的执行者,因而人们在执行自然法的时候不能确认他人也和自己一样执行自然法,这其中也有避免猜疑的意味。当代学者阿西莫格鲁和罗宾逊在解释欧洲的民主化进程的时候,使用了"可信承诺"的概念,其目的也是消除猜疑(参见第二章的讨论):贵族把决策权交给民众,从而从根本上消除对贵族动机的猜疑。与两位学者的逻辑相似,我们也强调,给予民众最后的否决权是君主与民众之间实现双向承诺的必要和唯一步骤:民众获得最终的否决权,因而可以放心让君主做出决策;君主获得执政的合法性,因而可以不必担心民众的挑战。

由此，在儒家选贤任能原则下的人民主权是一种被动的主权——君主提出立法主张、人事任免和大政方针，人民（通过他们的代表机构）对它们进行审议，并决定是通过还是否决。换言之，儒家政治下的人民主权体现在人民对君主决策的最终否决权上。这与洛克自由主义政府下的人民主权有很大的不同，在那里，人民掌握立法和政策制定的主动权。然而，能够决定什么这种主动权力，对于个体自由而言是必不可少的，但对于公共决策而言，其意义却并非不证自明。每个人都试图按照自己的意愿决定和实施公共决策，如何加总个体决策是国家治理的难题。在第二章和第三章我们讲到，民主的加总方式最终演变为民粹主义政治，产生国家的不可治理性；而在前面一章里，我们论证了贤能对于官员（包括立法者）做出正确决策的重要性。在这个背景下，儒家政治把国家的决策权授予贤能者。儒家政治不否定人民参与决策的权利，但是，就如同伯林担心积极自由会导致极权，从而只把自由局限在消极自由一样，儒家政治把人民主权局限在消极的意义上，即对君主决策的最终否决权。这样的权力划分体现了儒家的中庸思想，即在贤能者的智慧和民众的诉求之间取得平衡。

余论

由上述过程所论证的人民主权，是君主主动让渡的，因而，一个自然的问题是，此种人民主权是否牢固？另外，它仅包括否决权，而不包括决策权，那么，这样的人民主权是否充分？

第一个问题背后隐含的担忧是，如果人民主权是君主让渡给民众的，那么，君主随时可以收回主权。我们可以从两个方面打消这种担忧。其一，如上述论证过程告诉我们的，君主让渡权力是君主自己主动选择的结果，因此，只要民众接受这个让渡，君主就有动力持续让渡下去。用博弈论的语言来说，这可以是一个纳什均衡。其二，任何制度安排都需要法治的加持，否则都难以持续实施。此处也是一样的。人民主权一旦确立，就要用法治的手段把它固定下来，不仅要落实到宪法上，而且要建立权力之间的制衡，以保证君主不可能撤回主权，民众也不可能滥用主权。霍布斯在构建利维坦的时候特别强调誓约的重要性，目的是防止民众毁约；洛克在构建自由主义政府的时候特别强调法治的重要性，目的是保护民众的主权不受政府的扭曲。就现实而言，两者放在一起才能够保证稳定的宪法关系，缺少其中任何一项都会让社会契约瓦解。英国法治的建立经历了漫长的过程，但光荣革命形成的《权利法案》却是根本性的；相比这个法案，之前的漫长斗争都是序曲，国王总是在弱势的时候屈服，而在强势的时候又反悔。美国更是靠一部宪法完成国家的建构，围绕宪法所进行的长达数年的讨论就好比英国《权利法案》之前的序曲。我们这里对人民主权的论证也是儒家法治的序曲，意图是证明，儒家思想也可以生发出人民主权。一旦宪法确立人民主权并做出相应的保护性措施，那么，人民主权就在儒家政治中扎根。

接下来讨论第二个问题，只有否决权的人民主权是否充分呢？如果以自由主义政府里的人民主权来衡量，儒家政治中的人民主权的确是不充分的，因为它不拥有决策权。但这是一个参照系的问题。正确的参照系不是某种已经存在的政府形式，而应该是理想中的优良政体。就当代而言，这样的优良政体必须保障个人的权利，体现人民对国家的所有权，并实现良治（提供社会秩序、提高人民福祉）。以这个参照系来衡量，儒家政治中的人民主权是充分的。这里的关键是，代表民意的主权机构拥有对中央机构决策的否决权，它体现了人民对国家的所有权。用产权来做一个类比可以让问题变得更加清晰。产权不是单个的权利，而是一束权利的集合，包括所有权、控制权、使用权、典押权等等。很多时候，所有权和控制权、使用权是分离的，如一家上市公司的所有权属于全体股东——许多时候，他们的数量庞大，每个人的持股数量有限，但控制权属于公司的董事会，而使用权属于公司的高管团队。但是，这种安排并不能否认股东的所有权，而体现他们权利的场合就是在股东大会上对公司董事会动议的表决，如果他们否决了董事会的动议，董事会就必须接受。主权机构与中央机构之间的关系，就如同股东大会与董事会之间的关系，不同之处是主权机构由专职的民意代表组成，因而比一般的股东更加专业。由于拥有了否决权，中央机构的决策如果侵害民众的权利或不利于民众福祉的提高，主权机构就可以予以否决。

儒家政治没有赋予人民主权进行主动决策的权利，这样的安排与儒家政治的贤能原则有关，也与儒家人民主权的论证有关，即君主无须让渡决策权也可以完成主权的交接。我们将在第十章讲述儒家政治的宪法架构的时候，借着对各个机构权力分配的论证，进一步讨论这个问题。

第九章
谏议与监督

　　儒家政治的主体是层级结构，其特点是每个层级都需要贤能程度与之匹配的公务员来运作。维持这个匹配关系的方式是制度化的选贤任能机制。但是，由于两个根本性的原因，仅有这个结构是不够的。第一个原因是，人性是多样的，并不是所有的贤能者都愿意加入层级结构，但如果他们不能被接纳的话，儒家政治就会因无法获得他们的才能和思想而蒙受损失。与一人一票的民主政治不同，儒家政治并不宣称每个人都应参与国家的治理，但这样可能降低了儒家政治的包容性。这当然不是儒家政治的初衷，因而，在层级之外开辟一个社会贤达发表意见、实施监督的场所，是儒家政治必须做的事情。这个场所既包括正式的谏议院，也包括报纸、杂志、社团等民间媒介和组织。第二个原因是，人性又是流变的，公务员的政治德性与能力存在变质的可能性，而儒家层级本身可能无法完成对此的矫正。一来，变质可能演变成系统性的成势，层级内部官官相护；二来，层级内部的监督，由于其命令的性质，可能导致层级系统性的僵化，让政治失去活力。儒家政治解决上述问题的办法是在层级之外加入谏议机制，即从社会成员中选拔贤能者，赋予他们对层级中的中央机构及其中的个人进行批评和监督的职责。谏议不具备民主政治中的立法和监督那样的法律效应，但层级必须听取谏议机构的意见。此外，儒家政治层级中也包括了代表民众的主权机构，后者已经对中央机构构成很强的监督，但这种监督可能并不代表社会公意，此时谏议机构可以作为对民意主权机构的一种牵制力量发挥作用。但它又不能僭越主权机构的职责，它的权威源于其成员的贤能性。在儒家政治中，谏议的主要方式是以理服人式的说服，而不是法律意义上的强制，这样它就更可能代表社会公意。这种方式在中国古代有着深厚的传统。

谏鼓谤木

从古代文献中可以看到，中国先人很早便已认识到谏议的重要意义，部落首领早就开始较为系统的纳谏活动。这在世界历史上是比较少见的。这不是说其他文明没有对君主的批评，而是说，中国很早就把谏议作为一种社会治理的方式纳入到治理的视野之中。这大概和中国社会较早地确立了君主在社会治理中的核心地位有关。在其他社会，部落首领是众多首领中的第一个，自然要受到其他首领的监督，而中国的部落首领可能较早地区别于其他人。但是，中国的部落首领也不是天下的独占者，而是和群臣、百姓分享天下，他们成为君主是因为他们的德性和能力，而不是因为他们的膂力，所以那时的君主更替方式是禅让而不是子承父业。尽管禅让最终被世袭所取代，但对德性和能力的尊重还是被保留下来，其中一个表现是君主的纳谏：

> 黄帝立明台之议者，上观于贤也；尧有衢室之问者，下听于人也；舜有告善之旌，而主不蔽也；禹立谏鼓于朝，而备讯也；汤有总街之庭，以观人诽也；武王有灵台之复，而贤者进也。(《管子·桓公问》)

引文中提及的"明台""衢室""告善之旌"和"谏鼓"等，就是古代部落首领接受谏言的场所或方式。但是，这些场所或方式可能还是比较正式的，民众发表谏议恐怕需要一些勇气。为鼓励民众进谏，尧、舜在市井之中设立标识："尧有欲谏之鼓，舜有诽谤之木。"(《吕氏春秋·自知》)这样就大大降低了民众谏议的成本。当然，这种谏议方式只适合小型部落社会，随着统治地域的扩大，谏议逐渐制度化，谏议成为官僚体制的一部分，采诗官、询问官等官职出现，民众的谏议权力弱化，谏议变成大臣的职责。[1]

"群臣咸谏于王。"傅说曰："惟木从绳则正，后从谏则圣。后克圣，臣不命其承，畴敢不祗若王之休命。"(《尚书·说命上》)这段话说明两个问题：一是君主有别于群臣，他享有掌管国家的权力；二是他的权力受到群臣谏议的约束，而且，如果他不听从良言，那么群臣可以违抗他的命令。因此，可以说谏议是在天道或天命之下的一种权力。这在先秦时期表现得更为明显。秦以后，一方面，谏议被置于王权之下，但是直至明代，它对王权的制衡作用仍然没有消失；另一方面，谏议对于文武百官特别是丞相的监督功能大大加强。原因可能是，丞相和他们所领导的政府成为国家行政机构的主体，而君主更多的是扮演国家的象征和文武百官的裁决者的

---

[1] 参见彭勃、龚飞：《中国监察制度史》，人民出版社2019年版，第22—23页。

角色。

把中国的谏议制度与其他早期文明的监督制度做一个比较，可以进一步看出中国谏议制度的特点。与先秦同一时期的古希腊，其监察制度看起来更为多元。雅典的监察制度建立于直接民主之上，表现为由公民直接参与的最高权力机关对其他权力机关和官员的监督与制约，以及在权力行使过程中公民对官员行为的直接监督。但这种直接民主只适用于小型社会，而且也容易诱发不理性的集体行为，导致监察的泛滥。与雅典不同，斯巴达设立了专门的监察官，对国王、官员和公民行使监察权，但监察官也常常沦为权力的附庸。[1] 先秦和古希腊之间的差别，反映的是中国和西方文化之间的差别。中国文化崇尚在统一的权力之下的和谐，谏议是维护这种和谐的一个机制。西方文化从个体利益出发，目标是达到权力制衡下的均势，因而古希腊的监督制度是制衡的一部分。

"以道事君"

天道是中国古代谏议制度的出发点，孔、孟、荀三人皆论及天道。孔子视天道为客观存在的法则，并把它当作人性之根源。鲁哀公曾经问孔子："敢问君子何贵乎天道也？"孔子回答说："贵其不已。如日月东西相从而不已也，是天道；不闭其久，是天道也；无为而物成，是天道也；已成而明，是天道也。"（《礼记·哀公问》）即天道是万事万物生生不息、不以人的意志为转移的规律。那么，人如何遵循天道呢？对于孔子来说，只要践行仁义就

---

[1] 参见童德华、马嘉阳：《西方监察制度的历史批判》，中国法制出版社2019年版，第8—19页。

可以了。这颇有康德道德哲学的意味：人的道德观念是宇宙规律的投射，做仁义的事，自然也就符合天道了。孟子承续孔子之说，以仁、义、礼、智四端充实人性的细节，强调圣人教化，并在心、性、天之间确立起关系，曰："尽其心者，知其性也。知其性，则知天矣。存其心，养其性，所以事天也。"（《孟子·尽心上》）圣人尽心而学，就能明了自身存在的意义，而懂得了自身存在的意义，就明白了天道。与孟子不同，荀子侧重圣人之制对人性欲望的规导，强调化性起伪，并确立天道—君道—能群—教化这个关联链条，他说："道者，何也？曰：君之所道也。君者，何也？曰：能群也。能群也者，何也？曰：善生养人者也，善班治人者也，善显设人者也，善藩饰人者也。"（《荀子·君道》）荀子在这里把君道等同于天道，与西汉董仲舒对君权的定义是一致的。从政治哲学的角度来看，荀子和董仲舒的见解不应理解为对君权的神化，而是应该理解为对君权来源的解释，即君权来源于对天道的认识。荀子对"能群者"的见解，已经显现了法家的苗头，但他并不是无原则地给君主提供驭民术，而是以道为先，统治为后。尽管他也赞赏秦国的成就，但他也指出了秦治的弱点，即没有儒者，他说："则其殆无儒邪！故曰粹而王，驳而霸，无一焉而亡。此亦秦之所短也。"（《荀子·强国》）任用贤人（粹）或博采众家（驳），都可以成王成霸，但秦却没有一样，因此注定要亡。此外，君主"能群"，也意味着要求君主与群臣甚至百姓分享天下，这为西汉之后形成的君臣共治奠定了一定的基础。

据此而言，在天道与君主关系上，先秦儒家不同程度强调君主要循天道而行，而君位，当以"仁""尽心"或"能群"者居之。这是儒家谏议的基础。对于儒者来说，谏议只有当君主具备一定的德性的时候才有意义，而当遇到暴君的时候，儒者能够做的，就只能避而远之。谏议是优良政治（仁政）的一部分；面对暴君，就只能等民众起来将其推翻。在仁政下，谏议的功能是匡正君主的失误。

这在孔孟那里是很清楚的，即谏议是促使君主走正道的必要条件。如孔子云："夫人君而无谏臣则失正"（《孔子家语·子路初见》）。孟子更是把儒者作为唯一能够纠正君主错误的群体，曰："唯大人为能格君心之非"。（《孟子·离娄上》）与之相对应，儒者的责任是遵从道的指引，指出君主的错误。但是，如果君主无道，大臣就只好弃他而去。如孔子所言："以道事君，不可则止。"（《论语·先进》）大臣拥戴君主，前提是君主能够守道从心；如果他不能做到这一点，大臣宁可弃他而去。荀子更是直接说出了"从道不从君"（《荀子·臣道》）的铮铮誓言。"从道不从君"与"以道事君"是不矛盾的：对于那些愿意实施仁政的良君，君子就选择给他讲道理，辅佐他的行政；而对于那些冥顽不化的昏君，君子则选择对道的坚守，离他而去。谏议的目的是感化君主，而不是单纯地让君主听从自己的主张。所以，荀子说："以德复君而化之，大忠也；以德调君而补之，次忠也；以是谏非而怒之，下忠也；不恤君之荣辱，不恤国之臧否，偷合苟容，以之持禄养交而已耳，国贼也。"（《荀子·臣道》）但是，这并未贬低谏议的作用，荀子借孔子之口说道：

> 昔万乘之国有争臣四人，则封疆不削；千乘之国有争臣三人，则社稷不危；百乘之家有争臣二人，则宗庙不毁。父有争子，不行无礼；士有争友，不为不义。故子从父，奚子孝？臣从君，奚臣贞？审其所以从之之谓孝、之谓贞也。（《荀子·子道》）

一个国家的存亡，与这个国家是否有诤臣有很大的关系。大臣盲从君主，就如同儿子盲从父亲不是真正的孝道那样，不是真正的忠贞；真正的忠贞是"审其所以从之"，即知道忠贞后面的道理之后的自觉行为。

就谏议的方式而言，儒家不主张鲁莽的谏诤。为维护始自君王的秩序，先秦儒家主张谏议的适度性。孔子为此区分了五种谏议形式，并选择其中最委婉的形式，他说："忠臣之谏君，有五义焉：一曰谲谏，二曰戆谏，三曰降谏，四曰直谏，五曰风谏。唯度主而行之，吾从其风谏乎。"（《孔子家语·辩政》）忠臣不应该用阴柔的手法（谲谏）来劝谏君主，不应该鲁莽地批评君主（戆谏），也不应该以大事化小的态度规劝君主（降谏），或者不问曲直直接要求君主做事情（直谏），而是应该委婉地向君主说明是非曲直，让他自己明白事理（风谏）。在评价史鱼、蘧伯玉二人的谏议风格时，孔子如是说道："直哉史鱼！邦有道，如矢；邦无道，如矢。君子哉蘧伯玉！邦有道，则仕；邦无道，则可卷而怀之。"（《论语·卫灵公》）史鱼临死前要儿子不在正堂为他治丧，以此力谏卫灵公重用蘧伯玉。孔子赞赏史鱼所为，但更欣赏蘧伯玉的君子之道。君子持节中庸，审时度势。但这并不是说君子总是躲避君主的锋芒，或阴柔，或卑躬屈膝，而是在适当的时候以适当的方式劝谏君主。孟子也有相似的主张。他区分了无道之君和有失之君。针对前者，可以诛之如诛一夫；针对后者，则需要反复劝谏，不可则去。"君有过则谏，反复之而不听，则去。"（《孟子·万章下》）荀子更进一步，对谏、诤、辅、拂四种抗争形式做了区分：

君有过谋过事，将危国家、殒社稷之惧也，大臣、父兄有能进言于君，用则可，不用则去，谓之谏；有能进言于君，用则可，不用则死，谓之争；有能比知同力，率群臣百吏而相与强君挢君，君虽不安，不能不听，遂以解国之大患，除国之大害，成于尊君安国，谓之辅；有能抗君之命，窃君之重，反君之事，以安国之危，除君之辱，功伐足以成国之大利，谓之拂。故谏、争、辅、拂之人，社稷之臣也，国君之宝也，明君所尊厚也，而暗主惑君以为己贼也。(《荀子·臣道》)

　　荀子还以君主的明暗之别、贤能程度高低为基准，指出臣子应当采用的不同谏议方式，即："事圣君者，有听从，无谏争；事中君者，有谏争，无谄谀；事暴君者，有补削，无挢拂。"(《荀子·臣道》)即遇到圣君，只要听从就好；遇到中君，就需要谏诤；而遇到暴君，就只好做点儿补救工作，不要强来。荀子再一次强调了，儒家的谏议只适合良君，而不适合暴君；对于后者，只能靠民众的反抗来推翻。

　　自汉以降，遵循儒家道统的贤能人士，一直以谏议为己任。入朝为官的贤能人士（包括但不限于谏官），其谏议方式为上疏、廷议、经筵等；未进入或不愿进入宦海的贤能人士，其谏议方式通常是以儒家经典为根据评论朝政，以期在士人、民众等广大群体中造成舆论。正如梁漱溟所说，中国没有成文宪法，中国的宪法就是四书五经，即《大学》《中庸》《论语》和《孟子》，《诗经》《尚书》《礼记》《周易》和《春秋》。在西汉以后的两千多年里，儒家传统在多数年份里占据主流地位，其原则就是朝野的宪政共识，后者构成了谏官或儒士谏诤辅拂君王的根据。[1]

"以道事君"是儒家谏议的座右铭。在王权较好地得到约束的时期（如唐初和北宋），谏议成为君臣共治的重要组成部分。但是，在王权没有得到约束的时期，"事君"的本质让谏议之臣依附于王权，严重地受到君主之明暗左右。例如，唐太宗李世民对魏徵的规谏能够从善如流，宋太祖赵匡胤能够称赞赵普"道理最大"的论断，而汉成帝想立赵婕妤为皇后，可以诛杀直言劝谏的大夫刘辅。这里的根本原因，在于君主是高于其他人的存在。这与西方社会有很大的不同。自古希腊始，西方君主就从来没有获得高于所有其他人的地位，他们要么受到世俗规则的约束（如古希腊和古罗马），要么受到宗教的钳制（如神圣罗马帝国时代），要么只是众多贵族中的"第一人"（如《大宪章》时期的英国）。正因如此，西方的现代化之路比中国的现代化之路更容易走通。政治现代化的标志之一——或如福山所言，政治秩序的标志之一——是法治，即把统治者置于法律的管辖之下。没有法治的支撑，谏议就不可能获得宪法意义上的地位。但是，因此而否定儒家谏议的作用，却是不科学的；在儒家政治的框架里，当人民主权确定之后，谏议就成为一个不可或缺的构件。

谏议在儒家政治中的地位

在本书所构建的现代儒家政治的框架里，谏议之所以仍然占有重要的席位，源于三个方面的原因：从人性的多样性出发，谏议

---

[1] 盛洪：《宪政结构中的谏议制度及其现代意义》，《天府新论》2015年第3期。

为那些不愿意进入儒家政治层级的贤能者提供了一条参与政治的通道；从人性的流变性出发，谏议把中央机构置于体制外的监督之下，以防止中央机构的变质；从贤能的角度出发，谏议把主权民意机构也置于贤能者的制衡之下，以防止其产生民粹倾向。但是，谏议不能越俎代庖，成为立法机构的一部分，而是要像经典儒家所希望的那样，起到辅佐的作用。谏议机构仍然秉持"以道事君"的原则，只不过，这里的"君"是中央机构、主权机构和政府，而不是特定的个人。

　　本书的立意基础之一是人性的多样性，它决定了社会成员之间的差异性。在前面的章节里，我们更多地是关注这种差异性对于儒家政治层级的作用，但是，它对于层级之外的制度安排也是有意义的。在古代中国社会，科举取士是贤能人士参与国家政治的唯一途径，那些没能进入仕途的贤达之士，基本上就失去了影响国家政治的机会。在现代社会，人们的追求变得多样化，并不是所有人都愿意进入政治序列；更何况，儒家政治序列讲究能力的培养，一个人必须经历很长时间的磨炼才能够获得影响决策的机会，这样也会打消许多贤达之士进入政治序列的动力。但是，他们在政治序列之外所积累的知识和经验却是宝贵的，如俗话所言："旁观者清。"在层级中浸淫经年，官员们的知识结构和思维方式都会趋于一致，而且常常会用自己的经验来做出判断，因而可能无法对外界的变化做出及时和正确的反应。政治层级越高，官员的这种倾向就会越明显，因为这些官员是经过层层选拔才保留下来的，他们会对自己产生自信，更容易故步自封。在选举民主里，这个问题相对轻微一些，因为定期的选举会更换国家上层的领导，带来新的政治血液、新的理念和新的思路。儒家层级制度的优势是能够克服选举民主下的民粹主义倾向，遴选出德才兼备的领导人，但在引进新鲜政治血液方面却不如选举民主。在层级之外开辟谏议制度，让层级之外的贤能之士有一个发表意见的场所，就足以弥补儒家层级中的官员趋于单一化这个弱点。另外，谏议也给层级之外的贤能之士提供一个上升通道，从而在社会中培养一种优良的政治文化。

谏议之所以必要，还因为人性具有流变性，层级内部的官员可能发生腐化或变质。如果这种腐化变质是局部的，层级内部的监督机制就足以对它进行纠正；但是，如果腐化变质变成了系统性的问题，内部监督就无能为力了。系统性的腐化变质是可能的，其中最为重要的原因是层级内部的权力和责任制度的瓦解，形成了无人负责的状态。为防止这样的事情发生，一个容易想到的办法是抓紧内部监督。但是，内部监督过强，又极容易导致层级内部的僵化，形成无人敢做决策、大家都等待上级指示的状态。在这种情况下，层级之外的谏议就可以发挥作用。谏议机构不隶属于层级，摆脱了上下级的束缚，谏议者因而能够大胆直言，指出层级中的腐化变质问题，达到防微杜渐的效果。谏议不仅包括谏议机构这样的正式渠道，而且也包括媒体和社会团体，目的是为关心国计民生的贤士乃至普通百姓创造一个说话的场所。儒家层级只是优良政治中正式的那一部分，社会具备自组织能力，无须国家干预就能够解决许多问题。即便是对于国家和政府的运作，儒家层级广泛地听取社会的意见，也是有百利而无一害的。所谓"当局者迷"，广开言路能够让当局者看到事物的其他方面，从而少犯错误。

儒家政治里的主权机构是民意代表机构，因而也可能带有选举政治中立法机构的缺点，即屈服于民众的短期利益诉求。在这方面，谏议机构能够起到一个平衡作用。谏议机构的成员不是由选举产生的，不代表特定群体，他们只是根据自己的判断发表谏言，因而可能更加公正无偏；而且，他们是民众之中的佼佼者，具备知识、眼界和判断力等方面的优势，因而也更可能关注国家的长远利益，做出更为可靠的判断。

但是，谏议不应成为决策机构，更不应替代中央机构和主权机构。中央机构负责制定大政方针、遴选官员，它的工作是权威性和专业性的，多头决策既会降低决策效率，也会妨碍决策的专业性。而主权机构的合法性源于民众的认同，其主权的特性决定了它的决策不应该被其他机构所阻隔。谏议的功能是给中央机构和主权机构提出参考意见，让它们改进自己的工作。但谏议中的"谏"很重要，它让谏议超出了单纯的议论范畴，被谏者必须认真听取并给出答复，说明采纳或不采纳的原因，这样才能保证谏议机构的制衡作用。反过来，谏议机构也应奉行"以道事君"的态度，自觉做中央和主权机构的补充，而不是越俎代庖。

那么，谏议者是否要像孔子所推崇的那样，只做"风谏"，甚或在眼看谏言无效的时候，"卷而怀之"呢？孔子所处的时代，谏议没有宪政的保障，谏议者因而常有性命之虑，"卷而怀之"因而是士人的生存之道。在现代儒家政治里，谏议是宪政的一部分，谏议者得到宪法的保护，因而无须"卷而怀之"。至于是采取"风谏"还是"直谏"，则完全取决于个人的谏议风格了。

在当代语境下，谏议很容易让人想起英国的上院。在英国的议会体制中，上院由非选举产生的高级神职人员和贵族组成。在这一点上，它与儒家政治中的谏议机构具有相似性。但是，英国上院的主要职责是制衡下院的立法，尽管它不能否决下院立法，但可以用延宕性否决的办法阻止下院的立法；而且，上院也没有监督政府的职能。事实上，历史上英国只有贵族院，任务是辅佐并牵制国王的决策，到14世纪时才一分为二，成为上院和下院。随着民主化的推进，下院的权力不断加强，上院的权力不断弱化。而中国历史上的谏议者从一开始就扮演了君主的辅助者的角色，他们既不参与立法，也不参与行政，而只是从天道出发，对君主和大臣提出批评和劝诫。我们再一次看到东、西方政治的不同之处：在中国，政治秩序是先定的，其中的各个参与者各得其所、各司其职；在西方，政治秩序是政治参与者之间博弈和斗争的均衡结果。

第十章
儒家政治的宪法架构

到目前为止，我们从儒家的人性论出发，对儒家政治的各个方面进行了阐述。现在要把这些阐述综合起来，构建儒家政治的宪法架构，让儒家政治获得实现优良政治的现实基础。所谓优良政治，就是保障个人自由、开放政治职位和为社会提供秩序并改善公民福利的政治。这些要素是评价一个政体是否具备正当性的标准。按照福山的说法，实现优良政治的现实基础是政治秩序，它包括三个要素，即强有力的国家、法治和责任制政府。[1]优良政治是政治之"实"，而政治秩序是实现这个"实"的"形"。在西方，政治秩序是在漫长的历史时期，经历各种势力的竞争和博弈之后形成的均势结果，其弱点是容易导致权力的过度分散。在东方，秩序是天定的，而世间的制度安排是为了维护这个秩序而确定的；因此，在古代中国的政治土壤里，容易形成强有力的国家，但却欠缺法治，也没有形成责任制政府。

在制度层面，一种"形""实"兼备的政体，必须在效率和制

1　［美］弗朗西斯·福山：《政治秩序的起源：从前人类时代到法国大革命》。

衡以及代表和真理之间取得平衡。君主制具备效率方面的优势，但却会导致权力的过度集中；民主制在制衡方面做得最好，但却会损失效率；贵族制更容易坚持真理，但却会缺乏代表性。美国的国父们发现，集君主制、贵族制和民主制为一体的混合体制是实现政治秩序并保障优良政治目标的最佳政体。这一思想被多数后发国家所借鉴。本书所构建的儒家政治也不例外。但是，儒家政治不停留在美国宪法所确定的三权分立之上，而是增加了中央机构和谏议机构。中央机构负责制定国家的大政方针，并培养和遴选官员，体现了儒家对贤能政治的追求，可以克服三权分立体制下容易形成的权力分散问题。一方面，中央机构的权威性来源于主权机构，其决策必须经由主权机构的认可方可实施，两者之间形成一种互为补充的制衡结构；另一方面，谏议机构由社会上的贤达人士组成，对中央机构和立法机构形成外层的监督和制衡。在这个框架下，儒家政治既能实现政治贤能主义，又能实现权力之间的制衡，防止权力的过分集中。它保证了政治的开放性，与个人自由之间也不存在根本性的冲突，并能够充分发挥贤能政治高效的优势，因此，作为选举民主之外的另一种政体，儒家政治可以落地为"形""实"兼备的政体。

政治秩序与优良政体

人类社会关于优良政体的想法随着时代的变化而变化。在轴心时代，东方和西方关于优良政体的概念就有所不同。对孔子来说，秩序是优良政体的唯一标准；尽管后来孟子加上了民贵君轻的思想，但总体而言，儒家仍然把秩序当作优良政体的最高原则。亚里士多德则把城邦的德性生活和城邦的总体利益当作优良政体的标准。"最优良的生活（无论是个人还是城邦集体）是具备充足物质条件以便实践善德的德性的生活。"[1] 政府的责任是以城邦整体的利益为重，实现德性的生活方式。"为谋取私人利益实行统治的政府，不管是一人或少数人或多数人的利益都是变异的政府。"[2] 城邦不仅是一个地理单位，而且更是公民组成的共同体。相比之下，在儒家眼里，共同体的概念是比较弱的，甚或没有，而国家是一个地理概念，民众聚集于君主之下，纯属一种偶然。这大概也是儒家强调秩序的原因之一，即民众并不对国家负有责任，因而需要一定的秩序才能在国家之中维持统一。反过来，要让民众服从这个秩序，君主必须从德而治，行如孟子所言："得百里之地而君之，皆能以朝诸侯，有天下；行一不义，杀一不辜，而得天下，皆不为也。"（《孟子·公孙丑上》）然而，当代儒家无须亦步亦趋地重复先秦儒家的思想，而是应该以他们为起点，重新构建儒家政治的理想形态。自戊戌变法以来，中国社会已经广泛接受西方文明所取得的人类成就，包括其中关于理想政治的部分，因而，在当代中国人的心目中，一个优良政体所必须具备的特征，与西方的观念几近相同。

一个优良政体首先必须保障个人的基本自由。尽管自由主义本身存在诸多矛盾（第十三章将详尽讨论），但对个人价值的肯定以及对个人自决能力的保护，仍然是值得优良政体追求的目标。尽管儒家把个人价值置于社会秩序之中，但儒家也强调"人皆可以为尧舜"，即个人通过自我修行可以成贤成圣。放在今天的语境里，这就是对个人价值的一种肯定。所谓"存天理，灭人欲"，那是理

---

[1] ［古希腊］亚里士多德：《政治学》，第181页。

[2] ［古希腊］亚里士多德：《政治学》，第69页。

学在南宋末年变成教条之后才发生的事情。西方曾经历漫长的黑暗时代，中国历史上的元、明、清三代也可以看作中国历史上的黑暗时代。公元500年前，西方在社会发展方面领先中国，但是，一种文明的发展规律总是盛极而衰，在气候变化（气温下降）的推动下，罗马帝国轰然倒塌，西方由此进入黑暗时代。中华文明也是一样。唐宋是中华文明的巅峰，但也是在气候变化的推动下被北方游牧民族所灭，然后进入黑暗时代。正如当代西方学者跳过黑暗时代，到古希腊、古罗马汲取养分一样，中国学者也应该回归到先秦时代，从那里汲取养分。

一个优良政体还必须对所有人开放政府职位。绝大多数古代社会的最大弊病是极少数人掌握政权，而绝大多数人被排除在外，并被奴役。在这方面，中国古代社会比其他古代社会做得更好，通过察举和科举制度，普通人也可以进入政府，成为官员。但是，君主的世袭仍然是中国古代的常态。在当今世界，没有一个国家不宣称政府的公职是向所有人开放的。这个观念是对个人价值肯定的一个延伸；"我的价值并不比其他人的低"已经成为社会成员的共识，因而社会无法先验地拒绝任何人担任公职的可能性。

一个优良政体还必须实现良治，即为社会提供秩序，并改善民众的福利。没有人愿意生活在一个动荡或生活质量较差的社会，哪怕它的政治再自由、再开放。西方的一些学者倾向于相信，自由和开放的政治会自动带来秩序和福利的提高。[1]但这个判断既没有坚实的理论基础，也与历史事实不符。在理论层面，这个判断大概

---

1 ［美］德隆·阿西莫格鲁、［美］詹姆斯·A.罗宾逊：《国家为什么会失败？》，李增刚译，湖南科学技术出版社2015年版。

只有当市场是十全十美的时候才有成立的可能性；当市场不完备的时候，自由和开放的政治能否自动带来秩序和福利的提高，就是一个巨大的问号。在最低限度上，社会福利的提高也取决于政府是否有能力组织市场参与者一起克服市场的缺陷。在现实层面，开放的政治（如民主化）与经济发展之间的关系也不是确定的，两者之间并不存在互为因果的关系。例如，一些看起来似乎不那么开放的社会（特别是东亚诸社会），经济表现却远比其他社会好。所以，良治可以是独立于自由和开放政治之外的一个维度，值得成为衡量一个政体优良与否的指标。

那么，如何实现优良政体的目标？苏东剧变的时候，福山把自由主义民主作为人类优良政体的最终形式，但是，目睹中国的崛起以及西方政治的踟蹰不前，他的观点有了很大的改变。尽管他对自由主义民主仍然情有独钟，但他不再用辉格党史观来线性地看待世界历史进程，而更愿意用全球眼光来发现不同文明在不同领域的进步，这集中体现在《政治秩序的起源》这部著作中。在该作中，他摒弃了"民主""非民主"这样带有明显道德意味的二分法，而采用更为中性的"政治秩序"的概念来描述中国、印度、伊斯兰世界以及欧洲在政治秩序方面的发展和停滞。政治秩序包括三个要素，即强大的国家、法治和责任制政府。强大的国家（state）是一个国家（country）脱离家族成为公器，即完成"化家为国"过程所必不可少的；法治指的是对统治者的法律约束，防止统治者对权力的滥用；责任制政府是在法律上具有回应民众需求责任的政府。法治保证个人自由和政府职位的开放，而强大的国家和责任制政府维护秩序并提高民众的福利。

福山的历史叙述从中国秦朝开始，他认为中国是第一个产生强大国家的文明。这个观点与钱穆关于秦朝"化家为国"的观点是一致的（见第十一章）。但是，福山认为，因为没有实现法治，古代中国的强大国家变得没有约束，从而也无法形成责任制政府。英国之所以能够在光荣革命之后实现完整的政治秩序，是因为法治较早地存在于宗教和地方分权之中。天主教关于婚姻的法律在欧洲较早地确立了财产权的地位，而格里高利七世对罗马皇帝发起的挑战，最终形成1122年教廷和罗马皇帝之间的沃尔姆斯协议，让教廷获得独立于皇权的地位，教会因此成为制衡世俗权力的重要力量。在英国国家权力形成的早期阶段，国王的权力比较弱，贵族的权力较大。在司法方面，各郡都有自己的法庭（即判例法法庭），通过为民众断案收取费用，而最初的国会代表也来自这些法庭。为争夺费用，国王也开办法庭（即普通法法庭），因为它们的判决适用于全国，普通法法庭最终替代了判例法法庭。在17世纪英国资产阶级革命期间，清教与英国国教以及天主教之间的冲突贯穿始末，而清教与新兴资产阶级（辉格党人）之间的结合是革命最终取得成功的关键所在。光荣革命之后王权受到极大的限制，议会的权力上升，法庭的地位得到加强，英国产生了责任制政府。在这个过程中，英国的国家能力不仅没有被削弱，反而被加强了，主要表现是，国王（政府）的举债和税收能力大幅提高。由此可见，英国建立政治秩序的过程是先有法治，然后通过漫长的革命，限制了国王的权力，建立责任制政府和强大的国家能力。中国则是反过来的，先有强大的国家，并持续两千多年，因而今天法治和责任制政府的建立举步维艰。

但是，这不意味着在中国不可能建立法治和责任制政府。西方建立政治秩序的路径是从分散的群体权力开始，通过长期的斗争乃至流血革命，最终实现一种精巧的均衡。中国要走的路，是从强大的国家出发，引进法治和责任制政府。这个过程是强大的国家让渡权力的过程，但不可能完全摆脱强大国家的印记，就如同英国在国家建构过程中无法摆脱法治的印记一样。儒家政治的制度建设充分考虑中国的历史传统，引进了中央机构和谏议机构，既继承了强大的国家，也继承了谏议的制衡机制。自由主义民主曾经辉煌过，但在抽象的民主成分被放大之后，它已经走上了没落之路。我们提出儒家政治的目的，不是替代自由主义民主，因为正如福山所展示的，一个国家的政体与其历史息息相关，任何一种制度都无法通约世界。然而，儒家政治所包含的一些因素，特别是政治贤能主义，可以成为自由主义民主自我革新的良药。在中国，儒家政治则植根于中国的历史传统之中，是契合中国人文化心理的最佳政体。

混合政体

就国家治理而言，福山的政治秩序仍然停留在原则的层次；要让优良政治落地，还需要对政体进行设计。美国宪法是人类社会的第一部成文宪法，也是人类社会第一次设计国家体制的尝试。宪法的主要起草者是罗马共和国的热情崇拜者，汉密尔顿、麦迪逊和杰伊在发表后来收录到《联邦党人文集》的报纸文章中，更是直接使用罗马政治家普布利乌斯的名字作为笔名。对于像汉密尔顿这样坚定的联邦党人而言，美利坚共和国必须建立一个强大的联邦政府，拥有一位品德高尚、能力超群的总统。他们也强调议会和法庭的作用，目的是限制总统的权力，但他们也没有忘记州的权力，为此设计了参议院，代表各州的权力。有意思的是，参议院的名字

senate 是罗马共和国的元老院，喻示参议院成员应该是德高望重的精英分子。总体而言，美国建国者们为美利坚共和国设计的是一个混合了君主制、民主制和贵族制的混合政体，总统是君主制的代表，国会是民主制的代表，参议院是贵族制的代表。

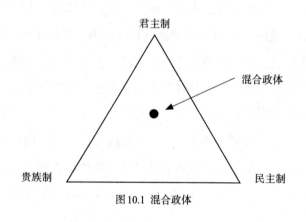

图 10.1 混合政体

一个混合政体可以用图10.1的三角形来表示。君主制的好处是决策机制简单、具有权威性，因而反应迅速、效率高。汉密尔顿虽然极力否认美国总统是君主，但是他坚决主张授予由总统领导的行政部门强有力的权力，他写道："决定行政管理是否完善的首要因素就是行政部门的强而有力。舍此，不能保卫社会免遭外国的进攻；舍此，亦不能保证稳定地执行法律；不能保障财产以抵制联合起来破坏正常司法的巧取与豪夺；不能保障自由以抵御野心家、帮派、无政府状态的暗箭与明枪。"[1] 贵族制的好处是，贵族衣食无忧，而且他们的命运与国家的存亡息息相关，因而更容易把国家的利益当作自己的利益。更重要的是，贵族不是一个人，而是一

1　[美]汉密尔顿、[美]杰伊、[美]麦迪逊：《联邦党人文集》，第356页。

群人,因此可以避免君主制的专断。而对于亚里士多德来说,还要加上德性,他提出:"贵族政体的特征是按照德性分配公职。德性是贵族政体的特性,正如财富是寡头政体的特性,自由是平民政体的特性。"[1]这一点与儒家对德性的态度高度一致;贵族之所以有资格参政,不是因为他们的出身或财富,而是因为他们具备较高的德性。民主制的好处是为政体提供合法性,并反映民众的诉求,对国家的其他组成部分形成制衡。洛克提出自由主义政府,再经由启蒙运动对个人权利的确立以及19世纪之后的几波民主化进程,当今世界上已经没有一个国家不声称自己的政权是建立在人民主权之上的。法治的最后闸门是民众对行政部门所拥有的否决权。尽管法律的地位早已在英国被确立,但直到光荣革命之后,英国才最终把国王的权力置于法律的完全管辖之下,代表公民的议会才获得完全的立法权,法庭也才获得独立于国王的司法权。今天,公民的范围已经扩大到全部成年人口,除制衡作用之外,民主还肩负着收集并加总民众利益诉求的功能。良治的目标是提高全体国民的福利,这首先要求政府知道民众的福利是什么,而民主是发现民众福利诉求的最简单也是最符合个人价值目标的办法。

但是,三种政体都有蜕变的可能。如亚里士多德所言:"上述各种政体的变异形式如下:君主政体变成僭主政体,贵族政体变成寡头政体,城邦政体变成平民政体。僭主政体仅为君主谋利益,寡头政体仅为财阀谋利益,平民政体仅为穷人谋利益,这些政体无一为全体谋共同利益。"[2]避免政体蜕变,同时又发挥它们的优势的办

---

1 [古希腊]亚里士多德:《政治学》,第106页。
2 [古希腊]亚里士多德:《政治学》,第70页。

法是建立三种政体的混合政体，如图10.1中三角形内部的圆点所示。混合政体就是共和国，即各种形态的力量的联合国体。共和国同时拥有君主制、贵族制和民主制的因素，但又通过它们之间的抗衡，避免它们各自走向自己的反面。但是，三种政体混合到什么程度，则会因国家而不同，而且也可能随时间而发生变化。图中圆点的位置大体上反映了混合程度。当它靠近三角形的顶点时，君主制的色彩就更重一些；当它靠近三角形的右下角时，民主的力量就更大一些。自由主义民主开始的时候更靠近三角形的左斜边，意味着君主制和贵族制占据主导地位；民主化导致图中的圆点向右下角移动，当它基本上到达右下角时，意味着民主制占据绝对的优势。中国起始于混合体制三角形的左斜边靠近顶点的地方，我们现在要回答的问题是：代表中国传统体制的圆点要向右下角移动多远？儒家政治的宪法架构对此给出了答案。

儒家政治的宪法架构

儒家政治的宪法形态是一种混合政体，它的宪法架构可以用图10.2来表示，包括五个组成部分：中央机构、主权机构、司法机构、行政机构、谏议机构。在获得主权机构授权的情况下，中央机构负责制定大政方针并选拔官员；主权机构代表民意，审议和批准中央机构的立法建议和官员任命；司法机构负责执行主权机构通过的法律；行政机构对主权机构负责，担负政府的职责；谏议机构负责对中央机构和主权机构提出建议和批评。这里与其他混合政体的最大不同，是多了中央机构。主权机构、司法机构和行政机构在形式上与西方政体通行的三权分立是一致的，不同之处在于主权机构的职责——在儒家政治的宪法架构中，主权机构审议和批准中央机构的决策和人事任免，而不是像其他混合政体里那样直接为之。这个差别很关键，需要进一步讨论。

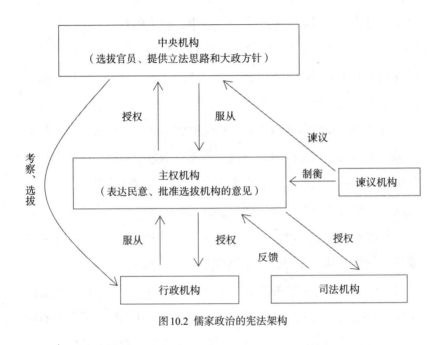

图10.2 儒家政治的宪法架构

为什么需要一个中央机构？最为重要的原因，是保证决策和立法的无偏性和官员选拔的贤能性。当代政治——无论是实施哪种政体——面临的最大挑战之一是政府失去了独立于利益集团的自主性，它们要么被强势利益集团绑架而成为少数人的政府，要么陷入均势利益集团之间的争夺而无法行动。福山在《政治秩序的起源》的姊妹篇《政治秩序与政治衰败》中，把代理人政治看作是政治衰败的最显著的表现。所谓代理人政治，就是被少数利益集团绑架的政治。他也强烈批评美国的"否决者"政治，即美国政治中存在太多的否决点，阻碍了政治的正常运转。[1]这是均势利益集团的争夺导致政治失去治理能力的典型案例。保证政府的中性，是良性政治和经济发展的条件。但是，当今世界流行的两种政府架构都难以保证政府的中性。在总统制下，总统被直接置于选民定期的挑选之下，尽管这样可以对总统实施强约束，但也将总统置于民众的短期诉求的压力之下，为获得选票，在位总统和竞争者都会做出迎合民众短期诉求的承诺。在议会制下，政府官员来自当选议员，而议员由选区选出，因而不会全都受全国性的民粹主义诉求所裹挟，但是，议会里的党派争斗也常常会让政府的运作举步维艰，特别是出现多党派参与的联合政府的时候。儒家政治里中央机构可以避免这些弊端。它的成员在自己的系统里产生，与主权机构以及行政机构（政府）分离，因此不受民众的直接影响。

与政策和立法的无偏性一致，中央机构可以保证政府官员选拔的贤能性。前一章已经论证贤能性在官员选拔过程中的重要性，但为什么不能依靠民众的选票，而是必须经由一个统一的中央机构来发现贤能的官员呢？这是因为，在一个大型社会里，民众并不能完全了解官员的品行。一方面，了解官员需要花费精力和成本，而每个人的选票的作用又几乎为零，因而，理性的选民会选择不去搜集信息，草率投票甚或不去投票；另一方面，如儒家人性论所描述的，民众在判断力等方面的发展是不平均的，并不是每个人都具备鉴赏官员德性的能力。这样说不等于否定个人的价值。正如不是所有人都具备做科学家的能力一样，也不是所有人都具备正确判断官

---

[1] ［美］弗朗西斯·福山：《反对身份政治：新部落主义与民主的危机》，苏子滢译，《澎湃新闻》2018年8月31日。

员品行的能力。政治参与并不只有选举官员一条路，民众可以通过民意代表表达自己的诉求。换言之，官员选拔和民意代表是可以分开的。选举民主把两者混在一起，最终的结果是只剩下代表，而没有选拔。这也给投机分子可乘之机，他们通过歪曲、编造、夸大等手段混淆视听，博取民众眼球以获得选票，长此以往，政治质量下降也就不足为奇了。

中央机构的优势之一，在于不受各种压力的影响，用一致的贤能标准来选拔官员。选拔贤能是中央机构的法定责任，但这不是它能够保障贤能的唯一原因。从宪法架构角度来看，中央机构本身没有行政权力，因而不可能从日常行政管理中攫取任何私人利益，专注于选拔和决策就成为其成员的唯一目标，而在没有私利的情况下，把贤能作为选拔的唯一原则，就是符合人的直觉的唯一选择。中央机构的成员本身也应该通过贤能标准从它的地方分支中选拔上来，为增加多样性，其中的一些成员可以从政府官员中选拔。事实上，因为中央机构要对重大问题进行决策，一定的行政经验是必要的。中央机构可以和政府之间进行官员的交流，从而增加官员的执政经验，提高其决策能力。中央机构的贤能性是保证它的决策和选拔的准确性的基本前提。

中央机构的权力很大，因此需要强有力的制衡。在宪法层面，中央机构的权力来自主权机构的授权，它的决策和官员选拔必须获得主权机构的认可才能变成法律或付诸实施。这是对中央机构的最有力的制衡。主权机构的成员是民意代表，由选区里的选民选出，代表民众的利益。中央机构的决策再好，如果不能得到民众（通过他们的民意代表）的支持，也不应该得到实施；中央机构推荐的政府官员再有能力，如果不能得到民众（通过他们的民意代表）的认可，也不应该获得任命。这些情况在现实中是可能存在的。中央机构的成员可能不了解民众的需求，也可能根据自己的认知或喜好制定政策、推荐官员，主权机构的审议可以纠正这些偏差。但是，与儒家民本主义一致，主权机构的作用不是主动的，而仅限于对中央机构的决策和人事任命进行审议和投票。这样的安排，既是儒家政治贤能主义的要求（即把决策权交由一个专业和贤能的机构来完成），也是儒家政治秩序使然。在民主制度下，政治秩序是不同政治势力竞争所形成的均衡，而主权机构是这个均衡的载体，因而应该成为主动的决策机构。在儒家政治下，政治秩序是先定的，其宪法架构是从这个秩序中推演出来的，中央机构具有维护这个秩序的职责，而主权机构仅是体现民众意志的场所。

谏议机构也起到对中央机构的制衡作用。中央机构可能犯错误，而主权机构察觉不到；或者，因为想获得主权机构的通过，中央机构的决策可能会偏向主权机构的某些群体。谏议机构的任务就是给中央机构提出实质性的建议和批评，防止中央机构犯错误，从而也防止主权机构犯错误。在这个意义上，谏议机构对主权机构也构成制衡。

在图10.2中，行政机构（政府）的成员由中央机构选拔，但需要主权机构的批准，而它的运作也是对主权机构负责，而不是对中央机构负责。主权机构因此构成了中央机构与政府之间的防火墙，阻隔了中央机构直接干预政府行政的可能性。这道防火墙具有两方面的意义：其一，它限制了中央机构的权力，以避免它的成员与政府官员之间发生利益纠葛，从而避免整个系统的腐化；其二，由于利益链条被切断，中央机构的成员可以专注于大政方针的制定和官员的选拔。

与其他当代政体一样，儒家政治中的司法机构独立于其他机构，专注于执行主权机构所制定的法律，但是，它应该向主权机构反馈法律的执行情况。

总之，儒家政治的宪法架构将现代国家治理体系嫁接到儒家的政治贤能主义之上。中央机构是儒家政治贤能主义的集中体现，扮演图10.1政体三角形中的君主制角色。但它的权力受制于主权机构，并受到谏议机构的监督，而且，它没有行政职能。这样的安排，足以让儒家政治实现良治，并具有开放性和包容性，后者源于官员选拔的开放性，即任何愿意为国家出力且具备一定能力和德性的人士都可以加入到官员选拔体系中来，通过历练和学习，那些出类拔萃的人获得升迁。当然，这里的开放性是以资质为基础的，这也让儒家政治与个人自由之间的关系变得复杂起来，第十三章将专门探讨这个问题。

分权、制衡与治理绩效

在图10.2的儒家宪法框架中，没有一个机构获得不受约束的权力。这是对中国历史上的国家治理形态的一大修正，它的意义值得进一步探讨。

如福山所指出的，中国古代政治的一大缺陷是没有产生能够约束君主的法治。但这不是说中国的君主不受任何约束；恰恰相反，汉、唐和宋代的君主都受到制度化的约束，其中最为重要的是，君主必须和宰相领导的行政集团分享行政权力。然而，这样的分权没有改变君主高于行政集团的实质，君主的权力更多的是靠道德教化约束的。所以，一旦君主置教化于不顾，他的权力就可以超越君臣分权的边界。宋代是君主权力最小、文官行政集团权力最大的朝代，但当文官集团因王安石变法而分裂之后，君主的权力就失去了有效的约束，要么直接被君主滥用，要么被权臣所利用。说到底，这样的结果源自一个事实，即文官集团的权力来自君主主动的让渡，而不是文官集团通过斗争获得的成果。在我们的儒家政治建构之中，中央机构有动力将主权让渡给民众，但要确保这种让渡是永久性的，就必须把它置于宪法的保护之下。这就是诺斯和温加斯特所说的政治上的可信承诺。在讨论英国光荣革命的意义的时候，[1] 诺斯和温加斯特认为，国王把预算等权力交给议会，是对议会做出了一个可信的承诺，即今后将不再随意向议会借款。贯穿17世纪议会对国王斗争的主线之一，就是限制国王随意借款的权力——这个权力不仅让议会愤怒，而且阻碍了英国的经济进步。国王在光荣革命之后失去了随意借款的权力，但却得到了议会更多的借款，原因是国王的预算是议会批准的，议会知道这些借款是要归还的。所以，国王表面上失去了权力，实际上却增强了筹款的能力；换言之，通过分享权力，国王的还款承诺被制度化，国王的能力因此非但没有下降，反而还上升了。议会掌握预算的批准权，起因是要限制国王的权力，但它的一个连带效应是让国王的剩余权力获得制度上的合法性。光荣革命以前，国王的权力之源是世袭和"君权神授"的说教，是不稳固的；革命之后，国王的权力得到宪法的保护，因而获得制度上的合法性，国王再也不用担心被革命的危险了。

民主的理论家们对民主有很多的赞美，但有一条他们似乎没有注意到，即民主消除了政府面临的革命的威胁。君主的一大潜在

---

[1] Douglass North and Barry Weingast, "Constitutions and Commitment: The Evolution of Institutions Governing Public Choice in Seventeenth-Century England", *Journal of Economic History*, Vol. 49, Issue 4, December 1989, pp. 803–832.

危险是，他总是面临被他人推翻或篡权的威胁。在一个稳固的民主社会里，推翻当前的政府是一件毫无意义的事情，因为即使当前的政府倒台，革命者仍然不得不面对下一次选举，而选举的结果并不是革命者完全可以控制的。在民主制度下，产生政府的程序是民众共同认可的，由此，政府和民众之间形成了相互确信——政府知道自己的权力源于民众，而民众也知道政府的这个"知道"；反过来，民众知道政府会在法律范围内行使权力，而政府也知道民众的这个"知道"。

在儒家政治中，中央机构也必须与民众建立相互确信，而建立相互确信的唯一办法是把自己的权力分散给一个民选的机构。所谓空口无凭，这是路人皆知的道理。把部分权力——在儒家政治里，是否决权——让渡给代表民意的主权机构，表面上看是限制了中央机构的权力，实质上是为中央机构的权力创造了制度化的合法性。在中国古代，由于皇帝没有这种合法性，他们的许多措施因而走样变形，如残害忠良、重用宦官、依赖外戚等等。这样的做法不仅于国无利，而且也会伤害到他们自己。在获得了制度化的合法性之后，中央机构就可以摆脱类似的合法性焦虑，做事也就可以更加大胆，加之不受民众短期利益的直接左右，它的表现就会优于选举民主下的政府。

在约束中央机构权力的同时，儒家政治还对其他机构的权力进行了分割。首先，主权机构并不构成对中央机构的支配地位，因为它的决策是被动的，只审议中央机构提出的立法和政策主张。其次，行政机构（政府）被置于主权机构之下，不直接受中央机构的管辖，因而不会出现行政机构"一家独大"的现象。再次，执法机构具有独立的执法功能，但也须向主权机构反馈执法情况。后者虽然不形成对执法机构的硬性约束,但也足以提醒执法机构,防止执法过程中出现严重的偏差。最后,谏议机构的功能是劝谏中央机构,并与主权机构之间形成制衡,但没有可以行使的权力。那么,接下来的问题是:一方面,这样的权力分割,在很大程度上捆住了各个机构的手脚,它是否会降低国家治理的效率?另一方面,各个机构又具备较强的独立性,因而,它是否会导致"山头主义"并置可能产生的腐败于无监督的状态呢?

对于第一个问题,答案是:如果效率指的是中央机构的政策畅通无阻,那么,儒家政治的宪法架构的确会降低效率。但是,中央机构的政策畅通无阻不应该是国家治理的目标。中央机构的独立性在制度上保证了中央机构的决策不受短期利益的干扰,但无法保证它的决策都是正确的。尽管它的成员是经过遴选的贤能之士,但他们也不一定掌握国家的全面信息;而且,他们可能根据自己的偏好而不是民众的利益制定国家政策;另外,我们也不能保证他们中的某些人不发生变质,在决策时置私利于公共利益之上。考虑到这些情况,对中央机构的决策进行审议并将它与行政机构隔离是必要的。这样做,决策的速度会慢一些,但决策的正确性却会提高,两相比较,得大于失。换言之,以决策质量来定义效率,那么儒家政治的宪法架构可以保证高效率。至于紧急情况,则可以用例外条款加以规定。

对于第二个问题,答案更加迂回一些。即使是在中国古代那样中央集权的体制里,君主仍然要担心大臣中出现"山头主义"。解决这个问题的办法是让官员在不同地区和不同机构之间进行调动,并通过监察机构对大臣进行平行或垂直的监督。在中央集权的体制下,这大概是君主能够实施的最好措施。但是,这种措施的代价是高昂的，其中最为沉重的，是整个官僚体系形成唯上不唯实的风气，大话假话盛行，在关键时刻往往造成惨痛的后果。从整个官僚体系的设计来看，这种监督机制与选贤任能的主调也是矛盾的。选贤任能的基础是官员有足够的空间展现自己的才能和德性，但是，严苛的监督机制却破坏了这个基础。自上而下的监督必须采取统一的标准，但地方和各个行政部门的情况却千差万别，两者之间产生矛盾是必然的。慑于中央的权威，地方和部门官员最后都会选择放弃因地制宜，转而事事照中央的要求办，久而久之，就会形成唯上的风气。由此而产生的一个严重的副作用是，整个官僚体系失去锐气和活力，官员甚至失去尊严感。

　　自上而下的监督不是防止腐败的最佳办法，分割权力并形成各个机构之间的制衡才是更好的办法。一方面，权力分割之后，各个机构的权力受到限制，这本身就降低了它们变质或形成"山头"的可能性。另一方面，权力分割让各机构之间自然形成制衡关系。每个人对他人所拥有的权力都非常敏感，特别是当这种权力可能会作用到自己身上的时候。这是人类早期自我保全倾向的一个遗迹。投射到国家治理层面，则每个机构、每个部门对于其他机构或部门的权力都会极度敏感，因而会自发地去监督它们，由此形成的平行权力之间的监督比自上而下的监督更可靠。这种监督当然也有成本，例如，机构和部门之间的争夺会导致时间和资源的浪费，也会形成类似北宋党争的状态。但是，只要权力划分以及规则是明确的，这些成本就都是可控的，相比于自上而下造成的唯上风气和惰政，付出这些成本也是值得的。

第十一章
历史上的儒家政治

所有历史都是当代史,而过去的一百年是中国历史最具"当代史"面目的时期。这是中国由古代社会走向现代社会的时期,因而也是最反传统的时期。科举被废除,"孔家店"被打倒,写进中学教科书中的中国历史几乎变成了一部"吃人"的历史,而中国文化也变成了"酱缸"文化。像钱穆、梁漱溟和冯友兰这样对中国文化抱有敬意的学人,也被裹挟其中,要么流落到中华文化圈的边缘地带,要么在革命洪流面前屈服,甚至被改造。这个趋势,直到20世纪70年代末中国共产党开始中国化之后,才出现了扭转的机会。进入新世纪,官方对传统文化的态度有了进一步的改善,比如,端午和中秋被定为法定节日,汤一介先生领衔编纂的《儒藏》项目得到政府的巨资支持。社会上兴起了儒学热,儒家大有再生之势。学术界也陆续出现了一批重新评估中国历史的著作,中国历史获得了重估的机会。就政治史而言,尽管学术主流仍然习惯性地用"专制"来描写中国古代政治,但更加细致的研究告诉我们,自周以来的中国政治远不是"专制"所能概括的。先秦时代的中国,诸侯和贵族政治可以用"文明"来形容,而秦始皇确立的大一统帝制也不是皇权独断,从西汉至北宋,君臣共治仍然是中国政治的常态;中国政治的衰败是从南宋开始的,到清朝才进入我们今天所深恶痛绝的"专制"时代。从西汉到北宋的一千多年间,中国政治拥有儒家理想原型的许多特征,但这不是说中古时代的中国就已经实现了理想政治形态。我们的先贤们所构想的理想社会绝不是皇帝一人乾纲独断、视民如草芥的绝对君权社会,而是一种平衡君权、群臣和百姓的有序社会。他们所构建的政治形态以世俗的方式为社会提供政治秩序,无论是从理论还是从实践层面来看,其成就都远远超越了同时代的其他欧亚文明所能达到的高度。

贵族政治的时代

人是从动物界分离出来的,因而必然带有动物的一些本能。这是本书论述人性多样性的科学基础。我们一直在强调人生而具有多样的可能性,但就政治而言,对权力的追逐无疑是最重要的人性特征。权力主宰政治,因而我们可以用赤裸裸的"理性"来分析早期人类社会的政治形态。在那个时代,一个统治者大体上需要完成三个任务。

第一个任务是抵御外敌入侵。生存竞争都发生在处于同一生态位上的生物之间。在动物界,同类之间的竞争是最为残酷的。黑猩猩是一种比较残暴的灵长目动物,但在自己的族群之内,争斗还是基本有序的,不到万不得已不会到达你死我活的地步。[1]然而,对于邻近的其他族群,它们的态度就不一样了。族群之间经常发生

---

1 [美]弗朗斯·德瓦尔:《黑猩猩的政治:猿类社会中的权力与性》。

偷袭，有时是对其他族群落单的猩猩发起零星攻击，有时是对其他族群营地发起全面攻击，目的是把其他族群赶走，从而使自己的族群好占据更大的营地。[1]早期的人类也是一样，偷袭其他部落是人类战争的初始状态。等到军事实力增强之后，征服就成为战争的主要目的。征服者从被征服者那里掠夺财物和奴隶，班师回朝之后还要被征服者提供岁贡。当然，也有征服者留下来做统治者的，一般是草原民族这样做，如突厥人和蒙古人。无论怎样，被征服者总是要遭殃的，即使能够活下来，也会成为二等或三等人，如元代的南方汉人那样。最倒霉的是原来的统治者自己，一般情况下都要被征服者杀掉，儿子也不能幸免，老婆、女儿则被征服者霸占。例如，北宋徽钦二宗在靖康之难中尽管没有被金人杀掉，但被掳到金人腹地之后，不仅受牵羊之礼的羞辱，而且目睹自家的女人被金人霸占，真是生不如死。所以，为保全自己的性命，为保全给自己创造财富的黎民百姓，统治者必须要能够抵御外敌的入侵。

在此之上，统治者的第二个任务是防止内乱，不要让自己被内部的挑战者取代。这实际上很难，就像德瓦尔在《黑猩猩的政治》里描写的黑猩猩群落一样，在没有任何外在约束的情况下，头领总是处在被挑战的境地之中。人类比黑猩猩聪明的一点是发明了制度，让制度来保护统治者。一个办法是用选举来选择统治者，让统治者获得多数人的支持，让少数挑战者望而却步；另一个办法是世袭。从人的本性来看，人追求权力，之后又要垄断权力，这是一个自然的过程。但是，要想垄断权力，就必须掌握足够强大的军

---

[1] 有兴趣的读者可以观看Disney Nature拍摄的纪录片《黑猩猩奥斯卡》，见https://www.bilibili.com/video/av29630105/。

队，所以，世袭后于选举发生，是有道理的。然而，世袭也有一个好处，就是避免了内部为争夺权位发生火并的危险。对于没法获得最高权力的权贵来说，这不是一个最优的选择，但如果统治者能够和他们分享和平的收益，他们也会接受。这大概是分封制的人性基础。

在后来发展出文明的社会里，没有一个社会可以完全不理睬普通百姓的生活状态，而只满足统治者的贪欲。因此，统治者的第三个任务是为百姓提供必要的秩序，让他们有某种获得感。"水可载舟，亦可覆舟"，这是文明社会在漫长的进化岁月里习得的社会伦理之一。孔子教导君主施仁政，孟子进一步上升到"民为贵，社稷次之，君为轻"的高度。我们可以争论他们是否从根本上把黎民百姓放在首位，但是，他们肯定相信君主对百姓是负有责任的。这大概是"父母官"的本意。父母对子女负有责任，并不一定是因为他们把子女放在第一位，而仅仅是因为他们做父母的责任。君主对百姓也是一样的。关注百姓的生活状态，在必要的时候救黎民于水火，是一个正直的君主必须担负的责任。这是儒家对统治者的要求之一。

古代社会发明了多种政治制度——或用苏力在《大国宪制》里的表述来说，就是"宪制"——来处理上述三个任务，如民主制、寡头制、贵族制和君主制。究竟采用哪种宪制，取决于两个变量。一个是疆域的大小，另一个是国家内部的复杂程度。疆域越大，人口越多，统治起来就越费劲。在国家内部，小型社会一般都有较低的复杂度，如雅典；但也不尽然，比如罗马，即使在它扩张之前也已经变得比较复杂，各色人等都已存在。在一个复杂度比较低的国家，国家的大小决定它是采用民主制还是君主制。小国（如雅典）

会采用民主制，而大国（如商朝）会采取君主制。古代的民主制都是直接民主，因此只适用于小型社会。像雅典这样的城邦国家，自由民的数量不到三万人，而且只有男性可以参政。自由民都靠奴隶和外邦人的进贡活着，人与人之间的差别小，搞直接民主才有基础。雅典的民主经常采取抽签的形式决定官员的任命，也说明当时自由民之间的差距是比较小的。商的国都迁移了多次，殷商的直接统治范围在今天的河南中北部，其面积远大于雅典，人口也应该比雅典多得多，因而采取君主制。实际上，在雅典时代，它的民主是希腊半岛的一个特例，其他城邦国家多数都采用君主制。在一个复杂度比较高的国家，国家的大小决定它采用贵族制（寡头制）还是分封帝制。罗马一开始采用贵族特点非常明显的共和宪制，随着征服范围的扩大，两个因素促使它走向分封帝制。其中一个因素是军事领导人的个人野心，恺撒就是一个完美的例子。尽管他的篡权企图因元老院对他的集体谋杀而被终止，但他的继子屋大维以高超的政治智慧完成了他未竟的事业，最终成为罗马帝国的第一个皇帝。另一个因素是罗马的疆域太大，罗马城里的贵族们无法在单一体制下对全境实施统治，分封成为一个必然选择。这也是周朝的选择。

相较于商的势力范围，商本身的规模并不大，商天子和贵族的生活很大程度上依赖其势力范围内的方国的纳贡。有一种流行的说法，说中国文化不崇尚征服。这种说法用来描述大一统的中华帝国形成之后的中国文化可能是合适的，但用来描述先秦就差强人意了，用到商身上更是南辕北辙。征服他人是早期人类社会的本能。大一统的中华帝国不再征服，是因为东亚地区要么被它直接纳入了版图，要么俯首称臣，成为藩属国了。

周灭商建立新王朝之后，其统治比商要温和一些。周的统治范围从关中地区延伸到黄河下游，南及淮河北岸，以当时的技术水平来看，已经是很大的疆域了。周王的统治办法是分封诸侯，即把自己的兄弟、子侄分封到外地，比如，鲁国就是武王的弟弟周公旦的封地。周王也就地分封臣服的方国国君，或把他们分封到远一些的地方去，比如，孔子的老家宋国就是商人的封地。各诸侯拥有自己的封国和臣民，不用给周天子交税，只需在必要的时候为周天子出兵打仗。在各自地盘上，诸侯们也照周王的样子，分封自己的兄弟和子侄，形成大大小小的封邑。周天子的税收来自原先周国的统治范围，靠自己的属臣管理。各个诸侯也有自己的"自留地"，派家臣去管理。诸侯国的王公贵族也是一样的，靠家臣管理自己的封邑。[1]

  这套制度运转了二百多年，但到周幽王烽火戏诸侯、周平王东迁之后开始瓦解。春秋时期，各诸侯国基本上变成了独立的国家，洛邑的周王成了一个摆设。在各诸侯国内部，国君的力量也很弱小，国家政治被少数贵族把持。国君力量之所以被削弱，和分封有关。在一个疆域固定的国家里，分封必须有所节制，否则总会有一天出现无地可分的状况。可是，在中国做君主的一个好处是，君可以拥有很多很多的女人，她们给君主生很多儿子，这些儿子日后都要得到封地，君主自己就变得越来越穷了。这给那些在女色方面比较节制的王公贵族挑战君权的机会。因为不用分家析产，经过几代之后，这些贵族的财富足以让他们有底气挑战君权。鲁国"三桓"季孙氏、叔孙氏和孟孙氏是一个典型的例子。他们都是鲁国第十五代国君鲁桓公的儿子，经过几代人的内斗，他们终于稳定地分

---

[1] 参见李硕：《孔子大历史》，上海人民出版社2019年版。

别执掌鲁国的司徒、司马、司空三大职务,并把持鲁国的军队,所以国君也必须仰其鼻息。

由此,春秋时期中原各国内部逐渐形成了"虚君共治"的贵族寡头政治。贵族讲排场、爱面子,重视家族荣誉,所以寡廉鲜耻之人比较少,玩政治也不会太出格。另外,寡头们上溯几代就是一家人,所以他们之间即使发生争斗,也不容易斗到你死我活的地步。果真到了你死我活的地步,那些实在打不过的人也可以拔腿跑到其他国家去避难,因为他们的贵族身份,其他国家也会愿意收留他们。那时,国家与国家经常发生战争,但是在战争中大家都讲究礼法,每次打仗都要预先商定地方,等双方把兵力排开才开战。[1]最为重要的是,国君的权力受到极大的约束。一方面,国君不是天子,而是受周天子分封的王公,所以只能称"公"而不能称"王"。事实上,龟缩在洛邑的周天子已经成为一个摆设,对各国诸侯来说仅有礼仪上的权威,而无实质性的权力。所以,春秋时期是一个无王的时代。另一方面,国君在财富和权力两方面都不显著优于国内的贵族寡头,对于贵族寡头而言,国君真正成为"我们之中排第一位的人"。春秋时期中原各诸侯国因此形成了一种在当时欧亚文明社会里少有的贵族开明政治。在当时的地中海文明当中,政治基本上不存在,因为国家只属于国王一个人或一小群人,而统治的目的就是为他们从臣民那里攫取财富提供方便。西方出现贵族政治,还要等到中世纪后期。那个时候,民族国家开始出现,但国王

---

[1] 宋与楚的泓水之战是典型的春秋"君子之战"。宋军已经在泓水北岸严阵以待,而楚军还在渡河。宋襄公不齿于攻击渡河楚军,等楚军渡河并排好阵之后才发起攻击,结果宋军战败,宋襄公本人中箭,不久身亡。参见赵鼎新:《东周战争与儒法国家的诞生》,夏江旗译,华东师范大学、上海三联书店2006年版,第64页。

的权力还没有强大到可以一统天下的地步，分封贵族的权力还比较大，因而出现了英国《大宪章》这样的东西。钱穆先生有中华文明早熟论，主要是针对秦以后的大一统帝制说的，但是，春秋时期的贵族政治也算中华文明早熟的一个证据。西方的贵族政治不仅出现晚，而且还没等它完全被绝对君主制取代，否定君主制的革命就发生了，贵族政治及其背后的分封制度反倒为革命提供了支持，就如17世纪英国革命期间发生的那样。日本的明治维新能够迅速取得成功，和幕府时期的分封制也大有关系。维新运动是从地方藩属发动的，也得到一些地方大名的支持，最终逼迫幕府将军"大政奉还"。西方和日本的现代化得益于均势集团之间的斗争，由此形成的宪政具有很强的自我实施能力。西方和日本的"落后"反倒成为它们进入现代社会的催化剂，而中国的"先进"却让中国陷入长时间的大一统帝制。

春秋时期的贵族政治不会给普通老百姓带来多少好处，因为老百姓要么是国君的农奴，要么是贵族的农奴。但是，贵族政治给一些没落贵族子弟提供了机会。孔子就是其中之一。他在15岁母亲去世之后才得到孔家的承认，获得贵族身份。但他这个贵族没有任何封邑，只能靠给贵族打工生活。在春秋时期，他这样的人叫作"士"，即没有封邑的贵族。孔子靠着自己的学问和教书育人奠定了声誉，获得三桓的信任，做了鲁国主管司法的司寇，后面还暂替季孙氏做了鲁国的代理宰相。到战国时代，"士"的概念就宽泛多了，指所有有学问的人。"士农工商"，"士"已经形成一个社会阶层。一些名士奔走于各国之间，宣扬他们的变法主张，对于大一统帝制的产生起到了极大的推动作用。

春秋末期，中原各诸侯国内部和外部的政治环境都发生了巨大的变化。在内部，一些国家的贵族养尊处优，失去了血性，被家臣篡权；另一些国家的贵族则进一步壮大，直接把国家分了，如三公分晋。在外部，南方蛮夷国家如楚、吴、越在名义上都不认东周天子，国君直接称王，和东周天子平起平坐，冒天下之大不韪，却能多次问鼎中原。它们的成功挑战了中原的贵族寡头政治，就如斯巴达的军事帝制挑战雅典的民主制度一样。中原国家的各种变法应运而生，目的都是一个，即强化国家和君主的力量，在国家之间的争斗之中赢得先机。战国时代，征服重新开始。二百多年混战的结果，是大一统的秦帝国的兴起。我们总是说，秦始皇统一中国，功劳很大。这是从今人的角度来看，因为我们早已习惯把中国看作一个统一的国家。在当时，恐怕统一并不是所有人的理想。从被灭掉的国家的角度来看，秦国做的就是征服。秦始皇的真正贡献，是完成了中国民族国家的构建。这比欧亚大陆文明中的其他国家早了一千五百年左右。汉武帝在董仲舒的帮助下完成了官僚帝制的成形工作，更是让中国的国家治理具备了现代国家的雏形。[1]但是，这种官僚帝制不是凭空产生的，而是对春秋贵族政治的继承。

汉唐风范

秦灭六国，中国的封建时代结束，官僚帝制时代开启。[2]秦帝国的疆域遍及东亚大陆，不仅地域辽阔，而且差异性极大，按理应该采取分封制。秦始皇能够采取一个大一统的帝制，主要是因为他

---

1 ［美］弗朗西斯·福山：《政治秩序的起源：从前人类时代到法国大革命》。
2 斯大林在《联共（布）党史简明教程》中把人类社会分为五个阶段，即氏族社会、奴隶社会、封建社会、资本主义社会和共产主义社会。这种划分对于中国是否合适，值得进一步研究。

听取了李斯的建议，采取了一系列压缩帝国境内差异性的措施。这些措施包括"车同轨，书同文"，立郡县。秦国在全国范围内大举修路，就如同英国19世纪初和现在的中国一样。路网的完善大大缩短了帝国境内各地之间的经济和政治距离，其意义就如同今天高铁缩短了中国各地之间的社会距离一样。统一文字更是一个了不起的成就。试想，如果不用统一的文字，广东话还能算中国的一种方言吗？就发音而言，广东话和北方官话之间的差距远大于意大利语和西班牙语之间的差距，但靠着统一的文字，处在帝国边缘的广东从来没有独立出去。郡县制否定了分封制，确立了中央政府对地方的直接管辖，因而让秦制具有了现代国家的雏形。但是，郡县制不是凭空产生的，而是继承了春秋分封贵族制的一些内容。"县"在春秋时期指的是周天子或诸侯自己直接派人管辖的地域。秦国在公元前359年开始商鞅变法之后，就基本上废除了分封制，而以军功爵和郡县制代之。另外，李斯本人是楚国人，他力主在全国推行郡县制，和他在楚国的经历恐怕也有关系。春秋时期，楚国是后起的"蛮夷之国"，没有中原各国的繁文缛节，一王独大，效率比中原各国都高。赵鼎新认为，东周时期诸侯国之间频繁但输赢不定的局部战争促成了各国从贵族政治文化向效率导向型的工具理性文化的转变，而秦国是坚持到最后且做得最好的。[1]

秦废止分封，开始了中国"化家为国"的历程。今人谈论中国古代皇帝的时候，总会不知不觉地想到"专制"，但在那个时代，又有哪个国家不是采取世袭帝制呢？以当时人类的智识而言，世袭帝制恐怕是文明社会摸索出来的统治成本最低的一种治理模式。秦

---

[1] 赵鼎新：《东周战争与儒法国家的诞生》。

二世而亡,一个原因是还没有摆脱征服者的角色,以对待敌人的残暴策略对待黎民百姓。刘邦建立西汉,依仗的是各个诸侯以及手下将军们对他的支持,因此不得不分封他们,从而埋下了西汉初期内斗的伏笔。汉代真正开始化家为国,是在汉武帝接受了董仲舒"罢黜百家,独尊儒术"的主张之后。因为这个主张,董仲舒在过去一百多年背负了许多骂名。在很长一段时间里,他都被指认为罢黜"百家争鸣"的罪魁祸首,是为"封建专制"著书立说的唯心主义者。但这些都是今人以现代的眼光看历史产生的偏见。还原到董仲舒所生活的时代,他的主张反倒具有进步意义。从表面上看,他的"天人感应"说重新给君主授予了"天命",因而好像是维护了君主的绝对权力,但是,这里的"天命"是有条件的。"天之生民非为王也,而天立王以为民也。故其德足以安乐民者,天予之;其恶足以贼害民者,天夺之。"(《春秋繁露》)由此,董仲舒不仅继承了孟子"民为贵,社稷次之,君为轻"的思想,而且,他比荀子"水可载舟,亦可覆舟"的思想更进一步,把对君主的奖惩交由天来完成,从而让民本主义具有了更坚实的哲学基础。在很大程度上,他吸取了秦朝过于残暴的统治导致二世而亡的教训,以"天命"来规训君主,就如同汤王祈雨那样。孔孟之后,儒家走入片面强调道德的死胡同,失去了治理国家的能力。董仲舒改变了这个状况。如赵鼎新所言:"显而易见,通过将'天命'观念吸收进儒家学说,董仲舒的理论体系比先前的儒家学说能够更好地为国家统治的正当性提供解释和说明。"[1]进入21世纪之后,董仲舒研究者基本上接受了

---

1 赵鼎新:《东周战争与儒法国家的诞生》,第162页。

这样的观念，即他为官僚帝制提供了一种合适的政治哲学。[1]

中国通常被称为"儒表法里"的"儒法国家"。所谓"儒表法里"，说的是儒家学说只是装点门面的东西，而法家学说才是帝制的本质。赵鼎新和苏力都注意到，东周各国之间的战争塑造了儒法国家，而法家在其中起到了关键性作用。[2] 法家的目标是富国强兵，帮助赏识自己的诸侯在诸侯战争中取胜，因此他们给出了一套国内治理和国家间战争的有效办法。有些学者倾向于把法家的主张看作是"驭民术"，是统治者专门用来驾驭百姓的。这种看法即便不是全错的话，也是片面的。法家的政策当然有替君主驾驭百姓的一面，但是，它们也有为社会带来秩序的一面。社会上有些人，一方面推崇西方的法律（包括古罗马的法律），一方面又贬低中国古代的法律。对于他们来说，马基雅维利是政治学的鼻祖，而韩非子只会玩弄权术。这是很奇怪的现象。对于法家，苏力的判断是正确的，即法家所倡导的制度是中国宪制的一部分。把法家的东西和专制联系在一起，是以今人的观念去套说历史的偏见。然而，我们也应该看到，法家的东西没有哲学基础，而是单就目的论手段，是彻头彻尾的实用主义，因此也难免让人觉得它仅仅是一种"驭民术"而已。从这里出发，儒家学说就不能被看作是装点门面、可有可无的东西。文明是由叙事构造的，哪怕是最原始的人类社会，也会为自己的所作所为（包括一些恶习）构造一个理由。这个理由不能从目的出发，而是要从底层开始，从一个公认的道理或神谕出发。投射到儒法国家上面，我们就不能像法家那样，仅仅把治理的目标当

---

[1] 参见吴龙灿：《董仲舒哲学研究百年》，《衡水学院学报》2015年第5期。
[2] 赵鼎新：《东周战争与儒法国家的诞生》；苏力：《大国宪制》。

作治理方式的理由。董仲舒从"天命"出发论证君权的正当性，比法家的效率学说更有说服力。不唯此，他还把君权置于儒家"道统"的管辖之下，为君权设置了一定的限制。这种限制不是西方在启蒙运动之后发明的权力主体之间的制衡，而是出自对君主的道德约束，尽管它没有制衡那么有效，但在中国历史上却也起到了实质性的作用。一个国家必须要有一个正统的意识形态，以指导这个国家的政治实践。董仲舒之后，儒家学说成为中国历代君主和士大夫共同认可的意识形态，这在世界历史上是独一无二的。

在建制方面，西汉的国家架构已经相当完整，具备了儒家政治理想原型的许多要素。"一切贵族家庭都倒下了，只有一个家却变成了国家。于是他家里的家宰，也就变成了国家的政治领袖。"[1] 家宰就是宰相和皇帝身边的其他高级官员。天下是皇帝的，但他不直接管理国家，而是通过这些人来管理。在中央政府层面，三公九卿是最重要的职务。三公指的是丞相、太尉和御史大夫。丞相管行政，是文官首长，下面有十三曹的秘书班子直接为他服务。相比之下，皇帝自己的秘书班子就小得多，最少的时候只有四位尚书——管理皇帝文书的秘书。太尉管军事，是最高军事首脑；御史大夫管监察，监督百官。九卿是九个分别管祭祀、教育、外交、财政、宫廷等具体事务的官员，隶属于丞相。因此，国家的行政权基本上在丞相手里，他通过一套完整的官僚系统管理国家。

管理国家需要官员。分封时代的官员基本上都是贵族，但汉代的官僚体系对官员的需求大大增加，单靠贵族已经不够了。为此，西汉发明了几个选拔官员的办法。其中一个是兴办太学。太学

---

[1] 钱穆：《中国历代政治得失》。

早就存在，起初是为贵族子弟提供高等教育的地方。西汉开始把太学当作选拔人才的机构。尽管贵族子弟有进入太学的优先权，但平民子弟也获得了到太学读书的机会，毕业考试之后要么直接做官，要么回到原籍做吏，做好了可以走"乡举里选"的路获得升迁。乡举里选最常用的办法是"举孝廉"，就是向中央推举年轻的孝子和廉吏，考试（主要是考策论）合格者获得正式官职。钱穆先生对此的描述很生动："一个青年跑进太学求学，毕业后，派到地方服务。待服务地方行政有了成绩，再经长官察选到中央，又须经过中央一番规定的考试，然后才始正式入仕。"[1] 与乡举里选并行，西汉还设有对地方官员的考课制度。[2] 中央政府派官员到地方考察官员，给官员评级，获得高评级的官员得到升迁，获得低评级的官员原地不动或被贬职。苏力把中国古代的官员选拔制度作为宪制建设的重要一环，当是一个意义重大的洞见。

尽管贵族子弟从政仍然有优势，但普通人家的子弟也获得入仕的制度化机会，这在世界文明史上还是头一遭。自此，中国的国家机器不再仅仅是皇家的内廷，只服务于皇帝，尤其是他的对外扩张和征服，而是服务于国内的社会和政治秩序。中国政治早熟，原因无他，唯东亚大陆过早地被中原政权完全征服耳。再往前推，就只能怪东亚大陆的地理条件不够险恶，无法阻挡中原政权的征服。地中海沿岸的文明，虽然也时不时被强势文明或草原民族所征服，但总体上还是受到海洋的保护。海战比陆战更难，征服者通过海上去平息被征服者的叛乱，肯定更加费劲，所以地中海地区的大帝国

1　钱穆：《中国历代政治得失》。
2　邓小南：《西汉官吏考课制度初探》，《北京大学学报（哲学社会科学版）》1987年第2期。

总是不能持久。另外，就政府取得和皇权相对独立的地位而言，中国也有特殊之处，这就是战国时期形成的士人阶层。他们游走于各国之间，成为辅助各国君主的能臣。宰相的作用，在战国时期就已经很明显，而许多能相，都出自士人阶层。17世纪英国的革命最终能限制王权，是打出来的结果；而汉代中国相权取得独立于王权的地位，则是宰相的能力在起作用——宰相有能力辅助君主治理国家、实现扩张，他就获得了与君主共治国家的资格。

在评价西汉的选拔制度时，钱穆说：

> 中国政治上的传统观念，对一意见之从违抉择，往往并不取决于多数，如西方所谓之民主精神。而中国人传统，则常求取决于贤人。春秋时即有"贤均从众"之说（见《左传》）。哪一人贤，就采纳哪一人的意见，假若双方均贤，则再来取决于多数。贤属质，众属量，中国传统重质不重量。中国人认为只要其人是贤者，就能够代表多数。不贤而仅凭数量，是无足轻重的。[1]

钱先生用平实的语言道出了儒家政治和民主政治之间的最大差别：前者注重意见的质量，后者注重意见支持人数的多寡。西方的许多（保守的）自由主义者总是担心民主政治下"多数的暴政"，他们提出的解决办法一般都是法治。然而，法治只有在一般情况下才管用，在特殊情况下，法治无法制止"多数的暴政"。不要忘了，希特勒是通过选举合法地成为德国政府首脑的，特朗普也是通过选举

---

[1] 钱穆：《中国历代政治得失》。

合法地成为美国总统的。在民主选举中，多数决定一切，但多数人未必具有选拔国家领导人的知识和眼界。如果魏玛共和国保留了元老院，掌握推选首脑的权力，希特勒大概就没有上台的可能性，就如同罗马共和国的元老院不允许恺撒独裁一样。同样，如果美国的总统选举还是像美国的建国者们所构想的那样，掌握在选举院的地方精英手里，特朗普大概也不可能当选。世界总是存在例外，这是经济学里的"不完全合约"理论的现实基础。[1]法律是社会的合约，因此肯定也是不完备的。在这种情况下，法治不可能解决一切问题，个人特别是官员的质量就变得重要了。中国率先把社会治理摆在国家治理的中心位置，所以也首先认识到这个问题的重要性。

汉代的政治实践和儒家提倡的理想政治是一致的，把儒家作为正统意识形态是理所当然的事情。但这不等于万马齐喑，不让其他人说话。北宋时儒家思想再次成为主导思想，见证了文化、商业和技术的空前繁荣，政治文明也达到后世难以望其项背的高度，说明儒家成为治国理政的主导思想，并不必然导致社会的封闭和萎靡。

到了唐代，相权进一步巩固，但宰相不再是一个人，而是分在中书、门下和尚书三省之中。中书省主管发布皇帝的敕令，门下省负责敕令的审核，尚书省负责执行。皇帝不能直接发布敕令，而是由中书省拟定，待门下省同意之后，方可发布。如果门下省不同意，可以"涂归"，即把诏书涂改后送还中书省重拟。"涂归"亦称"封驳"，宋代沿用。皇帝在即将发布的敕令上加"敕"字，在"敕"字之下，要加盖"中书门下之印"，方成正式命令。皇帝也有

---

[1] 不完全合约理论是哈佛大学的奥利弗·哈特（Oliver Hart）提出的，他因此获得2016年诺贝尔经济学奖。

破例的时候，私自发布敕令，但此时不能加盖"中书门下之印"，否则会被执行部门认作是违法的。故而，有大臣敢问武则天："不经凤阁鸾台，何得为敕？"（武则天把中书省改称凤阁，把门下省改称鸾台）人事任命也遵从同样的程序。若皇帝私自任命官员，这样的官员即使就任，也抬不起头来。例如，唐中宗私自任命官员，自己都觉得不好意思，不敢照常式封发任命诏书，而改用斜封，诏书上"敕"字，也不敢用朱笔，而改用墨笔。当时这叫"斜封墨敕"，这样任命的官员叫"斜封官"，被人瞧不起。皇帝决定国家大事的机构叫政事堂，包括三省首脑和其他官员。直到唐代，官员面见皇帝不用跪拜，施礼之后可以赐座。皇帝的地位高于春秋时期各诸侯国的王公，但也没有完全脱离"我们当中的第一个"这个角色。

概以言之，秦始皇开创了官僚帝制，但官僚帝制并不像始皇帝时期那样残暴，也不像现代人想象的那样漆黑一片。皇帝不是定于一尊、乾纲独断的独夫，他是国家权力的象征，但不直接管理国家。政府的领导是宰相或宰相机构，他们不仅管理国家，而且对皇帝的权力形成制约。汉、唐是中国最强盛的两个朝代。但我们不能只敬仰它们开疆拓土、威震天下的雄风，而更要敬佩它们在政治文明方面达到的高度，后者对中国的现代化更有借鉴意义。

北宋：中国古代政治的样板

公元960年，赵匡胤自编自导"黄袍加身"的好戏，不费吹灰之力从后周手中夺得政权，建立宋朝。之后，他通过"杯酒释兵权"，解除了跟随自己多年的部下的兵权。就凭这一点，他也比"秦皇汉武"以及"唐宗"要文明得多。而后他为宋室朝廷立下的规矩，更是超越他的时代，经历几代人的历练，几成君主立宪之势。这都从他为后代立的一块石碑开始。

根据宋人曹勋的《北狩见闻录》记载，宋太祖登基之后，在太庙寝殿的夹室里秘密立了一块石碑，叫作"誓碑"。宋朝每个新皇帝即位的时候，都会进夹室去拜读。新皇帝进去时，一般只让一个不识字的小太监跟着，其他人都远远地立在庭下，不准进去。新皇帝一个人在碑前跪下，诵读誓言，记住以后就合上帷幔，锁上门出来。因此，北宋除皇帝之外，无人知道碑上写的是什么。直到靖康之难，金人占领汴京（今河南开封），砸毁夹室，才看到誓碑。碑高七八尺，宽四尺多，上面写着三句誓言：

"柴氏子孙有罪，不得加刑，纵犯谋逆，止于狱中赐尽，不得市曹刑戮，亦不得连坐支属。不得杀士大夫及上书言事人。子孙有渝此誓者，天必殛之。"第一句誓言是针对后周皇室讲的。看来赵匡胤对自己篡权夺位还是自责的，因而要优待后周皇室。从宪制的角度来看，后两句誓言更为重要。除宋钦宗在江山处于风雨飘摇之际诛杀三位公认的乱臣之外，北宋真没有诛杀过大臣或上书言事之人。[1]对于古代"专制"社会来说，这是一样了不起的成绩。汉、唐都发生过大臣被皇帝诛杀的事情，明代在这方面更是臭名昭著，朱元璋坐稳了江山就杀大臣，后来的皇帝也多次廷杖打死大臣。清朝稍好一些，但皇帝一人乾纲独断，大臣只配做皇帝的"奴才"，而且

---

[1] 神宗朝，西夏战事失利，神宗本想杀一转运使解气，但门下侍郎章惇反对。于是神宗要改成刺字发配，章惇又说，这还不如把他杀了。神宗问："何故？"章惇回答："士可杀不可辱！"神宗只好作罢，只能声色俱厉地抱怨说："快意事更做不得一件！"章惇的回答很干脆："此等快意事，不做也罢！"参见吴钩：《宋：现代的拂晓时辰》，广西师范大学出版社2015年版，第397页。此书对宋代的经济、社会、政治和司法等方面有详尽的描述。

第十一章 历史上的儒家政治

满人政权怕汉族文人以文生事，大搞文字狱，社会因此万马齐喑。

今天的中国学人多把英国的《大宪章》抬到很高的地位，却很少有人认真对待宋太祖的誓碑。的确，宋太祖的誓言是说给他自己的子孙听的，没有和大臣的"契约"在里面。但是，宪制是否一定要经由各方认可的契约才能够形成并得到执行？经济学家认为，契约的实质是获得当事各方的认可，因此具有自我实施性质。但是，要想让契约得到实施，当事各方都必须对契约以及其他各方遵守契约始终抱有强烈的信念。[1]就当事人的行为而言，信念比契约更为重要。正如休谟所言："正是在公众信念的基础上，政府才能建立；这条格言既适用于最专制、最独裁的政府，也适用于最自由、最民主的政府。"[2]那么，没有契约，信念是否也可以建立起来？宋太祖的誓碑给出了正面回答：他身后的北宋皇帝们除宋钦宗之外没有一个人违反誓言。士大夫们虽然不知道这些誓言，但从皇帝们的表现里获得了一个信念，即皇帝不会滥用杀戮的权力。由此而建立起来的互信，是否也可以成为宪制的基础呢？古代中国君主所获得的约束，不是来自显性的外部力量，而是来自于历史的沉淀，包括对祖先惯制的尊重。这样的一个过程，如果能够持续下去，能否演变成某种形式的君主立宪制度？提出这个问题，不是要回到宋代是否是中国"现代化的拂晓时分"这样的争论，而是要促使今天的中国学人重新思考中华政治文明的历史，以求为中国的现代化找到根基、提供养分。

---

[1] 经济学家把当事人在签约之后违背契约这种现象叫作"时间不一致性"。产生这种现象的原因是未来存在不确定性，实际发生的事情和签约人的期望之间出现偏差，因而签约人不愿意履行契约。

[2] ［英］大卫·休谟：《论政治与经济：休谟论说文集卷一》，张正萍译，浙江大学出版社2011年版，第23页。

北宋是士大夫的时代。两晋和南北朝时期，佛教开始在中国兴盛。佛教给士大夫提出了人生问题，经过从两晋到唐几百年的吸收，士大夫基本上能够把人生问题和现实中的事功分开；佛教成为他们精神世界的主宰，而儒家成为他们入世的指导思想。到了宋代，以二程兄弟为代表的儒家思想家们开始试图重新整合精神世界和现实世界，但没有形成主流之学，士大夫仍然把精神世界的追求和入世哲学分开。[1]范仲淹写下"先天下之忧而忧，后天下之乐而乐"，满满的是士大夫经世济民、敢为天下先的宏大抱负。士大夫们相信，他们代表着中华江山的"道统"，而且，这个"道统"高于皇帝代表的"治统"。这一点也得到北宋皇帝们的认可。这明确无误地反映在宋太祖和他的宰相赵普之间的一场对话里："太祖皇帝尝问赵普曰：'天下何物最大？'普熟思未答间，再问如前，普对曰：'道理最大。'上屡称善。"[2]

"道理最大。"善哉！历史上说这话的大有人在，但敢在皇帝面前说这话的，除赵普之外别无他人；伪善地认可这句话的皇帝可能也不在少数，但面对一位说出这句话的大臣"屡称善"的皇帝，除赵匡胤之外也别无他人。宋人的信念是，皇帝的"治统"必须经由"道统"的规训，才能获得道德的认可，所谓"天下治乱系宰相，君德成就责经筵"是也。"经筵"是经筵官给皇帝讲解儒家经典的活动，在宋代是很严肃的事情。经筵官一般是饱学之儒士，让君主理解儒家的思想，成为仁君，是他的责任。程颐就曾经做过经筵官，他执意要坐讲，而不是立讲，给出的理由是："臣窃见经筵

---

[1] 金观涛、刘青峰：《中国现代思想的起源》，香港中文大学出版社2000年版。
[2] 〔宋〕沈括：《梦溪续笔谈》，转引自吴钩：《知宋：写给女儿的大宋历史》，广西师范大学出版社2019年版，第404页。

第十一章　历史上的儒家政治

臣僚，侍者坐而讲者独立，于理为悖。欲乞今后特令坐讲，不惟义理为顺，以养主上尊儒重道之心。"[1]

  士大夫地位上升，北宋的言路大开，批评政府甚至皇帝的声音比比皆是。苏辙参加制举考试所作的策论就是一个很好的例子。嘉祐六年（1061年），宋仁宗举行制举考试，招纳稀有人才。[2] 苏轼、苏辙兄弟和另外两名年轻人参加考试。仁宗拟题，要四位青年才俊给自己出主意，解决民生、兵政、教化、法制、财政等方面的问题。苏辙洋洋洒洒写了6000余字，不仅对仁宗的朝政大加挞伐，而且毫不留情地批评仁宗的私生活：

  窃闻之道路，陛下自近岁以来，宫中贵姬至以千数，歌舞饮酒，欢乐失节，坐朝不闻咨谟，便殿无所顾问。……妇人之情，无有厌足……陛下无谓好色于内而不害外事也。[3]

  宋仁宗赵祯在位四十年，老百姓说他"百事不会，却会做官家"。他仁慈忠厚，在位期间是宋朝最鼎盛的时期，去世之后获谥号"仁宗"。苏辙这样狂妄不羁，放在其他朝代定是死罪。可是，苏辙的实际下场如何呢？阅卷官们没有人认为苏辙犯上，而是认为他文不对题，没有作"策"，而是放空炮，应该给他一个低分。有些官员还认为，苏辙出言不逊，不应授官。仁宗的态度却非常坚

---

[1] 〔宋〕李焘：《续资治通鉴长编》卷三七三，转引自吴钩：《知宋：写给女儿的大宋历史》，第400页。

[2] 制举是科举的一种，不像贡举（殿试）那样每三年一次定期举办，而是君主根据需要，不定期下诏举办，参加考试的人数一般很少。

[3] 〔宋〕苏辙：《栾城集》卷五○，转引自吴钩：《知宋：写给女儿的大宋历史》，第246页。

决,他说:"设制科本求直言,苏辙小官,敢言,特命收选。夫人主言动,辙虽妄说,果能诳天下之人哉?"又言:"吾以直言求士,士以直言告我。今而黜之,天下其谓我何?"[1]最终,他力排众议,把苏辙从渑池县主簿擢升为商州军事推官。

北宋是中国历史上文化和艺术的巅峰时期。诚如陈寅恪先生所言:"华夏民族之文化,历数千载之演进,造极于赵宋之世。"[2]只就宋词而言,其境界之高远、语言之圆润,也是后世千年无法翻越的山峰。士大夫是文化和艺术的载体,他们能够创造辉煌的文化和艺术作品,是否和北宋的开明政治给予他们极大的自由空间有关呢?两宋还是中国古代技术发明最多的朝代,是土地私有产权确立的时代,也是中国商业文明大发展的时代。当年的汴京,瓦舍勾栏、商贾酒肆,鳞次栉比、目不暇接,灯红酒绿,市井之气蔚然。在国家需求的推动下,金融业兴起,各种票据出现,纸币开始流通。[3]宋代的司法制度之严谨,也超出了我们通常的想象,而且法治思想已经开始萌生。如南宋永康学派的代表人物陈亮说:"人心之多私,而以法为公,此天下之大势所以日趋于法而不可御也。"又言:"举天下一听于法,而贤智不得以展布四体,奸宄亦不得以

---

[1] 转引自吴钩:《知宋:写给女儿的大宋历史》,第253页。
[2] 陈寅恪:《邓广铭〈宋史职官志考证〉序》,载《读书通讯》1943年3月刊。
[3] 像其他朝代一样,宋代也实行盐铁专卖,但是,不同于其他朝代,宋代发明了专卖权的拍卖,实行公有民办,由此产生了诸如"盐引"之类可转让的有价票据。这是国家需求催生金融市场的一个例子。英国金融业在光荣革命之后兴起,也得益于政府发行的债券,特别是战争债券。古代社会,政府(国王)垄断重要的产业和资源,是政府能力提高的一个重要标志。等到商业发展到一定程度之后,政府发现将垄断权力变现比直接经营产业、开采资源更划算,因而就会出现北宋和英国这样的例子。

自肆其所欲为。"[1]如果不知道这是南宋人的言论，一般人会以为这是清末民初某位受西方影响的变法人士所言。两宋的经济和技术成就，可能是中国农耕文明经历汉唐的发展最终达到顶峰的结果，但文化、艺术和思想的成就，离开赵匡胤（无意间）开创的政治昌明格局，就很难想象了。

然而，认识到北宋的政治具有开明的一面，在中国学术界还是很晚近的事情。就连对中国古代政治持充分肯定态度的钱穆先生，也在《中国历代政治得失》里说："在我们要讲的汉唐宋明清五个朝代里，宋是最贫最弱的一环。专从政治制度上看来，也是最没有建树的一环。"[2]单从形式上来看，钱穆先生说的是对的：相比于汉唐，宋代的皇权的确加强了，而宰相的权力进一步被分割。三省仍然存在，三省首脑仍是宰相，但以中书省为主，门下和尚书两省的权力缩小。户部、盐铁、度支从尚书省分出，单设"三司"。此外，枢密院主管军事，大理寺主管司法。然而，就实质而言，宋代政府的权力并不比唐代时小。

北宋与唐代很不同的一点是，北宋社会建立了"君臣共治"的信念。南宋监察御史方庭实进谏宋高宗留下了流芳千古的名言："天下者，中国之天下，祖宗之天下，群臣、万姓、三军之天下，非陛下之天下。"方庭实虽言之激愤，但却反映了宋代士大夫对君权的普遍认识。君臣共治，不仅仅关乎君主的道德本性，更难能可贵的是，宋代的士大夫更多的是从治理的角度来看这个问题的，而其中最为重要的，是给宰相领导的政府分权。如南宋理学家陆九渊

---

[1] 〔宋〕陈亮：《陈亮集》，转引自吴钩：《宋：现代的拂晓时辰》，第432页。
[2] 钱穆：《中国历代政治得失》，第76页。

所言："人主高拱于上，不参以己意，不间以小人，不维制之以区区之绳约，使其臣无掣肘之患，然后可以责其成功。故既已任之，则不苛察其所为，但责其成耳。"[1] 宋代其他士大夫也多有同样的看法。君主的职责是任命宰相，让他管理政府的事务，"天下治乱系宰相"，说的就是这个意思。君主不插手宰相的事务，非但不会失去对国家的控制，而且可以进退有据，远离奸佞。中国各朝代多饱受后戚或宦官干政之苦，唯独宋代幸免，其中一个重要原因就是，皇帝不干涉政府的运作，所有政府决策都在外廷进行，内廷得不到干政的机会。

宋代三省之中，仅中书省握有实权，但这不妨碍在实际操作过程中发挥宰相的作用。宋太祖想任命赵普为宰相，按惯例需要一个现任宰相签署任命，但那时三位现任宰相（前朝遗留下来的）都已辞职，任命受阻。最终，通过查引唐代先例，发现副宰相级别的官员也可以签署宰相的任命书，于是他才让自己的弟弟、时任开封府尹（官衔相当于副宰相）的赵光义签署任命书。可见君主是要和宰相分享权力的。另外，尽管门下省的作用几乎消失，但中书省仍然掌握"封驳"的权力。中书省的中书舍人负责起草皇帝的诏书，如果觉得皇帝或宰相的意见不合适，他可以"封还词头"，拒绝拟定诏书。这种事情多次发生。

宋代政治与唐代的另一个很大不同是台谏的作用很大。唐代的台谏官隶属于宰相，而宋代的台谏完全独立于政府系统，掌握行政监察、弹劾和司法审查等权力，兼备监督百官和进谏君主的责任。台谏官不是宰相任命的，而是直接由皇帝任命。台谏的权力因

---

1 〔宋〕陆九渊：《陆九渊集》卷一一，转引自吴钩：《宋：现代的拂晓时辰》，第402页。

此很大，享有"风闻言事"的特权。宋代屡屡出现台谏反对君主或宰相的人事任命或诏令的事情。被台谏弹劾的官员，如果事情属实，就会被革职；即使事情没有查实，一些官员也选择辞职。反过来，如果弹劾不属实，则台谏官本人要辞职或者被革职。北宋台谏风气浓烈，仅在仁宗朝，从明道初到嘉祐末这二十余年里，因台谏论列而被罢免的宰相，就有23人之多。[1] 王安石变法之后，台谏成为党争的重要推手，也制造了一些冤案，如针对苏轼的"乌台诗案"。一些当代论者因此对北宋台谏制度大加鞭挞。[2] 然而，从宪制的角度来看，北宋的党争从革命角度而言或许可看作中国古代政治的一大进步。既然政党政治是现代民主政治的基石，那么我们为什么要对北宋的党争如此苛刻呢？在很大程度上，北宋的党争没有演变为你死我活的恶斗，许多"新党"和"旧党"在政治之外仍然是朋友（比如王安石和司马光），双方的斗争基本上限制在就事论事的范围内。这样的党争，是否已经接近现代政党政治？这一问题可作进一步探讨。

北宋的宪制是比较接近儒家政治的理想原型的。君主代表中央机构，他既是国家的象征，也是政府事务的仲裁者；此外，他还通过科举掌握人才的选拔。宰相领导政府，是治国理政的主要官员。台谏是进谏机构，监督君主和政府的行为，缺少的部分是主权机构。但我们要记住，北宋所处的人类文明阶段，人们的智识尚不足以达到对人民主权有所认识的程度。我们不能苛求宋人。

1　吴钩：《宋：现代的拂晓时辰》，第409页。
2　参见沈松勤：《宋代政治与文学研究》，商务印书馆2010年版。

南宋：中国转向内在

"中国转向内在"，这是美籍华裔学者刘子健对两宋的评价。[1] 所谓"转向内在"指的是，一方面政治上走向君主专制，另一方面文化上儒家走向保守，理学占据主导地位，儒家被泛道德化。但这个论断不适用于北宋，而只适用于南宋。北宋的政治开明，南宋的政治走向僵化。北宋的道德教化可以用"松弛"来形容，否则也无法容忍柳永的"艳词"。柳永的词多为士大夫所不齿，但士大夫自己写的词，也常有"帘底纤纤月"（辛弃疾《念奴娇·书东流村壁》）这样的句子。北宋的男女关系比今人想象的要开放得多。宋真宗的皇后刘娥出生在四川，早先嫁给银匠龚美，后者带她到汴京谋生。因为生活没有着落，龚美把她送进韩王赵恒府里做侍妾，赵恒后来成为宋真宗，立刘娥为皇后。连皇帝都这样，民间就更开放了，而法律也有相应的斟酌对应。比如，对通奸这样的事情，法律对待官员和平民有完全不同的尺度。对于官员，通奸可以让官员身败名裂；对于普通百姓，则遵从"亲告乃论"的原则，即如果丈夫不去告发妻子与他人通奸，官府就不会受理其他人的告发。即使通奸被定罪，刑罚也比其他朝代轻得多。[2] 离婚和再婚在民间是常见的事情。不仅丈夫可以休妻，妻子也可以"休夫"。按照《宋刑统》的规定，妻子在两种情况下可以单方面提出和丈夫离婚，一是男方失踪三年以上的，二是男方因犯事编管（重编户籍，即迁到流放处）。天下第一才女李清照在第一任丈夫去世之后，和张汝舟再

---

1 ［美］刘子健：《中国转向内在——两宋之际的文化内向》，赵冬梅译，江苏人民出版社2002年版。

2 参见吴钩：《知宋：写给女儿的大宋历史》"一次通奸行为的罪与罚"篇。

婚,但发现张只是图谋她的才气以及南渡带来的大量书籍,因而不齿于和张继续生活。她利用上面的第二条,到朝廷告发张在参加科举考试时的作弊行为,使得张被流放,离婚成功。但是,按照《宋刑统》的规定,妻子告发丈夫,丈夫定罪,妻子也必须入狱两年。李清照既有"绿肥红瘦"的柔情,也有"生当作人杰,死亦为鬼雄"的豪迈,她宁肯坐两年的牢房也要和张汝舟这样的渣男一刀两断![1]

宋高宗应该为南宋政治的衰败负主要的责任。一方面,他开始使用政治伎俩搞专断;另一方面,他纵容秦桧独专相权,败坏南宋的政治生态。但是,他是一个亡国之君,在扬州差点被金兵所俘,且在杭州落脚未稳就曾被兵变士兵赶下过台,因此,他产生巨大的不安全感,似也可以理解。[2]

中国文化转向内在,是在南宋后期才开始的。南宋初期,士大夫卖身投靠佞臣或金人的事情比比皆是,理学与这股风气进行了长期斗争,后期理学终于成为朝廷认可的正统学说。然而,正如刘

---

[1] 在友人綦崇礼的斡旋下,李清照最终在监狱里只待了九天。

[2] 金兵1027年初攻克汴京,掳走徽、钦二帝,立傀儡张邦昌为帝。金人退兵之后,张邦昌把皇位交还给幸存的康王赵构,即后来的宋高宗。这引来金兵再次南下。高宗一路向南逃,但不忘过皇帝瘾,享受与姬妾的鱼水之欢。相传退到扬州之后,一日他正与一位妃子缠绵,宦官来报,金人已经攻到城下,高宗吓得慌忙爬起身来,屁滚尿流地渡江逃命,但从此落下不举的毛病,因而一直没有子嗣。高宗逃到杭州,落脚未稳,御营司将领苗傅和刘正彦因不满高宗的逃跑主义,发动兵变,废黜高宗。尽管兵变很快被勤王部队平息,但高宗心里留下了阴影,为他后来削兵权埋下了伏笔。岳飞是民族英雄,他的被杀,是令人扼腕的悲剧。宋高宗执意要杀岳飞,一方面是因为他自己不想北伐,另一方面也是因为要拿岳飞开刀,遏制武将们权力的坐大。当时的军队几乎都是各大将领的私家军,直接以将领名字称呼,如"岳家军"。另外,岳飞曾写信请求高宗立储,这既有违宋代武将不干政的规矩,而且也碰触了高宗不能生育的忌讳。参见虞云国:《南渡君臣:宋高宗及其时代》,上海人民出版社2019年版。

子健所言，这是一场得不偿失的胜利。于个体，理学强调道德修养；于国家和社会，理学强调礼制的作用。这是一个文明从进取走向内省的证据。入明之后，理学进一步发展，并渗入中国人的日常生活。就政治而言，明朝乏善可陈，有的只是政治的堕落。两宋时期，大臣上朝见君主，只要行作揖礼就可以了。元代时变成跪礼，明、清两代延续。明代皇帝还有一个恶习，就是任意廷杖朝臣。整个明代，廷杖发生500余次，其中两次最著名。一次是明武宗时期，群臣反对他去江南游玩，146位大臣因此受到廷杖之刑，其中11人被当场打死；另一次是嘉靖帝时期，群臣反对他给父亲追赐的谥号，100多位大臣因此被廷杖，其中17人被当场打死。清人入关，中国历史上第二次由蛮族实现对全国的统治。元朝把宋代的政治文明摧毁殆尽，但是还保留了宋代的政府建制。清朝更进一步，把建制也全消灭了。秦始皇统一中国，是一个"化家为国"的过程，清人入主中原刚好反过来，实现了"化国为家"的过程。朝廷不再是为实现政治秩序而设，而是皇帝的私家机构。清代的皇帝都非常勤奋，没有出现明代那样的昏君。他们日理万机，乾纲独断，甚是自得。乾隆是清朝的模范皇帝之一，他就不认可宋人对相权的看法，说："'天下治乱系宰相，君德成就责经筵'二语，吾以为未善焉。君德成就责经筵，是矣，然期君德之成就非以系天下之治乱乎？……如颐（程颐）所言，是视'君德'与'天下治乱'为二事莫不相关者，岂可乎？"[1] 他对祖先创立的独裁制度赞赏有加。"乾纲独断，乃本朝家法。自皇祖（康熙）皇考（雍正）以来，一

---

[1]《书程颐论经筵札子后》，载《清高宗御制文集》二集卷一五，转引自吴钩：《知宋：写给女儿的大宋历史》，第406页。

切用人听言大权，从未旁假。"[1]乾隆执政的六十年间，启蒙运动正以摧枯拉朽之势为世界带来理性和人的尊严，法国大革命吹响了消灭欧洲封建贵族统治的号角，而美国诞生了人类第一部人本主义宪法；蒸汽机开始在英国的建筑工地和纺织厂里隆隆作响，工业文明的大幕徐徐开启。乾隆对此浑然不知，仍然躺在农业文明的余晖里为自己的"乾纲独断"沾沾自喜，悲乎？

公元1279年3月19日，崖山之战失败，陆秀夫身背南宋小皇帝赵昺投入怒海，和十万军民一起殉国。"崖山之后无中国。"从秦始皇统一中国算起，至今2200多年的时间，北宋恰好在中间。北宋前的1000年，中华文明处于上升过程中，到北宋时走到巅峰，之后便开始了长达1000年的衰落。原因何在？

我们可以在南宋君主的自保和权臣的跋扈中寻找原因，也可以在王朝循环论中找到理论根据，然而，这些可能都无法解释千年尺度上发生的事情。相比之下，莫里斯在《西方将主宰多久》这部著作里给出的解释可能更可信。[2]在这本书里，莫里斯考察了欧亚大陆一万年文明的进程。在这一万年里，东西方文明出现过三次大分岔。第一次从一万年前开始，到公元4世纪结束，西方文明——包括所有环地中海文明——超越东方文明；第二次是东方文明超越西方文明，时间是公元4世纪到18世纪；第三次是西方文明再次超越东方文明，时间是工业革命开始的时候。他以2000年来最发达社会的社会发展程度为1000分，发现工业革命前欧亚大陆的文明发达程度从未高于45分。西方文明的第一次顶峰是罗马帝国，当

---

1 〔清〕蒋良骐：《东华录》卷二八，转引自吴钩：《宋：现代的拂晓时辰》，第403页。
2 〔美〕伊恩·莫里斯：《西方将主宰多久——从历史的发展模式看世界的未来》，钱峰译，中信出版社2011年版。

它的社会发展指数达到45的时候，北方蛮族入侵导致它的衰落。东方文明的顶峰是北宋，社会发展指数也达到45分，而它的衰落和罗马帝国的衰落如出一辙，同样是因为北方蛮族的入侵。莫里斯告诉我们，45分是古代农业文明的天花板；以古代的技术而言，农业文明的发达程度不可能超越今天信息时代的4.5%。至于蛮族的入侵，和北半球气候变冷高度相关。根据竺可桢的研究，自西周以来，我国历史上发生过两次大的降温。一次始自东汉，到南北朝达到最低点；另一次始自北宋末年，到明代末年达到最低点。这两次降温，都引起北半球文明的大动乱。第一次降温的时候，罗马帝国灭亡，中国进入长达三百多年的混乱时期；第二次降温的时候，欧洲出现长达数百年的黑死病，中国出现两次北方蛮族的入侵。气候变化在宏观尺度上决定农业文明的兴衰。

传统农业靠天吃饭。就北半球而言，气温高，农业产量就高，因而文明就兴旺。商代中原地区的温度高出现在2—3摄氏度，属于亚热带气候，雨水充沛，促进了农业的繁荣，这是商人文明兴起的主要原因之一。气温低的时候，干旱随之而至，粮食减产，且易发生瘟疫。此时，北方游牧民族为了生存必须南侵，进入农业文明的区域。在生存压力和抢掠刺激的双重作用之下，游牧民族的士兵在战场上往往比农业文明的士兵更加英勇。在这种情况下，农业文明再奋发图强，恐怕也无济于事。明朝的灭亡最为典型。崇祯是一位奋发有为的君主，但他赶上了中国历史上最坏的年景。为应对国库空虚，他裁撤官员和政府差役，没想到被裁的差役当中就有邮差李自成。失业的李自成揭竿而起，最后终成燎原之势。内忧未除，外患已经到了家门口。满人在山海关外虎视眈眈，时刻有入主中原的可能。崇祯最终只落得煤山自尽的下场。

气候变化的动荡过后，农业文明是否有重生的机会？过去两千年的历史告诉我们，如果已经达到45分，重生就没有希望。罗马帝国如此，北宋亦如此。原因在于，此时传统农业技术已经到达顶峰，再无突破的可能。如果还没有达到45分，那么动荡之后文明反倒会加速进步。中国的隋唐至北宋以及黑死病之后的欧洲就是这样，不同之处在于，前者仍然是农业文明中的进步，而后者则突破了农业文明，进入了工业文明。

由此看来，北宋之后中国的衰落基本上是"天定"的——当中华文明进入农耕时代的顶峰之时，北半球的气温开始长达600年的下降周期，中国失去了突破农业文明天花板的机会。南宋开始的文化上的内在转向，可以看作一个伟大文明跌落巅峰之后士大夫们内省的结果。对于士大夫来说，南宋是中华文明最悲怆的时代，靖康之耻是压在他们心头的巨石，临安的繁华无法抹去他们失去故国的痛苦，就如张孝祥在淮河南岸发出的悲鸣："使行人到此，忠愤气填膺，有泪如倾。"（张孝祥《六州歌头·长淮望断》）在"有泪如倾"的日子里，士大夫要寻找一个心灵的支点。朱熹找到的是儒家学说中内省的那部分。对于张孝祥来说，泗水之滨已是被金人污染的"膻腥"之地，朱熹却要梦游泗水，写下《春日》诗，再现孔孟盛景：

胜日寻芳泗水滨，无边光景一时新。
等闲识得东风面，万紫千红总是春。

任凭蛮族长弓烈马，占我中华文明之圣地，孔孟格物明理之气却流光溢彩，带来万紫千红的春天。这大概就是朱熹当时的想法。面对蛮族，南宋一筹莫展。遁入内心，以格物明理作为心灵的支点，也不失为士大夫们的一个选择。

第十二章
理解当下的中国

"我是中国人民的儿子。"[1]邓小平写下这句话的时候,更多地是在表达他对生养他的这块土地的热爱,表达他对中国人民的奉献之情。然而,未来的历史学家在写邓小平的时候,大概会对他的这句话做不同的解释。邓小平的时代,是中国共产党回归中国传统的时代。党抛弃了"以阶级斗争为纲"的激进指导思想,把工作重心转移到经济建设上来;党也摆脱了"两个凡是"的阴影,确立了"实践是检验真理的唯一标准"的理念。从党史的角度来看,这些转变无疑是党从一个革命党向执政党转变的关键时刻;然而,当我们把眼光放长远一些,把这些转变放在中国现代化的进程中来看的时候,我们就会发现新的东西。众所周知,中国的现代化始于1840年第一次鸦片战争。从那时起,向西方学习就是中国现代化的基调。我们先是向西方学习技术,戊戌变法之后又开始向西方学习制度。清朝灭亡之后,这个趋势进一步加速,共产党本身也成为

---

1 这句话是1981年2月14日邓小平为培格曼公司策划出版的世界领袖丛书之《邓小平文集》所写的序言的标题。

西风东渐的产物。在邓小平之前，党一直以实践马克思的革命史观为己任，致力于对中国社会的改造。但是，改造不能无期限地进行下去，更何况，巨型的社会改造工程也带来许多失败，特别是造成了"文革"这样的浩劫。1978年，邓小平以他高度的政治敏锐的视角，认识到激进主义的难以为继，并带领全党完成了从"以阶级斗争为纲"向"以经济建设为中心"的路线转向。工作重心转移之后，党需要新的理论和行动哲学。邓小平的态度是"不争论"，先做后说。这种态度与中国人的务实主义哲学完全一致。从务实主义的角度来看，"实践是检验真理的唯一标准"就是说世界上没有永恒的真理，而"不管白猫黑猫，会捉老鼠就是好猫"是说目的的合意性可以合理地推断手段的合法性。很少有人怀疑这两点对中国自1978年以来的改革和发展历程的重要性，而且，我们没有理由相信，它们会在未来一段时间里发生改变。一个政体要实现长治久安，其治理形式及其背后的哲学逻辑就必须和本国普通民众的文化心理相契合。中国共产党对中国传统的回归实现了这个契合。这是未来的历史学家在评价邓小平的时候会写下的一个结论。

　　本书从经典儒家出发，探讨了现代儒家政治的可能形态。我们无意用这个形态去套当代中国政治体制。中国传统只是中国共产党一方面的思想来源，而马克思主义是中国共产党的立党之本，中国共产党始终致力于将马克思主义原理与中国现实相结合。要完整地描述当代中国共产党体制，必须将马克思主义与中国传统特别是儒家思想结合起来并吸收当代世界的主流价值，才可能构建新的理论。这个目标超出了本书的范围。本章希望给读者呈现的，是揭示当代中国政治体制中与中国传统特别是现代儒家政治相通的元素，以期为未来的理论创新提供有用的素材。

从党的百年历程看党对中国传统的回归

中国共产党是中国现代化进程的产物。20世纪初的中国，内有军阀混战，外有帝国主义环伺。中国向何处去这个问题，比任何时候都更加急迫。俄国十月革命的成功，为中国的反帝运动和社会鼎新指明了一条道路，让一批中国知识分子看到，疾风暴雨式的全面革命可以完成国家独立和社会改造的双重任务。"十月革命一声炮响，给我们送来了马克思列宁主义。"党从一开始就是一个马克思主义政党。一大党章给党确定的纲领是："1.革命军队必须与无产阶级一起推翻资本家阶级的政权，必须援助工人阶级，直到社会阶级区分消除的时候；2.直至阶级斗争结束为止，即直到社会的阶级区分消灭为止，承认无产阶级专政；3.消灭资本家私有制，没收机器、土地、厂房和半成品等生产资料；4.联合第三国际。"[1]党的任务是消灭阶级，在此之前实行无产阶级专政；党联合第三国际，因此，党的事业是世界无产阶级革命的一部分。值得注意的是，一大党章一方面给党提出了改造中国的任务，另一方面也给这个任务确定了时限，即"直到社会的阶级区分消灭为止"。社会的阶级区分消灭之后怎么办？对这个问题的回答，还要等到邓小平成为党的第二代领导核心的时候。

在中国共产党成立之后，孙中山也仿照俄国共产党改组了国民党，使之成为一个反封建的革命党。这促成了国共两党的第一次合作，北伐的节节胜利，是两党合作的结果。可惜，孙中山过早去

---

1 《中国共产党纲领》（俄文译稿），2012年10月25日，见http://www.12371.cn/2012/10/25/ARTI1351154713556305.shtml。

世，蒋介石在北伐尚未完成的时候夺取了国民党的主导权，并开始"清党"运动，共产党不得不转入地下。随着东北易帜，蒋介石基本上实现了对全国的控制。历史此时给了蒋介石一个机会，让他可以完成孙中山先生改造中国的遗愿。可惜他没有抓住这个机会。对外，他投靠英美；对内，他依赖官僚资本和大地主。[1]日本的全面入侵让国共两党重新走到一起，共同抗日。抗战胜利之后，蒋介石再次错过历史给予他的机会，狂妄地发动内战，最终却落得个败走台湾的下场。新中国成立之后，共产党开始全面实现一大所确立的建党纲领，[2]在全国发起了一浪接一浪的社会改造运动。土地改革实现了孙中山"耕者有其田"的夙愿；城市的工商业社会主义改造消灭了工业生产的私有制；社会主义教育培养了摆脱血缘和地缘关系的新人、构建了全新的社会关系；妇女解放运动让广大妇女走出了家门，提升了她们的政治、社会和经济地位；识字运动和教育的普及大大提高了国民特别是底层民众的人力资本水平，增加了社会

---

[1] 自1927年起，南京国民政府曾颁布《土地法》等土地改革法律，但都没有得到认真执行，一个原因是地方豪绅对土改的抵制。如浙江曾经发生地主杀害国民政府土改干部的事件，浙江士绅为此给蒋介石写信，认为土改引起不必要的麻烦，要求他放弃土改，而蒋介石接受了他们的请求。参见贾钦涵：《南京国民政府渐进式土地改革政策的形成》，《江海学刊》2016年第4期。

[2] 历次党代会对党章都有所修改，主要目的是适应当时的国内外形势。如七大是1945年在延安召开的，当时党的任务仍然是建立一个新民主主义的中国，党章因此规定："中国共产党在目前阶段的任务是：对内，组织与团结中国的工人、农民、小资产阶级、知识界和一切反帝反封建人们以及国内各少数民族同自己一道，对外，联合全世界无产阶级、被压迫人民及一切以平等待我之民族，为解除外国帝国主义对于中国民族的侵略，为肃清本国封建主义对于中国人民大众的压迫，为建立独立、自由、民主、统一与富强的各革命阶级联盟与各民族自由联合的新民主主义联邦共和国而奋斗，为实现世界的和平与进步而奋斗。"八大是1956年召开的，此时党的任务变成了社会主义改造，因此八大党章规定："中国共产党的任务，是继续采取正确的方法，把资本家所有制的残余部分改变为全民所有制，把个体劳动者所有制的残余部分改变为劳动群众集体所有制，彻底消灭剥削制度，并且杜绝产生剥削制度的根源。"

流动性；爱国卫生运动消灭了困扰民众的传染性疾病，低成本、广覆盖的医疗卫生制度提高了民众的健康水平，大大降低了婴儿死亡率。今天的不少国人对这些成就认识不够，甚至将它们当作天然的应得之物，但是，横向比较一下，我们就会发现，能够和中国做得一样好的发展中国家（地区）寥寥无几。和中国最可比的是印度。无论是从人口、历史，还是从发展战略来看，这两个国家都极其相似。两个国家的人口数量相当，都是人口大国；两国都具有悠久和璀璨的文明，而且，晚近的历史也极为相似，新中国是1949年成立的，而印度是1947年获得独立的；在立国之后的几十年里，两国都走上了独立自主的发展道路，都采取了进口替代的产业政策。然而，到1978年的时候，两国的成就却有着天壤之别。下表的对比一清二楚：

表12.1 1978年中国和印度的比较

	中国	印度
人均GDP（以2000年美元为基准）	155	206
成人识字率(%)	65.5	40.8
高等学校粗入学率(%)	0.7	4.9
期望寿命	66	54
婴儿死亡率(‰)	54.2	106.4
制造业占GDP比重(%)	40.0	17.0
制造业就业的比重(%)	17.3	13.0

注：中国的识字率统计年份为1982年，印度为1981年。
资料来源：Yao（2014）。[1]

在1978年的时候，印度是一个穷国，但中国人均GDP比它还

---

[1] Yang Yao, "The Chinese Growth Miracle", In Philip Aghion and Steve Durlauf eds, *Handbook of Economic Growth*, Chapter 7, Amsterdam: North Holland, 2024, Vol. 2B, pp. 943–1032.

低1/4。然而，中国在人类发展的其他方面远超印度：成人识字率高约25个百分点，期望寿命高12岁，婴儿死亡率低50%。中国唯一比印度做得差的是高等学校入学率，但这一方面反映了中国"文革"的后遗症，另一方面也说明中国采取的策略和印度不同：中国重视为广大民众提供基础教育，而印度更重视精英教育（中国的高校学生数量到2002年才超过印度）。最后，尽管两个国家都积极实施工业化战略，但中国所取得的成绩远高于印度：在制造业占GDP的比例方面，中国超越印度23个百分点；在制造业就业比例方面，中国超越印度4.3个百分点。[1]这些成就为中国经济在改革开放之后的腾飞奠定了坚实的基础。教育普及为工业特别是出口加工业提供了充足且具有一定人力资本水平的劳动力大军，而工业的积累促成了世界工厂在我国的诞生。时至今日，我国的制造业增加值占全世界的1/4强，超过美国和日本的总和；如果没有改革开放之前的积累，这个成就是难以想象的。

当然，巨型的社会改造容易犯错误，"大跃进"及随后发生的严重粮食短缺以及"文革"，是最显著的例子。如法国大革命一样，这些错误留下的后遗症可能持续很长的时间。邓小平的功绩之一，就是意识到了这些错误的危害，并勇于纠正。这在1981年6月发布的《关于建国以来党的若干历史问题的决议》中得到了很好的体现。随后，1982年党的十二大对中国社会的主要矛盾进行了重新定义：

---

[1] 中国和印度都采取了重工业优先的发展战略，但中国执行得比印度更好。重工业的产值高，但吸纳就业的能力低。这是为什么中国的制造业增加值的比例远高于印度，但制造业就业比例并没有高出太多的原因。

> 在剥削阶级作为阶级消灭以后，我国社会存在的矛盾大多数不具有阶级斗争的性质，阶级斗争已经不是主要矛盾。由于国内的因素和国际的影响，阶级斗争还在一定范围内长期存在，在某种条件下还有可能激化。我国社会的主要矛盾是人民日益增长的物质文化需要同落后的社会生产之间的矛盾。其他矛盾应当在解决这个主要矛盾的同时加以解决。要严格区分和正确处理敌我矛盾和人民内部矛盾这两类不同性质的矛盾。[1]

在此基础上，党的任务也发生了重大变化：

> 中国共产党在现阶段的总任务是：团结全国各族人民，自力更生，艰苦奋斗，逐步实现工业、农业、国防和科学技术现代化，把我国建设成为高度文明、高度民主的社会主义国家。
>
> 中国共产党工作的重点，是领导全国各族人民进行社会主义现代化经济建设。应当大力发展社会生产力，并且按照生产力的实际水平和发展要求，逐步完善社会主义的生产关系。应当在生产发展和社会财富增长的基础上，逐步提高城乡人民的物质文化生活水平。[2]

阶级斗争不再是主要矛盾，社会改造的任务已经完成，新中

---

[1] 《中国共产党章程》（1982年9月6日十二大通过），见http://fuwu.12371.cn/2014/12/24/ARTI1419388285737423.shtml。
[2] 同上引。

国的建设需要转变思路。邓小平不是一个以理论见长的领导人；他以自己的实践带领党完成从社会改造到经济建设的转变，而推动他的是他作为"中国人民的儿子"的直觉。这个直觉是什么？用本书的话来说，就是务实主义的哲学。1978年5月开始的关于真理标准问题的大讨论，当时针对的是"两个凡是"论，但事后回头来看，却是中国共产党脱离教条，走向务实的起点。马克思成长于德国的思辨哲学传统之中，但却自觉超越思辨哲学，特别是在撰写《资本论》的时候，他已经使用了大量的实证方法。邓小平的方法论是中国务实主义下的实践论。"贫穷不是社会主义"，但我们的社会主义搞了几十年，老百姓仍然很贫穷，为什么？对于邓小平来说，这是第一位的问题。通过自己的出访以及聆听其他领导人出访带回来的消息，他已经意识到，教条式地执行马克思主义已经让中国落后于周边国家，而引进市场经济是中国社会主义自我革新的必由之路。但是，要转变党员干部的观念，必须从根子上做起。这大概是他发起真理标准问题的大讨论的初衷。这个大讨论打破了真理的绝对性，为随后的改革打开了大门。"姓社"还是"姓资"不再是最重要的问题，能否有助于实现中国的现代化才是根本的问题。设立经济特区是最显著的例子。1979年4月，广东省委负责人到北京向邓小平汇报设立出口加工区的想法，邓小平说："还是叫特区好。陕甘宁开始就叫特区嘛！中央没有钱，可以给些政策，你们自己去搞，杀出一条血路来。"[1] 邓小平说这话的时候，估计只是从自己的经验出发，想到了"特区"这个名称。"中央没有钱，可以给些政

---

[1] 新华社：《共和国的足迹——1979年：创办经济特区》，2009年9月7日，见http://www.gov.cn/test/2009-09/07/content_1410916.htm。

策"打破了以往中央决定一切、地方只会向中央伸手的状况，成为后来办各种特区和工业园区的指导思想。特区特在实验一套资本主义国家采用的制度，如买卖土地、雇用劳动力等，在当时的内地，这些仍然是禁区。邓小平的办法，是让大家搁置争论，先做起来，如果效果好，就肯定，否则就改。没有永恒的真理，只有实践才产生真知。

下一步的问题，是如何实践。邓小平式的"猫论"恰逢其时：只要目的是合意的，采用何种手段是次要的。在20世纪八九十年代，几乎所有改革都是为了解决当时最急迫的问题而应运而生的。农村改革是由农民和基层干部为解决温饱问题发起的，很快就从"包产到组"演变为"包产到户"，让农村改革家杜润生都害怕起来。改革之所以最终能够打消领导人的疑虑，是因为它几乎在一夜之间解决了中国的粮食供应问题。受农村改革的鼓舞，地方和中央的财政关系也开始实施"分灶吃饭"的财政包干制，地方积极性因此获得极大的提高，为1994年开始实施的"分税制"改革奠定了基础。渐进式改革成为中国改革的重要特征，这在1984年秋宣布的城市改革中更为明显。城市改革的核心是从计划价格向市场价格过渡，具体办法是实行"价格双轨制"：计划内的产量仍然使用计划价格，计划外的产量使用市场价格。随着改革的深入，市场定价的范畴逐步扩大。"一物二价"，正统经济学家会立即告诉你，这是行不通的，因为黑市很快就会出现，倒卖计划内产品。黑市和"倒爷"的确出现过，但总体而言，价格双轨制却成功了，让中国避免发生像苏联和中东欧国家那样的恶性通货膨胀。而且，一个意想不到的结果是，价格双轨制下的市场轨为乡镇企业创造了生存空间，极大地刺激了中国的农村工业化进程。进入90年代，价格改革完成,以1994年汇率并轨为标志,价格双轨制完成了自己的历史使命,新一轮的改革围绕着国有企业展开。与农村改革一样,这是一场自下而上的改革,动力来自国有企业对地方政府财政造成的压力。广东顺德和山东诸城率先开始国企改革,原因都是国企连年亏损,地方财政不堪重负。到1995年,中央出台"抓大放小"政策,国企改革在全国铺开。在之后的10年里,80%的国有企业要么破产、要么民营化,5000万国企职工下岗。中国的国企改革规模,远超苏联和中东欧的许多国家。随后,银行体系进行了一次彻底的清算和改革,坏账被剥离,银行得以重组,轻装上阵。这些改革为我国在2001年11月加入世界贸易组织之后的经济腾飞奠定了坚实的基础;可以说,没有20世纪90年代的国企和银行改革,就没有随后二十年中国经济的飞速发展。[1]

  上述实践都先于党的理论,官方意识形态总是追认已经被证明是成功的实践。作为对农村改革的认可,1987年10月召开的党的十三大提出了"社会主义初级阶段"理论。1993年10月召开的十四届三中全会响应邓小平"九二"南方谈话,明确中国经济体制改革的目标是建立社会主义市场经济体制。与"社会主义初级阶段"理论相比,"社会主义市场经济"理论不仅是对已有改革的承认,而且还对90年代后续改革起到了指导性作用。90年代的改革加快了中国走向混合所有制经济的步伐。改革的成果在1999年宪法修正案中得到了体现,个体经济和私营经济被确定为社会主义市场经济的重要组成部分。2002年召开的十六大再次修改了党章,提出了"三个

---

[1] 关于1978—2008年之间的各项改革,参见姚洋:《作为制度创新的经济改革》,格致出版社2008年版。

代表"重要思想。中国共产党不再仅仅是无产阶级的先锋队,而是代表"中国先进生产力的发展要求、中国先进文化的前进方向、中国最广大人民的根本利益"。经历90年代的改革,中国社会和经济发生了巨变,"三个代表"重要思想是对这些变化的回应。在"三个代表"重要思想的旗帜下,党向各个阶层的人士敞开大门。党不再是西方意义上仅作为一个阶级的代表的政党,而是为各种利益诉求提供表达的场所;通过党内的民主集中过程,党本身变成了各种利益的加总机制。

汪晖在一篇影响广泛的文章中指出,进入21世纪之后,世界范围内出现了"政治的去政治化",即党派界限趋于消失。他认为,这个趋势有碍公共空间的形成,不利于不同利益的公开表达。[1] 然而,中国共产党成为全体中国人民的代表却有着其必然性。20世纪70年代末,党的高层领导人意识到中国在经济上已经落后于周边的资本主义社会,邓小平认为,只有破除"文革"激进思想的阻碍,中国才能以更加务实的方式实现国家和社会的现代化。真理标准问题的大讨论以及随后召开的十一届三中全会标志着党告别"文革"时代的激进思想,不论是在理论构建还是在经济建设方面,党都走上了一条更加务实的道路。

理解中国共产党

中国共产党是中国宪法架构的一部分;党既是一个组织,也是一种制度。中国共产党不是西方意义上的政党,即只代表社会中

---

1 Hui Wang, "Depoliticized Politics, from East to West", *New Left Review*, 41, September-October, 2006.

某些群体利益的组织,"三个代表"重要思想规定了党是全体人民根本利益的代表;在组织架构上,党是宪制的一部分。中国共产党在1949年取得政权,因而得以成为宪法架构的最重要的一部分。党是中国社会的先锋队,落实到现实层面,党员就是社会中德才兼备且愿意进入体制的先进分子。任何政治制度都必须设立选拔官员的机制,儒家政治的贤能原则要求这个机制能够选拔德才兼备的优秀人才,而党恰恰提供了这个机制,因而是中国宪法制度的一部分。

党的活动渗透到中国政治和社会生活的方方面面,但就其宪法职责而言,党的作用体现在三个方面:第一是制定国家的大政方针,如长期规划、重大制度和对外关系等;第二是为全国人大提供立法思路;第三是选拔和管理官员。然而,除七五宪法之外,历次成文宪法都没有明确列出党的这些职责,而是在序言里予以原则性体现。

中华人民共和国的第一部宪法颁布于1954年。这部宪法是在《中国人民政治协商会议共同纲领》(简称《共同纲领》)基础上,由毛泽东亲自主持制定的。在中华人民共和国还没有宣布成立的时候,中国共产党就于1949年9月主持召开了新政治协商会议,会议通过的《共同纲领》成为事实上的宪法,直至1954年宪法正式颁发。《共同纲领》中提到中国共产党1次,是在序言里论述政协的性质和统一战线的时候,即:"由中国共产党、各民主党派、各人民团体、各地区、人民解放军、各少数民族、国外华侨及其他爱国民主分子的代表们所组成的中国人民政治协商会议,就是人民民主统一战线的组织形式。"此时,中国共产党还是统一战线里多种力量中的"第一个"。五四宪法对党的领导地位有更清楚的论述:"我国人民在建立中华人民共和国的伟大斗争中已经结成以中国共产党为领导的各民主阶级、各民主党派、各人民团体的广泛的人民民主统一战线。"然而,除此之外,"中国共产党"也只再出现了1次(开篇论述中华人民共和国建国历史的时候)。七五宪法的改变很大,不仅在序言里多次提到中国共产党(4次),而且在第一章"总纲"里提到5次,在第二章"国家机构"里提到2次,在第三章"公民的基本权利和义务"里提到1次。七五宪法是在"文革"后期制定的,很多地方反映了"文革"的激进主义路线,但是,就对党在中国政治生活中的作用的表述而言,它可能是历届宪法中最为准确的。首先,七五宪法明确了党对于国家的领导。总纲第二条规定:"中国共产党是全中国人民的领导核心。工人阶级经过自己的先锋队中国共产党实现对国家的领导。"党不仅仅是统一战线里的"第一个",而且更是全中国人民和国家的领导者。其次,七五宪法还规定了党领导国家的具体形式。总纲规定了党对军队的领导权,并明确"中国共产党中央委员会主席统率全国武装力量"。(第十五条)第二章"国家机构"进一步规定:"全国人民代表大会是在中国共产党领导下的最高国家权力机关。"(第十六条)全国人大的职责之一是"根据中国共产党中央委员会的提议任免国务院总理和国务院的组成人员"。(第十七条)这些规定被七八宪法所延续,但却被八二宪法全部放弃。事实上,在关于党与国家关系这个问题上,八二宪法基本上回归到了五四宪法。

然而,在现实政治层面,七五宪法所规定的党的宪法职责没有改变,这就造成了成文宪法和现实之间的脱节。如何弥合这个差距呢?强世功提出了中国的"不成文宪法"理论。他认为,肇始于《共同纲领》并由五四宪法所认定的统一战线确定了中国共产党作为国家主权的事实代表者的身份,并与人民代表大会所代表的人民主权构成互补关系，"这样，在中国宪政体制中构成'人民主权'也有两种不同的制度机制：其一是'作为绝对宪法的根本法'所明确的中国共产党领导下的多党合作制度；其二是'作为根本法的成文宪法'所规定的人民代表大会制度"[1]。但是，多党合作制度如何能够成为国家主权的一部分？强世功只给出了历史的原因，而没有给出哲学的原因。以现代政治哲学的眼光来看，多党合作是一种精英治理形式，它作为主权的一部分可能面临几个方面的挑战。首先，精英本来就在国家和政府的运作方面占据普通人所不具备的优势，如果他们还享有主权，那么谁来监督他们呢？其次，多党合作包括共产党之外的民主党派，那么，这是否意味着这些民主党派也享有国家主权呢？现实生活中显然不是这样。民主党派的职责是参政议政，对党和政府的工作进行监督。最后，多党合作与人大分享主权，是否会产生冲突？强世功也注意到这一点，他写道："中国宪制的核心问题是如何处理好二者的关系，避免二者因为相互冲突使国家主权陷入分裂的危机状态中。这就需要在政治实质与法律形式之间携手合作，形成良好的互动。"[2]但是，他接着引用时任全国人大常委会委员长李鹏的一个讲话，强调党对人大的领导。显然，在现实中，一个国家是不可能存在两个主权的，中国解决这个问题的办法就是坚持党的领导，把党置于最高地位。

另外，强世功正确地指出了全国人大的一个重要宪法职责，即保证党在宪法和法律框架内活动。他对人大的"橡皮图章"作用有不同的解读："橡皮图章"不是说人大不起任何作用，"恰恰相反，

---

[1] 强世功：《中国宪法中的不成文宪法——理解中国宪法的新视角》，《开放时代》2009年第12期。
[2] 强世功：《中国宪法中的不成文宪法——理解中国宪法的新视角》，《开放时代》2009年第12期。

全国人大及其常委会按照宪法充分发挥'橡皮图章'功能，也是用宪法来'驯服君主'的过程，从而使得党真正做到在宪法和法律的范围内活动，真正做到依法治国"[1]。"橡皮图章"的意思是，人大不是西方议会那样的主动立法机构，而是党发现民意、凝聚共识的机构，对党所提出的议案进行表决。尽管我们看到人大几乎总是通过党所提出的议案，但这不代表人大表决之前没有与党以及社会进行充分沟通。事实上，人大的重大立法都要经历多年的时间，提交人大最后表决的议案已经充分听取了各方的意见。由此，人大体现的是一种协商民主。但是，全国人大对党的约束的理论基础是什么？在执行层面又如何保证这种约束的效力？这是强世功所没有论及的地方，本书对人民主权的论述可以作为回答第一个问题的参考，对儒家政治的宪法结构的论述可以作为回答第二个问题的参考。

　　成文宪法和现实之间脱节，并不等于党的活动无法可依。自新中国成立以来，党形成了一套自身运作的制度体系，且受到这套制度的制约。一些学者因此指出，《中国共产党章程》应当纳入宪法架构中加以考虑，以此弥补成文宪法的不足。[2]党的其他一些规范性文件也是如此。如《党政领导干部选拔任用工作条例》（简称《条例》）明确了党对干部任用的领导权，并具体规定了干部选拔任用的标准和程序，因此是党发挥选贤任能宪法职责的重要规范性文件。从本书理论的角度来看，党在这方面的作用更加符合儒家政治的要求。党主管干部的选拔，党的想法和大政方针通过各级党委和党员干部获得实施，而不是直接凌驾于主权机构即全国人大之上。

---

[1] 强世功：《中国宪法中的不成文宪法——理解中国宪法的新视角》，《开放时代》2009年第12期。
[2] 参见强世功：《党章与宪法：多元一体法治共和国的建构》，《文化纵横》2015年第4期；柯华庆、刘荣：《论立宪党导制》，《战略与管理》2015年第7期。

对于任何政体而言，官员的任命都是最为核心的制度安排之一。我国宪法对各级人大的选举有具体的规定，但除七五宪法和七八宪法之外，其他宪法版本没有说明候选人是如何产生的。在现实中，他们是由上一级的党委考察之后提名的，《条例》则对考察和选拔过程、标准进行了详细规定。因而，在成文宪法之外，我国还存在不成文宪法。

历届宪法对于人大的主权地位都是肯定的，除七五宪法提出党领导人大之外，其他几届宪法都规定全国人大是国家的最高权力机构。无论是从理论还是从实践的角度来看，这都无疑是正确的。党的构成是多样化的，通过制度化机制（民主集中制）使党的决策能够代表绝大多数中国人民的利益，因此，党就有信心把自己的决策交由全国人大做最后的裁定。在现实层面，人民主权是世界性潮流，没有一个国家不公开承认人民主权。在这种情形下，宪法对人大地位的认定是毋庸置疑的。难题在于如何弥合宪法引言里对党的领导的原则性认定以及后面对全国人大作为国家最高权力机构的实体性认定。

我国宪制的另一个重要组成部分是人民政协。在五四宪法颁布之前，政协代行全国人大的职能。《共同纲领》规定："中国人民政治协商会议为人民民主统一战线的组织形式。"在20世纪50年代初期，政协在参政议政方面发挥了重要作用。这大概和《共同纲领》有关。这个纲领明确中国共产党是统一战线中的"第一个"，同时赋予民主党派较大的参政权利。当时参加政府的党外人士也很多，多个部（包括司法部）的部长都是党外人士。在这种情况下，民主党派参政议政的积极性很高。1953年9月18日梁漱溟在政协大会上对毛泽东的当场顶撞，是在这个背景下发生的。[1]然而事情发生之后，梁漱溟并没有受到太大的影响。这种比较融洽的氛围在1957年"反右"开始之后就消失了，政协的地位也大大下降。五四宪法只提到宪法源于新政协制定的《共同纲领》，七五宪法和七八宪法对政协只字未提，八二宪法有较大改变，指出："中国人民政治协商会议是有广泛代表性的统一战线组织，过去发挥了重要的历史作用，今后在国家政治生活、社会生活和对外友好活动中，在进行社会主义现代化建设、维护国家的统一和团结的斗争中，将进一步发挥它的重要作用。"2018年宪法修正案在这段文字之后增加了一句："中国共产党领导的多党合作和政治协商制度将长期存在和发展。"政协章程里对政协的使命有更加具体的阐述：

> 中国人民政治协商会议根据中国共产党同各民主党派和无党派人士长期共存、互相监督、肝胆相照、荣辱与共的方针，促进参加中国人民政治协商会议的各党派、无党派人士的团结合作，充分体现和发挥我国社会主义新型政党制度的特点和优势。……中国人民政治协商会议是社会主义协商民主的重要渠道和专门协商机构，要聚焦国家中心任务，把协商民主贯穿履行职能全过程，完善协商议政内容和形式，着力增进共识、促进团结，在推动协商民主广泛多层制度化发展、推进国家治理

---

[1] 对这个事件的一个比较完整的记录，可以参考《梁漱溟晚年澄清：我是在自省，不是向毛泽东本人认错》一文，见http://news.ifeng.com/a/20140514/40289743_0.shtml。文后附有1988年5月20日梁漱溟写给《世界日报》就此事的说明信，信中提到："当年国务会议上毛泽东对我不点名批评……"梁把政协会议当作"国务会议"，可见，当时的政协会议的分量是很大的。

体系和治理能力现代化中发挥不可替代的作用。[1]

从以上论述来看，政协不是梁漱溟心目中的"国务会议"，而是与中国共产党"协商议政"的机构。政协在1954年之前发挥较大作用，与当时的历史情形有关。一是新政协团结了广大的民主党派参与新中国的建设，的确如强世功所言，这为中国共产党政权提供了一定的合法性。二是政协代行全国人大的职能，作用较大。三是当时的民主党派人士都有"士"的情结，如梁漱溟在顶撞毛泽东之后的检讨里说，他在顶撞毛泽东的时候，并没有觉得是错的，而是为自己的"'倔强精神'、'骨气'而沾沾自喜"。政协不是一个决策机构，但仍然是中国共产党体制不可或缺的组成部分。

总结起来，中国共产党不是一个西方意义上的政党，而是中国宪法架构的一部分。如何让党对国家的领导在法治的框架下展开，是一个需要在实践中不断探讨的问题。在回答这个问题之前，我们先转向至此一直没有机会深入讨论的一个主题，即中国共产党的官员选拔制度是否能够做到选贤任能。

选贤任能[2]

十年"文革"对国家机器造成巨大破坏，无数干部被打倒，新提拔的干部当中的许多人是"打砸抢"出身。邓小平开始主持工

---

[1] 《中国人民政治协商会议章程》，2018年3月27日，见https://www.gov.cn/guoqing/2018-03/27/content_5277793.htm。

[2] 本节参考了姚洋、席天扬主编：《中国新叙事》第二章"理解中国共产党体制"，格致出版社、上海人民出版社2018年版。

作之后，就让胡耀邦负责干部的甄别平反工作。许多老干部得以平反昭雪，恢复名誉，其中一些要求恢复工作岗位。邓小平的伟大之处在于，他意识到新老交替的重要性。为此，他提议成立中央顾问委员会和中央纪律检查委员会，安置老干部，他自己主动出任中顾委主任。随后，他又提出以"干部四化"（革命化、年轻化、知识化、专业化）作为选拔干部的标准，从制度上保障了干部选拔过程中实现选贤任能的目标。

从20世纪80年代开始，党政领导干部的选拔制度不断完善。到2002年，这些制度被总结为《干部任用条例》，经过2014年1月的修订，改称为《党政领导干部选拔任用工作条例》，并于2018年再次修改。这个文件详尽规定了各级党政领导干部的考核选拔程序。《条例》规定，选拔任用党政领导干部必须坚持"党管干部原则"。其他原则包括：任人唯贤原则；德才兼备、以德为先原则；注重实绩、群众公认原则；民主、公开、竞争、择优原则；等等。各级党委负责实际的选拔程序。上一级党委组织部和党委书记是选拔工作的主要决策者。组织部先草拟一个小范围的候选人的名单，然后与候选人以及他们的同事、下属进行谈话。在关键岗位如党委书记和主要政府首脑的选拔上，组织部也会邀请刚刚卸任的老干部进入考察组。考察完毕之后，组织部向党委推荐候选人，党委集体决定最终的人选。对于政府官员的选拔，候选人名单形成后，需要在地方人大进行投票确认。《条例》为选拔程序提供了细致的指导。《条例》还规定，年轻官员可以成为考察对象，成为储备干部，并对考察过程作出了详尽的说明。成为考察对象的官员通常被安排在处于同一行政级别的不同岗位上轮岗。《条例》还对领导干部交流作出了规定。除了常规的选拔，公开选拔也是选拔任命领导干部的一种方式。这为在非政府部门工作的人提供了一个进入政府的快捷通道，也为政府内部的官员提供了一个尝试新岗位以及快速升迁的机会。《条例》也对公开选拔作出了规定。

由此可见，中国共产党的选拔任用制度是程序化和制度化的。这套制度将中国共产党体制与其他非民主政体区别开来，也让邓小平的时代与毛泽东的时代区分开来。干部的选拔不再只看干部"红色"的程度，而是要考察他们的能力。与此相关联，官员选拔制度必须是开放的和竞争的。国际上经常有人认为中国共产党的体制是封闭和非竞争性的。这来自两个误解：其一，中国政体受中国共产党的掌控，排除了其他政党的参与；其二，入党要求党员信仰党的正统意识形态，因而排除了信仰其他意识形态的人。这种看法是错误的。这个错误源于对中国共产党的性质和中国共产党体制的误解。本章传递给读者的主要信息是，首先，中国共产党不是一个西方意义上的政党，它是国家宪法架构的一部分，所谓党垄断国家权力是一个伪命题。其次，中国共产党向各行各业的人士开放，允许不同群体的人士入党，为他们的利益表达提供一个竞争和妥协的平台。在"三个代表"重要思想的旗帜下，所有有志于中华民族之崛起的优秀人士都可以入党。在现实层面，据官方统计，截至2022年底，中国共产党已经拥有了9804.1万名党员，成员来自各行各业、各个阶层，因此具备了广泛的代表性。而且，官员的升迁面临巨大的竞争压力，官员不得不与和自己职位相当的其他官员展开竞争。事实上，中国官员面临的竞争压力往往要比选举民主下的官员更大。在选举民主下，一个官员只是在选举的时候才面临其他人的挑战，而在中国，官员时刻都面临其他官员的竞争，一些地方甚至实行末位淘汰制，每个月都可能淘汰官员。

需要指出的是，任何社会的官员都面临竞争压力；对于政体的正当性而言，更为重要的指标是，竞争的标准是什么。如果官员们竞争的是对上级的服从或如何讨好民众的短期诉求，这样的政体就不具有正当性。只有当贤能成为官员们竞争的标准的时候，一个政体才可能拥有正当性。那么，贤能是否是中国干部选拔体制的标准呢？

某些研究发现，政治关联对中国官员的升迁有显著的作用。[1]姑且不论这些研究涉及的一些技术问题，我们在此只想指出，即使是在运转良好的民主制中，政治关联也不是什么新鲜事。比如，当一位美国新总统上任的时候，他会更换超过2000个政府职位，能够得到职位的新人都是和他有关系或赞同他的执政理念的人。比政治关联更为重要的问题是，能力是否是决定官员选拔的一个关键性标准？如果答案是否定的，那么，一个政体就退化成了裙带政体，很难获得正当性。在这个方面，许多研究表明，能力的确是中国选拔制中的重要选拔标准。比较早且影响很大的研究是李洪彬和周黎安在2005年发表的文章。[2]他们研究了相对经济增长率如何影响省级领导干部进入中央的概率。他们发现，在一个官员任职期间，如果他任职省份的经济增长率比平均水平高出一个标准差，则这个官员的升迁概率就会在平均概率的基础上提高15%。姚洋和张牧扬把

---

[1] 参见Victor Shih, Christopher Adolph and Mingxing Liu,"Getting Ahead in the Communist Party: Explaining the Advancement of Central Committee Members in China", *American Political Science Review*, 2012, 106(1): 166–187. 这篇文章研究了自20世纪70年代到2007年十七大中央委员会的构成，发现中央委员与最高领导人存在较为稳定的关系。作者也研究了候补中央委员的排名，发现这个排名与他们的业绩没有显著的关系。这篇文章存在一些技术性问题。一是如何定义与最高领导人的关系；二是许多候补中央委员没有地方工作经验，因而也无法度量他们的业绩。

[2] Hongbin Li and Li'an Zhou,"Political Turnover and Economic Performance: The Incentive Role of Personnel Control in China", *Journal of Public Economics*, 2005, 89(9–10): 1743–1762.

目光下移到市级官员，使用更为精细的计量经济学方法测量了官员发展地方经济的能力，他们发现，对于49岁以上的官员而言，能力越强的官员越可能得到升迁。[1]其他研究表明，官员发展经济的能力越强，则他们通过盲目扩张（如大力发展房地产业、大搞"面子工程"等）发展经济的机会主义倾向就会越低。[2]一些研究者还对比研究了官员任用过程中的培养、选拔和激励三方面的情况，发现培养和选拔发挥了明显的作用，而激励只在2002年前发挥作用。考虑到经济增长是党在相当长时期里的工作重心，官员选拔把发展经济的能力作为关键性标准，就不足为奇了。为适应经济社会条件的变化、回应大众的要求，党也在尝试建立更加全面的干部考察制度，将其他指标加入到考核体系中。然而，党的组织部门和官员之间存在一个多任务的委托-代理问题。根据经济学里的多任务定理，由于经济增长是最容易度量的指标，官员主要围绕经济增长展开竞争就是必然的。这是为什么上级部门只好在一些重要的政策目标（如计划生育和环保）上使用"一票否决"制度的原因。

行文至此，对中国的官员选拔体制做出其能够选贤任能的结论是不为过的。正因如此，中国共产党体制才得以吸引有抱负的年轻人加入，同时也增强了民众的信心。社会学研究表明，多数中国人相信"应得"的理念，[3]投射到政治领域，人们自然会期望能力高的官员在体制中脱颖而出。中国共产党的选拔制度满足了这种期

---

[1] Yang Yao and Muyang Zhang,"Subnational Leaders and Economic Growth: Evidence from Chinese Cities", *Journal of Economic Growth*, 2015, 20: 405–436.

[2] Tianyang Xi, Yang Yao and Muyang Zhang,"Capability and Opportunism: Evidence from City Officials in China", *Journal of Comparative Economics*, 2018, 46: 1046–1061.

[3] 相关论述参见张静主编：《转型中国：社会公正观研究》，中国人民大学出版社2013年版。

望，因而增强了自身的正当性。

选拔制与民主制的对比

中国的选拔制是开放的和竞争的，且能够选贤任能，但这不等于这个制度是完美的。当今世界，"一人一票"民主制被奉为标准政体。为了更好地理解中国的选拔制，将它和民主制进行一下对比是必要的。"一人一票"受到欢迎的一个重要原因是，它满足了现代社会关于人的"自决"的思想：人们在投票和表达的时候感受到了自身拥有的权利。但是，"一人一票"民主制的效果并不总是尽如人意的；反过来，中国的选拔制虽不像民主制那样接纳所有社会个体的意见，但也可以产生一些民主制没有得到的合意结果。对于这两种制度的比较能够加深我们对中国的理解。

我们首先来比较选拔制所要求的长期竞争和民主制所允许的无约束进入之间的差别。选拔制要求官员对他们的职业有长远的打算。官员们必须在年轻时进入体制，然后与同龄人竞争来获得升迁。相比之下，民主制为希望从政者提供了"捷径"，那些甚至没有任何政治经验的人，也可以在他们感觉合适的时候涉足政治。两种政体各有利弊。

选拔制的最大优点在于，它使得政府官员拥有长远的眼光。这种眼光是由体制中的两种力量塑造的。第一，为了维持体制的稳定，党必须长期保持选拔标准的一致性。这样，官员对于自己的表现和升迁机会之间的关系，就有了稳定的预期。一个好的结果是，官员不那么受机会主义动机驱使，而是按照选拔标准进行他们的工作。第二，中国的选拔制鼓励官员维护良好的声誉。为升迁而竞争，不是一朝一夕能够完成的事情，而是一项终身事业，因而声誉就变得很重要，特别是对那些希望担任高级职位的官员来说，更是如此。选拔制的另一个优点是官员愿意不断地提高自身的能力、积累资历。因为职业生涯很长，官员愿意从经验中汲取教训，提升自身能力。而党也愿意帮助官员，为他们积累经验提供机会。党有意地将有前途的年轻官员放到预备干部队伍中。一个锻炼他们的重要方法，就是让他们在不同地区的不同岗位上担任职务。特别地，他们通常会被安排到县级或市级单位担任主要领导，这样他们就能锻炼出统筹应对复杂多样任务的能力。有了这些经验，当官员担任国家的高层领导职位的时候，他们就会比较有信心。

基于上面的两个优点，选拔制使官员不受民众的短视要求干扰。党在中国的绝对领导地位的确对此有帮助，但是它不足以让党不受民众压力的影响。如前所述，党在20世纪70年代末将工作重心转移到经济建设上来的一个重要原因，就是意识到经济增长对增强民众信心的重要性。选拔制本身所蕴含的长远诉求，对于帮助官员建立长期眼光，也是同样重要的。凭借着他们在升迁过程中积累的资历，官员可以自信地说，他们的所作所为有利于社会的长期利益。

但是，选拔制也有明显的缺点，其中最显著的，莫过于不利于有创造力的官员的脱颖而出，因为偏离常规在体制内是没有多少好处的。在这种情况下，一个可能的结果是，最终整个体系里剩下的都是一些平庸的官员。另一个结果是，高层领导人一般都在六十岁以上，他们可能被自己以往的经验所束缚。人的思想一般在二三十岁时就定型了，官员在体制内的成功可能会进一步固化这个趋势。

民主制的优缺点与选拔制刚好相反。民主制允许任何人在任何时间参与政治，这就保证了政治体系有持续的新鲜血液注入。作为当今世界唯一的超级大国，迄今为止美国出现过三位四十多岁的总统。但是，民主制的一个缺点是，官员要持续地面对选举压力。这对政策效果以及官员自己有两方面的负面影响。一方面，官员必须屈从于民众压力来获得选票，这就导致他们往往为了迎合选民采取短视的投机决策；另一方面，选举使得当选官员没有动力提升自身能力，因为一旦竞选失败，这些能力就没有任何用处。目前的西方世界已经很少有像肯尼迪这样的领袖了，追随民意成为每个政治家的选择。这是"斜坡效应"在民主原则上的表现：人们不再满足于把"人民主权"当作一个乌托邦理想，而是要把它变为现实，从而事事要求民众做主。

第二个比较是，中国的选拔制强调事前选拔，而民主制强调事后监督并给予官员充分的激励。如前一章所述，儒家传统要求统治者和官员在成为统治者或官员之前就彰显贤能之才，直到明代这仍然是中国政治的传统。时至今日，普通中国人仍然认为做官不是一个寻常职业，只有德才兼备之人才配得上重要的政府职位。中国的选拔制继承了选贤任能的传统，这在选拔党政领导干部的时候起到了关键性作用。这个制度的好处是，优秀人才能够被选拔出来；缺点是，那些有创造力但经验不足的人可能被埋没。相比之下，民主制向任何想从政的人敞开大门。在理想情况下，候选人的信息得到充分公开，选民对候选人充分了解，理论上可以选出德才兼备的领袖。然而，现实世界远没有那么完美，能力不足的投机者往往能够混过选举，如美国的一些政客。和中国的选拔制相比，民主制的选拔能力更弱。这就是为什么民主制构建了各式各样复杂细致的机制,以保证当选官员对选民负责。宪法条文通过监督与制衡对官员施加了很强的限制,为了赢得第二个任期,官员会努力工作。但是问题在于,再次当选的强烈愿望会使在任官员采取投机和扭曲性行为,选举和激励之间就产生了张力。

第三个比较是,中国的选拔制强调责任(responsibility),而民主制强调问责(accountability)。在儒家思想中,官员如民之父母;作为"父母官",官员有责任照顾他的子民,即使子民有时并不知道被照顾的好处。这种主动治理的精神一直保留到现在,在中国共产党的话语体系中,它被翻译成那句著名的口号:"为人民服务"。在本质上,对责任的强调要求官员主动改善民众的生活质量。这种方式有两个好处:一方面,官员没有任何借口推卸责任;另一方面,他们也被赋予了更大的权力,从而可以用他们认为必要的方式提高社会福利。如果官员是贤能的,那么这种方式会取得良好的社会效果。但是,它也有两个显见的缺点。一方面,官员可能达不到儒家所要求的道德标准;没有对权力的充分监督,权力的滥用甚至以权谋私就可能难以避免。反腐过程中查处的众多腐败官员,恰恰证明了这种担忧。另一方面,即使官员是贤能的,我们也不能保证官员能够充分了解民众的需求。早在20世纪30年代的社会主义大辩论中,哈耶克就指出,社会主义计划经济的失败在于计划者无法获得计划所需的所有信息。当代官员所面临的问题也是类似的。

民主制解决信息不完全问题的方式,是使用一个简单的政治偏好加总方法,即简单多数原则。剩下的任务就是让官员们执行加总的结果。这就是民主制强调问责的原因。民主制要求当选官员按照选民的意愿行事,而不是按照自己的想法主动做事。在一个完美的政治环境中,这种治理方式很好地制约了当选官员,杜绝了权力的滥用；但是，在不完美的政治环境中，制约就会大打折扣。有大量的例子证明，民主制在发展中国家没有很好地起到制约官员的作用。另外，约束官员只是良治的一个方面，国家治理有许多地方需要官员发挥主观能动性，在这种情况下，官员的责任感就变得更加重要。

如果中国的选拔制能够让政府官员更好地接受人民的问责，或者相应地，如果民主制能让官员对民众更加负责，那么两种政体都会变得更好。相对来说，更急迫的问题是如何让发展中国家的官员更加负责，因为发展中国家的政治环境远不如发达国家完美。但这并不意味着发展中国家要选择中国的选拔制，它们应该在现有的民主制基础上进行改革，使得官员更加负责。

最后一个比较是选拔制可能造成的单一性和民主制下产生的多样性。在中国，因为选拔是由一个组织使用统一的标准来执行的，政府官员的行为趋向于同质化。尽管这样使得党更容易推行自己的政策，但是，随之而来的单一化存在潜在的危险：一旦发生了方向性错误，整个体制就很可能酿成大错。过度投资、盲目追求GDP增长以及无视环境都和单一化有关。更为严重的是，整个社会可能会成为受害者，失去现代社会应有的多样性。相比之下，在民主制中，官员可以根据选民的偏好，实施多样化的政策。地方社区可能有多种多样的利益诉求，当选官员必须反映这种多样性。这样，民主制的社会将比选拔制的社会更加多样化。

但是，选拔制并不天然地排斥多样性。首先，选拔标准可以更加多样，从而选拔出特点鲜明而不是仅仅有能力发展经济的官员。其次，可以引进民主机制来补充选拔制的不足，让民众行使监督政府官员的权力。再次，选拔制和自由社会是相容的。自由主义政体的两个最重要特点是政治选拔的开放性和竞争性，选拔制符合这两点。而且，选拔制也没有必要压制民众的自由表达。中国社会已经远比过去多样化，不存在单一的社会思潮能够自称为主流思想；人们对社会异端的宽容度已经大大提高；报纸和社交媒体上对于政府政策的批评也时刻可见。诚然，所谓的"政府管制"依然存在，但这是国内外对于中国体制的误解共同导致的结果。导致这些管制的根本原因是西方"民主叙事"对中国政策制定者的误导，使得他们没有意识到中国体制的正当性的真正来源。

中国共产党成立已然百年。在这百年间，前三十年是武装斗争、夺取政权，中间三十年是社会改造，后四十年是在实践层面回归中国传统、带领中国人民专心实现中华民族的伟大复兴。站在一百周年的节点上，党应该思考如何构建与中国民众的文化心理相通的政治哲学理论。从大历史的角度来看，当代中国与西汉的鼎盛时期相似，都处于大动荡之后的高光时代，亟须建立着眼于国家长治久安的治理模式和政治哲学。这是历史给予中国共产党的机会，也是中国共产党的责任所在。

第十三章
儒家政治与自由主义

　　自启蒙运动以来，自由主义逐渐成为现代社会接受的主流思潮。儒家政治如果想参与世界性的对话，就必须回答它与自由主义之间的关系。一方面，明清以降，儒家被宋明理学所主导，儒士遁入泛道德化的死胡同；另一方面，在儒家的外衣之下，皇权日益走向专制，因而儒家学说总是与"专制""不自由"等联系在一起。在日本和"亚洲四小龙"经济成功的鼓舞之下，20世纪80年代在海外兴起的新儒家，对传统儒家进行了新的诠释，并试图让儒家与现代性接轨。然而，正如马克斯·韦伯在20世纪初写《新教伦理与资本主义精神》一样，海外新儒家对儒家的许多溢美之词更多的是为经济成功在文化上所做的事后合理化。[1] 进入21世纪之后，大陆也出现了新儒家；儒学不仅在学术上大有复兴之势，而且读经、

---

[1] 韦伯在《新教伦理与资本主义精神》一书中的主要立论是，新教伦理（如节俭、勤奋、不偷闲等）促进了资本主义的发展。但是，支持这个立论的经验证据很少。参见Harold Jones, "The Protestant Ethic: Weber's Model and the Empirical Literature", *Human Relations*, Volume 50, 1997, pp. 757–778; Jacques Delacroix and Francois Nielsen, "The Beloved Myth: Protestantism and the Rise of Industrial Capitalism in Nineteenth-Century Europe", *Social Forces*, Volume 80, Issue 2, 2001, pp. 509–553.

讲经盛行，儒家学说开始重新渗入日常生活。然而，多数中国当代儒家学者对儒家和自由主义之间的调和持否定态度，只有少数学者试图寻找儒家与自由主义相容的途径。在学术层面，前者似乎过于严谨，坚持儒家的本意，不做任何现代性的引申；后者则似乎有些随意，把儒家修身养性的一些教诲当作儒家自由主义的证据。我们需要一个更加平衡的学术进路。一方面，儒家学说需要现代化，而且，即使从儒家的本意出发，我们也可以找到儒家学说与自由主义的相通之处；另一方面，自由主义本身也不是完美无缺的，用儒家学说对其进行改造，可以让自由主义变得更加可靠。

自由之辨[1]

要谈自由主义，先要搞清楚什么是自由。当代围绕儒家和自由主义的争论，在一定程度上没有把什么是自由搞清楚。首先需要明白的一点是，自由主义从一开始就是关于人与人之间关系的学说，因而，像"意志自由"这样的说法，不仅与自由主义无关，甚至是有害的。在启蒙运动之前，个体意志方面的自由已经经由宗教改革萌发起来。在此之前，个体只有通过神父才能与天主进行沟通，因而在现实层面，个体不是神的直接创造物，而是被教会掌控的门徒。宗教改革打破了教会对天主的垄断，教徒获得直接和天主对话的机会。启蒙运动初期，一些进步的神学家更进一步，开始质疑在神的创造之外，人是否可以有自由意志。如格拉斯哥大学

---

[1] 本小节内容以《儒家自由主义辨析》为题先行发表在《文史哲》2021年第3期。发表时文字略有改动。

的道德哲学教授弗朗西斯·哈奇森（Francis Hutcheson）对人的道德感来自上帝这个命题发起挑战，认为道德感是人与生俱来的本性。由此，人不再是上帝制造的泥偶，而是具有自我意识的独立的存在。从这个意义说，人获得了自由。但是，这种自由是人对于上帝的自由，属于人的意志范畴，与自由主义所指的自由还不是一回事。自由主义之所以把意志自由摒弃于门外，有几方面的原因。一方面，意志自由可能要求过多的自由，社会无法给出对不自由的矫正。"我被生命的有限所困，我无法思考其他任何事情，因此我是不自由的"，或者，"我不能去月球旅行，所以我是不自由的"。可是，社会能为你做什么呢？社会不应该为个人的心理感受负责。另一方面，意志自由也不能成为自由的证据。一个监狱的囚徒，每天必须听命于狱卒的命令，但他仍然可以天马行空地思考，对着上帝祈祷，获得心灵的宽慰。可是，我们能说他是自由的吗？如果把这种心灵层面的自由思考也当作自由来看待，那就是给犬儒主义打开大门，让我们在面对强权的时候，聊以心灵的自由安慰自己。这当然不利于我们构建现实中的自由社会。

自由是启蒙运动构建的人类价值，它从一开始就是政治的，而非精神的。洛克是自由主义的鼻祖，他从自然状态开始构建他的自由主义政府。自然状态就等同于自由的状态："那是一种完备无缺的自由状态，他们（人们）在自然法的范围内，按照他们认为合适的办法，决定他们的行动和处理他们的财产和人身，而毋须得到任何人的许可或听命于任何人的意志。"[1] 关于自由，这句话有两层意思。一是只有存在多个人的时候，自由才有意义。如果只有一个

---

[1] ［英］洛克：《政府论》下篇，第3页。

人，这个人就无须担心其他人会对他做什么，因而讨论自由就没有意义了。二是不自由一定是要得到某人的许可或听命于某人的意志，换言之，一个人必须是置于他人的管制之下，才能说他是不自由的。但这个定义仍然太宽泛。比如，未成年的子女要听从父母的指令，但我们一般不会认为他们是不自由的。哈耶克因此把不自由的范围进一步缩小，仅指一个人受到他人专断意志强制的状态，因而自由是"一个人不受制于另一人或另一些人因专断意志而产生的强制的状态"[1]。在这里，"专断意志"应该理解为恶意或出于施加强制者的个人好恶，即强制者实施强制，不是出于对被强制者的关心，而是出于他自己的私欲。

  哈耶克的这个定义，是古典自由主义者所秉持的自由观，用以赛亚·伯林的话来说，这样定义的自由是一种"被动自由"，即"免于……的自由"。[2]通常，这种自由是由程序来保障的，如法治可以保障一位弱小的人士免于一位大力士的欺负。阿玛蒂亚·森对这种自由的定义略有不同，他将其定义为"自由的程序方面"，即由程序（如制度）决定的自由。这里的"程序"可以是任意的，但就正义的程序而言，自由的程序方面与被动自由并没有实质性差异。但是，我们还关心"能够……的自由"，即伯林所说的主动自由。而森对此有稍微不同的说法，他称之为"自由的能力方面"或"自由的实质方面"。在多数情况下，处于饥荒中的饥民之所以挨饿，不是因为有人限制了他们，不让他们获得食物，但他们却无法填饱肚子。森认为，饥民挨饿是因为他们所掌握的能换取食物的禀

---

[1] ［英］弗里德利希·冯·哈耶克：《自由秩序原理》，邓正来译，生活·读书·新知三联书店1997年版，第4页。

[2] Isaiah Berlin, *Four Essays on Liberty*, Oxford University Press, 1969.

赋（如劳动力）因价格的下降而遭遇贬值，这样形成的饥荒，不是任何人直接强制的结果，而是市场失败的结果。[1]

关注被动自由还是关注主动自由，是古典自由主义和进步自由主义之间所有争论的根本所在。古典自由主义者视主动自由为一个危险，因为它可能引向全能型政府甚至法西斯主义政府——国家总是可以用"我所做的都是为你好"这样的说辞为借口，对民众实施强制。古典自由主义者因而仅仅关注被动自由，而他们为现实世界所提出的方案就是最小政府和放任自流的市场经济。哈耶克和诺齐克莫不如此。古典自由主义的优势是在学理上非常清晰，沿着洛克的自然状态和社会契约走下去，就很容易得到论证。然而，在现实中它却显示出冷酷的一面：只要程序上没有问题，社会里发生的苦难都与国家无关。[2] 进步自由主义（也称为新自由主义）起源于罗尔斯的《正义论》，在当代欧美社会已经超越古典自由主义，成为自由主义的主流之一。进步自由主义者认为，仅被动自由是不够的，社会必须关注个人能够做什么的自由，否则自由就没有意义了。就政治主张而言，他们要求政府关注底层民众的生活状态，支持福利社会政策。

讨论古典自由主义和进步自由主义之间的差别不在本书的范围之内；我们更关心的是，如何统一被动自由和主动自由，给自由下一个一般性的定义。一个思路是关注个人的选择集。所谓选择

1　[印度]阿马蒂亚·森：《贫困与饥荒——论权利与剥夺》，王宇、王文玉译，商务印书馆2001年版。
2　《饥饿的苏丹》是记者凯文·卡特在苏丹拍摄的一张非常著名的照片。照片上，一位骨瘦如柴的小女孩趴窝在地上，奄奄一息，后面一只秃鹰在等着吃她。有记者拿着这张照片问诺齐克，你认为这个小女孩拥有和比尔·盖茨一样多的自由吗？诺齐克开始不愿意回答这个问题，在记者的一再追问之下，他说，如果你非让我回答的话，我不得不说，她和比尔·盖茨的自由一样多。

集，就是一个可以自己决定自己事务的空间，或者说自主空间。一个人的选择集（自主空间）的大小，就决定了他的自由的多寡。被动不自由意味着选择集受到外人的挤压，而主动不自由则意味着在没有明显的外人挤压之下，选择集因为全社会范围内的经济、社会或政治变化而缩小。比如，饥民不是因为他人的胁迫而挨饿，而是因为市场条件变了，他们的劳动力贬值了。当然，如果一个人本来工资就很高，他的工资降一些也不至于影响到他的食物供给，他就不会挨饿。所以，我们可以在选择集的基础上给自由下定义："自由是一个人免于在其选择集受到外力限制时迫不得已地采取某种行动的状态。"[1]对于本书的目的而言，这个定义有两方面的意义。一是它把本体自由和良知自由这样的概念排除在儒家自由主义的讨论之外。这不是说这些自由不值得讨论，而是说，它们与作为一种政治哲学的自由主义无关。政治哲学处理的是人与人之间的关系，而非个体意志的状态。二是在这个统一的定义之下，我们找到古典自由主义和进步自由主义所共同尊重的原则，而这些原则本身具有内在的矛盾。从分析这些矛盾着手，我们可以更加清晰地认识儒家与自由主义的关系。

自由主义的内在矛盾

今天，自由主义已经成为一套全面而复杂的理论体系，涵盖从个人到社会组织、经济运作，乃至国家治理的各色理论，而且，这些理论的政治取向也不一样，在西方，左翼进步自由主义和右翼

---

[1] 姚洋：《自由辩》，《经济学消息报》1999年9月3日。

古典自由主义之间的冲突可以达到水火不容的地步。但就其本质而言，无论左右，自由主义都包括三个原则：个人价值、个人自决、平等主义。个人价值的意思是，个人本身就是社会的最终目标，不能把独立于个人的社会目标强加于个人；个人自决的意思是，每个人都拥有免受他人强权限制的权利，个人可以决定自己的命运；平等主义的意思是，每个人在前述两个原则上是平等的，每个人的价值都是相等的，每个人都拥有同样多的自我决策的权利。这三个原则可以看作由自由的定义生发出来的命题。

　　自由总是关乎个人的价值，离开个人谈论自由在当代是没有意义的。比如，面对外敌入侵，我们可以谈论民族的自由。外敌入侵在古代频繁发生，那时的人们也可以谈论自由（尽管"自由"这个词在那时有不同的含义），但几乎可以肯定他们没有个体自由这个概念。把自由限定在个体层面，既是现代社会尊重个人价值的结果，也是近现代自由学说的基本前提。由此而来的问题是，个人价值为什么一定先于社会价值？从洛克契约论的角度来看，答案是这样的：社会是因为个人之间的契约建立的，个人在前，社会在后。即使是功利主义者，也是先承认个人的幸福，然后在此基础上考虑全社会幸福的加总。马克思是资本主义最伟大的批判者，但他也承认个人自由的优先地位。在《共产党宣言》里，他和恩格斯写下了那句名言："每个人的自由发展是一切人的自由发展的前提。"对于自由主义者（至少是古典自由主义者）而言，个人自由足以保证社会价值。正如亚当·斯密在《国富论》里给出的著名论断那样，通过市场这只"看不见的手"，个人价值的伸张最终可以实现"我为人人，人人为我"的社会价值：

仅仅依赖人的恩惠，并不会更容易达到目的，如果他能够鼓动他们的自爱心，使其有利于己，并且告诉他们，如果他们为他而做他需要他们做的事情，他们就是为他们自己的利益。请给我以我想要的东西，同时，你就可以获得你所要的东西：这是每一个这样的提议的意义。我们日常必要的那些好东西，几乎全是依照这个方法，从别人手里取得的。我们所需的食物不是出自屠夫、酿酒师、面包师的恩惠，而仅仅是出自他们自己的利益的考虑，我们不要求助于他们的爱他之心，只要求助于他们的自利之心。[1]

在承认个人价值的基础上，个人自决就成为自由主义的下一个必然选择。不可否认，社会里有好心人，也可能存在好人政府，一个人把自己的幸福托付给好心人，或者民众把自己的福祉托付给好人政府，都可能是一个明智的选择。但是，这样的选择面临两方面的危险。其一，他人不可能比我自己更了解我需要什么，他人的好心未必能够提高我的福祉；其二，万一他人不是好人，我就会陷入被他人愚弄甚至压榨的境地。后者正是洛克对霍布斯的利维坦的批评，他说：人们愿意脱离自然状态，把自己置于利维坦的掌管之中，就好比"他们注意不受狸猫或狐狸的可能搅扰，却甘愿被狮子所吞食"一样愚蠢。既然个人价值是至高无上的，一个人就应该掌握自己的命运；即使他不得不让渡部分权力给政府，也要把政府置于他的监督之下。

---

[1] ［英］亚当·斯密：《国富论》，郭大力、王亚南译，译林出版社2011年版，第10页。引用时文字略有改动。

最后，平等主义是对个人价值和个人自决的一种保障。如果人与人之间个人价值和个人自决方面可以是不平等的，那么个人自由就无法得到保障。比如，如果一个人的价值高于其他人，那么，为了保障他的价值，他人的价值就往往需要做出牺牲。一个简单的例子是，如果一个人的生命比其他人的生命更重要，医院就要为他提供超出常人的医疗服务，因而难免会占用其他病人的医疗资源，从而侵犯了他们的个人价值。同样，如果一个人的自决权高于其他人，那么，他就可能用这个权力去挤压他人的选择集，缩小他人的自决权。所以，平等主义具有保障个人自由的机械性作用。另外，平等主义对于自由也起到"装饰"作用。如果自由项的分配可以是不平等的，那么自由主义的美感就要大打折扣，因为在这样的社会里，自由项较少的人难免会问："为什么我的就比你的更少？"平等主义在人与人之间建立了一种同一性，消弭了人与人之间的不同，也消弭了人与人之间的猜忌。

需要注意的是，自由主义三原则是应然判断，即"世界应该是什么样的"判断，不是实然判断，即"世界是什么样的"判断。从前面的论证来看，它们在应然层面具有逻辑的自洽性；然而，在实然层面它们之间却存在矛盾，特别是在平等主义与前两个原则之间。在现实中，个人所拥有的价值和自决能力往往是不平等的。这个判断不仅适用于绝对的价值和自决能力，而且也适用于亚里士多德比例原则意义上的价值和自决能力。

这里的个人价值不应该是抽象的价值——比如在上帝那里的价值，也不应该是个人赋予自己的价值——"虽然身败名裂，但我心在云上，视地上之物为粪土"。我们要讨论的是实在的价值，市场给一个人的定价、社会的评价、生命的轻重等这样看得见、摸得着的东西。市场的最大好处是产生价格,为市场参与者提供生产和消费的准确信息。在完备市场下,市场对劳动者的定价符合亚里士多德的比例原则,即高能力或高付出的劳动者获得更多的报酬。然而,在现实中市场几乎总是不完备的。比如,一位麻省理工学院的毕业生,如果能去华尔街做金融工作,就可以轻松地获得两倍于他去实业界做技术员的收入。其中一个原因在于,金融玩的是别人的钱,为避免雇员的道德风险问题,公司必须付给他们超额的工资。公司无法消除因雇员的道德风险所造成的潜在损失,因此金融劳动力市场是不完备的。在这个例子里,同一个人在金融界和实业界获得的价值是不同的。更为普遍的现象是,即使是在完备的劳动力市场中,也存在"长边"和"短边",前者指处于供给或需求过剩的一边,后者指处于供给或需求短缺的一边。根据供需关系原理,占据"短边"的市场参与者——往往是作为劳动力需求者的企业——就拥有了一定的权力,可以对居于"长边"的市场参与者——往往是寻找工作机会的劳动力——施加影响。[1]比如,在历史上的农村地区,工作机会有限,无地的农户完全靠给地主做佃农谋生,因为人数众多,他们处于土地租赁市场的"长边"上,而地主处于"短边"上。地主就可以利用这样产生的权力,把土地规模划小,租给更多的农户。为了养活一家人,农户就不得不更加努力地劳作,以期在较少的土地上生产尽可能多的粮食。这种自我剥削机制广泛存在于前现代的农村地区。[2]

马克思在青年时代就发现了市场中存在的这种权力,并由此

---

[1] Samuel Bowles and Robert Gintis,"The Revenge of Homo Economicus: Contested Exchange and the Revival of Political Economy", *Journal of Economic Perspectives*, 1993, Vol. 7, No. 1, pp. 83-102.

[2] 参见[俄]恰亚诺夫:《农民经济组织》,萧正洪译,中央编译出版社1996年版。

发展出劳动异化理论。[1]马克思认为，在雇佣市场上，工人处于不利地位。资本家的利润上升了，工人得不到好处，而当资本家的利润下降时，工人一定跟着倒霉。因此，"劳动所生产的对象，即劳动产品，作为异己的东西，作为不依赖于生产者的独立力量，是同劳动对立的"[2]。工人生产的产品被资本家所占有，后者可以根据自己的喜好发给工人工资，工人的生产价值没有得到应有的体现。即使我们不像马克思那样讨论工人和资本家之间的对立，即使我们按照亚里士多德的比例原则，也可以得到结论：原始资本主义贬低工人的价值。在现代资本主义社会，这种赤裸裸的压榨已经不常见了，但是，劳动者价值的扭曲仍然广泛存在，想一下2008年金融危机之后的失业者就会明白这一点。

即使能够找到市场的替代物，社会要赋予每个人（基于比例原则）同等的价值也是困难的。试想，一位出生在贵州山区农民家的孩子可能拥有150的智商，但是，因为他家太偏僻了，那里的人根本就不知道智商是啥玩意儿；而且，政府的资金是有限的，无法做到将优质教育资源平均分配，因而那里的教学质量很低，老师也没有发现这个孩子的高智商，所以，这个孩子最终还是重复他父母的生活，一辈子在深山里做农民。这里没有什么具体的外力阻止这位天才孩童实现他的价值，他所遭遇的一切都是社会系统使然。我们迄今还没有找到一种社会制度，能够实现每个人应该发挥的价值，今后恐怕也不可能。这就是为什么哲学家还要孜孜以求地提出各种方案，以期平等地实现每个人的价值的原因——如果每个人的

---

[1] ［德］马克思：《1844年经济学哲学手稿》，刘丕坤译，人民出版社1979年版。
[2] ［德］马克思：《1844年经济学哲学手稿》，第44页。

价值都得到了伸张，哲学家的这些努力就是做无用功了。

　　社会机制具有贬损个人价值的一面，但同时也有夸大个人价值的一面，特别是在自由主义的学说中。"人生而平等"这句话很有道德感召力，但一般人都忘记了，这是一个应然判断，不是对人的实然描述。在西方社会，孩子们总是被告知，他们不比其他人差，他们具有无限的潜力。作为一种教育方式，这一点儿问题都没有，而且也是中国的教育体系应该学习的地方。然而，孩子们长大之后就会发现，许多人都比自己好，"天空才是你的上限"只是一句空话。他们不得不调整心态，最终在社会中找到自己合适的位置，度过平凡的一生。放大了说，一个人对自己的价值判断与社会现实之间的距离，注定是人生必须面对的悲剧之一。顾长卫导演的处女作《孔雀》给我们揭示了这个悲剧。电影里的姐姐，年轻的时候发誓要当伞兵，憧憬在蓝天翱翔的姿态，但最终她不仅没能当伞兵，而且和一个平凡的人结婚、离婚，碌碌无为地度过半生。在电影的结尾处，"我"陪着她蹲在菜市场的地上挑西红柿，她的眼泪无声地流下来。这一幕，足以让观者痛彻心扉。如果观众觉得姐姐的一生没有什么可惊叹的地方——毕竟，绝大多数人都没有实现年轻时候的理想——那么，影片中大哥的恋爱就把观众推向一个道德两难的境地。大哥小时候得过脑膜炎，智力受损，处处受人欺负，可是，他竟然爱上了厂里的厂花，举着一支向日葵到厂门口去等厂花。观众的第一反应是哈哈大笑：这不是癞蛤蟆想吃天鹅肉吗？顾长卫在这里给观众安排了一个黑色幽默，在博观众一笑的动机背后，他恐怕是要观众去思考一个问题：难道一个傻子就没有爱上厂花的权利吗？直觉告诉我们，傻子配不上厂花——这种看法也体现了亚里士多德的比例原则。但是，一个坚定的自由主义者必须承认，傻子配得上厂花，因为傻子的价值不应该因为他的智力而打折扣，而厂花的价值也不应该因为她的美貌而产生溢价。自由主义的价值平等原则在这里给自己挖了一个大坑。

如果说个人价值的贬损和社会有关的话，那么个人自决能力的贬损就既和社会有关，也和个人有关。在社会层面，即使不存在明显的强制性外力，一个人的自决能力也可能显著地低于其他人。《白毛女》这部戏为此提供了一个最好的注脚。这部戏的场景发生在抗战时期的华北地区。杨白劳是一位没有土地的农民，靠租种地主土地养活自己和女儿喜儿。在开春的时候，他向地主黄世仁借贷，允诺年底的时候还钱，否则喜儿就去黄世仁家做丫鬟。实际上，黄世仁是给杨白劳设了一个圈套，目的是霸占喜儿。不出所料，杨白劳到年关的时候没钱还给黄世仁，黄世仁带着狗腿子穆仁智（看看这两人的名字！）堂而皇之来要喜儿。乡亲们来了，喜儿的相好大春也来了。穆仁智掏出驳壳枪，他们不怕；但当黄世仁掏出杨白劳按过手印的契约的时候，他们却都后退了。喜儿成了黄家的丫鬟，为躲避黄世仁的蹂躏，她逃到了深山里，成了白毛女。乡亲们为什么在契约面前退缩了呢？因为在他们的心目中，契约是杨白劳自愿签的。用自由主义者的话来说，杨白劳具备自决的能力，因而契约是平等的。但是，这个判断不符合我们的道德直觉：如果卖儿鬻女都可以是公平的买卖，那这世间还有什么不是公平的呢？我们的回答是，杨白劳具备自决的能力，但是，他的选择集实在是太小了，以至于只剩下变卖喜儿一个选择。所以，他和黄世仁之间看似公平的契约，背后是两个人之间在选择集上天壤之别的差距。这个差距与他们两个人本身没有多少关系，而是社会制度造成的。黄世仁拥有土地，可以靠高利贷生活，而杨白劳是无地的农民，靠出卖劳动力生活。这是当时中国北方农村延续了几百年的制度安排，人们对此习以为常。只有等到中国共产党完成土地改革之后，这种状况才得以改变，农民不再会因为没有土地而落入窘迫的境地。

撇开社会，个人的自决能力还与个人的境遇及努力有关。一个出生在殷实人家的孩子，因为耳濡目染，他的判断力就可能超越出生在一个贫困家庭的孩子。反过来，一个出生在贫困家庭的孩子，也可以通过自身的努力，超越出生在富裕家庭的孩子。在政治领域，一些人对政治抱有很大的兴趣，另一些人却更愿意事不关己高高挂起；一些人具备坚定的政治信念，另一些人则更可能听信政客的游说；一些人明辨是非，另一些人则容易被谣言所蛊惑。因而，要求所有人具备同样的参与政治的能力是不现实的。美国的宪法制定者们理解这一点，所以才设立了选举院制度，把选举总统的任务交给少数精英来完成。但是，一个坚定的自由主义者不会赞成美国国父们的观点，面对他们的精英主义制度设计，他会毫不犹豫地说："这是对人生而平等原则的践踏。"一个自由主义者可能会承认个人决策能力的不同，但他会坚定地捍卫每个人参与政治的权利：一个人可以不使用他的权利，但是社会不能剥夺他的权利。在通常情况下，这个信念对于防止个人独裁或少数人的独断专行是必要的，但如果把它推向极端，民粹主义就不可避免。这在第二章讨论民主历程的时候，我们已经讲得很清楚了。

自由主义尝试解决上述矛盾的办法，取决于论者的政治倾向。右翼自由主义者秉持古典自由主义的信条，把平等严格地限定在程序方面，而把对自由的保护限定在被动自由方面。然而，这并不能根本上解决平等主义与个人价值及个人自决之间的矛盾；事实上，这是以程序平等来压制个人价值和个人自决方面的平等。比如，诺齐克以应得之物定义分配正义,其核心之一是亚里士多德的比例原则,而正如前面举的电影《孔雀》中大哥的例子,这必然要求我们承认,一些人的价值低于另一些人。左翼自由主义者则采取激进主义的进路,以扩大平等的方式实现个人价值和个人自决。比如,森提出能力学说,要求政府和社会把注意力下沉到每一个人,根据个体的需要提高他的基本能力,助力他实现有价值的个人目标。[1] 左翼自由主义者把这样的政府和社会政策归纳为"敏于志向,钝于禀赋"的政策。这听起来非常振奋人心,但实施起来却面临巨大的难度。我们如何知道每个人的需求?政府和社会是否拥有足够的资源,让所有人都实现自己的抱负?

总结起来,自由概念不是从来就有的,它是近现代社会运动的产物。但是就它所指向的自主空间而言,则自始至终与人类社会相伴随。当自由成为一个哲学概念的时候,它是以复数形式出现的。诸多自由概念及其理论,从不同角度阐述、规范其所珍视的自主空间,并且它们相互间形成了竞争关系。据此而言,自由主义是关于自由概念及其理论的总名,在这个总名之下,有多个自由理论派系,如古典自由主义、新自由主义等,而作为对自由主义的整体性超越,当属马克思主义。但是,马克思主义并不拒斥自由,而是认为自由主义在保障和提升自由上做得不够。马克思主义认为自由主义建制只是保障形式自由的平等权利,却允许了实质自由的不平等,即在实质上只是保障了少数人而非所有人的自由。经由马克思主义理论和实践双重批判后,人类社会结构在不同方向上有所改变

---

[1] 诺齐克的理论参见[美]罗伯特·诺齐克:《无政府、国家与乌托邦》,何怀宏等译,中国社会科学出版社1991年版;森的理论,参见[印]阿马蒂亚·森:《以自由看待发展》,任赜、于真译,中国人民大学出版社2002年版。

或调整,自由主义在回应和吸收马克思主义的过程中,其叙事也从原先注重个人价值(自由、尊严等)、个体自决(自主、选择等)拓展至注重个人价值、个人自决和平等主义。在如今的自由主义谱系中,左翼自由主义已占据主导位置,但是与此同时,自由主义内在矛盾也得以集中体现。如果不跳出自由主义,要想找到逻辑上一致且现实中可行的方案,是一件不可能的任务。自由主义面临的最大难题是如何调和平等主义与个人价值以及个人自决能力实质上不平等之间的矛盾。在多大程度上实施平等,是自由主义左右两翼无休止争斗甚至诉诸战争的根本原因。19世纪马克思主义与洛克式自由主义的对立、20世纪社会主义阵营和资本主义阵营的对立、今天西方社会激进主义和保守主义的对立,其本质都是一样的,就是关于社会应该在多大程度上实施平等的问题。

近现代自由儒家的境遇

中西方都有值得珍视的自由传统。任何严肃的探讨都应以此为前提,并注意辨析中西在自由议题上的重要不同。但如何选取两者比较的参照系,并非一个可有可无的问题。一个难以避免的问题是,各种比较总是蕴含着价值偏向性。当前,即便是对儒家持同情态度的自由主义学者,在阐述儒家与自由主义之间的关系时,也没有充分挖掘儒家的内在价值,并将之与现代性挂钩,反而把自由主义直接作为标准来丈量裁剪儒家传统资源。[1] 然而,一种更为客观

---

[1] 哈佛燕京学社、三联书店主编:《儒家与自由主义》,生活·读书·新知三联书店2001年版,第82页。

和公允的参照系,应是以两者的可通约之处作为轴线来展开论述,形成交互对话。在这个意义上,邓曦泽以自由主义谱系为参照系来考察儒家自由主义并得出后者为初级自由主义的评断,[1]是从自由主义出发的单向对话;而郭萍等人所主张的以本体自由和良知自由来定义儒家自由的取向,[2]则脱离了当代自由主义关注人与人之间关系的主流,因而可能削弱儒家现代自由理论的世界意义。

相对而言,著名汉学家狄培理(旧译"狄百瑞")于1982年在香港中文大学"钱宾四先生学术文化讲座"上所作的讲座更值得我们注意。在这次讲座上,狄培理不仅确认了中西方在自由议题上的一些互通性,也在这种确认基础上梳理了儒家的自由传统。[3]其中值得注意的有几点:一是他指出儒学道统中蕴含的从传统中发明新意并据此批判时弊的立场和态度。二是他对宋代新儒学中自由精神的引申。这些引申包含对儒家本体自由和良知自由的发现,比如教育中的"为己之学"和相互存敬精神,以及与此精神相关的"博学"观念(敬审事实并尊敬他人的学问,以达到自己的结论),但更为重要的是,他发现了宋代读书人在扮演公共角色时所体现的个人主义特征,如"自任于道"和"自得"这两个观念,表达的是道德和文化上的个人主义,而士大夫的刚毅直谏表达的是他们在政治上的独立性。[4]三是他对明代黄宗羲等人自由思想的肯定,特别是

---

[1] 邓曦泽:《自由谱系下的儒家自由主义——兼论中国哲学方法论》,《清华大学学报(哲学社会科学版)》2019年第4期。

[2] 参见郭萍:《"自由儒学"纲要——现代自由诉求的儒学表达》,《兰州学刊》2017年第7期;郭萍:《自由儒学的先声——张君劢自由观研究》,齐鲁书社2017年版;黄玉顺:《自由主义儒家何以可能》,载杨永明主编:《当代儒学》第10辑,广西师范大学出版社2016年版。

[3] [美]狄百瑞:《中国的自由传统》,李弘祺译,中华书局2016年版,第8—9页。

[4] [美]狄百瑞:《中国的自由传统》,第88—89页。

指出，黄宗羲从个人主义出发对帝制合法性进行了批判，并进入对法治和大众政治参与的论述。[1]

儒家现代自由议题的提出与演进，起于中国传统社会结构的剧变。随同其所依托的传统制度的消亡，儒家在20世纪初也遭受了关乎自身存废的挑战。经由技术不如人、制度不如人再到文化不如人的反思，近现代中国知识分子大体上分为两大派系，一派主张师从欧美、倡导西化，另一派抱持对中国文化的同情、探寻其存续根据，开显其出路。五四运动以来，这两大派系日渐融合，表现为外来文化的本土化和本土文化的世界化。但总体而言，旧体系尚在瓦解之中，而新体系远未形成。在这个过渡阶段，各种思想竞相角逐。但就其影响之深度来看，西方自由主义和经由俄国改造后的马克思主义之间的博弈占据着主流地位，因而在20世纪的大部分时间里，儒家被边缘化了。

不论是自由主义还是马克思主义，它们都主张保障和提升自由，只是后者更为激进。从全球现代化进程来看，中国现代化进程在工业化意义上晚于西方；但是由于中西各自处理的历史遗产不一样，因而中国在处理自由议题上遭遇了更为复杂的局面。儒家能否超越自由主义和马克思主义的对立，建构自己的关于自由的学说？这个问题关系重大，决定着儒家能否重回中国当代主流并进入世界价值体系序列——毕竟自由已经成为世界主流价值的一部分。我们在本书里对这个问题的回答是肯定的。以下，我们将从个人价值、个人自决和平等观三个方面展开儒家现代自由理论，并旁及与自由主义的相应比较。

---

1 ［美］狄百瑞：《中国的自由传统》，第109—113页。

儒家眼里的个人价值

　　个人价值是自由的内在价值基础，它在儒家那里存在极其丰富的思想资源。这里分别从个人价值的根源、内涵和实现三个层面来阐述儒家视域中的个人价值。在个人价值的根源上，与西方同时期诉诸神或理念不同的是，先秦儒家已挣脱神灵的束缚，直接诉诸人性的自然倾向。不论是孔子的仁学，还是随后孟子的"四端"说和荀子的"积伪"说，都聚焦于人性的自然倾向，都认可每个人成仁的可能性，因而在成圣成贤的意义上肯定了个人价值。孔子的"我欲仁，斯仁至矣"，孟子的"人皆可以为尧舜"，荀子的"涂之人可以为禹"等相关论述，不仅在状态上确立了贤能指向，而且在过程上明示了成圣成贤所需要付出的努力。另一方面，"克己复礼""为己之学""放养心""化性起伪"等论断，则显示了个人在成圣成贤过程中所蕴含的主体性。

　　在将自由的基础落实在个人的主体性及对个人价值的肯定上，[1]儒家无疑大大超前于自由主义，后者是在启蒙运动反对神权和君权的过程中发展出来的。在神权下，人活着的唯一目的是侍奉上帝，并等待上帝的最终审判，除此之外，人没有任何世俗的激励和目的。儒家从对人性的自然观察出发，为个人设定了一个世俗的目标，因而给个人提供了极大的激励。如前所述，儒家承认了人性在道德潜能上的相近性，但后天努力不同导致个人在成圣成贤上的

---

[1] 郭萍明确将儒学自由的基础落实到个人的主体性，并据此将儒家自由推演为三个自由层级观念。但是，因为忽视儒家对个人价值的相互性肯定，她阐释的儒家自由观既缺失了主体间的交互性，也缺失儒家向来注重知行合一的实践维度。参见任剑涛：《自由儒学与自由主义儒学——评〈自由儒学的先声〉》，《天府新论》2018年第5期。

不同。这点全面地蕴含在"性相近也，习相远也"(《论语·阳货》)这一论断之中。在对这一论断的阐述中，美国学者华霭仁（Irene Bloom）写道："就孔子而言，认识到普遍人性和相似的道德潜能，并不意味着许诺最终的平等对待，因为他认识到在人发展的过程中包含了许多可变因素，可导致不同的行为结果……这一论断的两个方面——肯定人类基本相似性和承认他们后天的差别——同等地重要。"[1]所以，儒家认可个人价值潜在的同一性，但对个人价值实质性的同一性表示沉默，把它让渡给个人的努力。这是儒家与自由主义之间一个显著的不同之处。这里也显示了儒家中庸调和的一面。在应然层面，儒家承认个人价值的同一性；在实然层面，儒家把个人价值交到每个人自己手里。然而，与自由主义一致，儒家肯定个人追求，而且，在下面的意义上，儒家强于自由主义，即自由主义把价值的同一性当作给定的，因而并不给予个人努力相应的激励，而儒家则鼓励个人为成圣成贤做出最大的努力。这个区别在现实中具有极大的意义。自由主义为社会提供一个美好图景，却没有告诉我们，如何把这个图景映射到现实中去，因而才会产生我们熟知的西方社会在形式平等和实质平等之间的割裂。儒家没有为社会规定一个美好的结果，只是为社会提供一个同一性的起点，而把结果寄托在个人的努力上面，由此，儒家实现了理论和现实的统一。

然而，要调和儒家个人价值与自由主义的个人价值，还有一个重要的问题需要回答：儒家肯定个人价值，是出自维护秩序的需要，还是如自由主义那样，把它作为一个先定条件？自由主义是从

---

[1] [美]华霭仁：《基本直觉与普遍共识——孟子思想与人权》，梁涛、朱璐译，载梁涛主编：《美德与权利：跨文化视域下的儒学与人权》，中国社会科学出版社2016年版，第213页。

个人出发的，然后推导出社会。儒家呢？由于历史上儒家学说被用于国家治理，而在中国的语境里，这相当于为统治者服务，因此，回答下面的问题是有意义的：儒家推崇个人成就因而肯定个人价值，是为社会秩序服务，还是把个人价值作为和社会秩序并列甚或从属于社会秩序的目标？答案是，兼而有之。

社会秩序是什么？从孟子的论述来看，大致相当于他所说的自然爵位和社会爵位。在评述古人和今人对待二者的差异上，他的主张是：应当以修养自然爵位为根本，而非以修养自然爵位作为获得社会爵位的手段。他如此写道："有天爵者，有人爵者。仁义忠信，乐善不倦，此天爵也；公卿大夫，此人爵也。古之人修其天爵，而人爵从之。今之人修其天爵，以要人爵；既得人爵，而弃其天爵，则惑之甚者也，终亦必亡而已矣。"（《孟子·告子上》）自然爵位内在于每个人的"四端"，外显于每个人修养以成圣成贤之过程。在这个过程中，每个人在成仁这一维度上是同一的，但是在修养程度这个维度上是有差别的，因而在成圣成贤上存在人际差异。就成圣成贤的实质而言，就是持守仁义忠信、乐善不倦，因此个人价值的实现在理想上与社会秩序的遵守、社会价值的达成是相一致的。这种一致性并没有淹没个人价值，而是体现了个人价值的尊重。在论及伯夷、伊尹和孔子三位圣人的共同点时，孟子曰："得百里之地而君之，皆能以朝诸侯，有天下；行一不义，杀一不辜，而得天下，皆不为也。"（《孟子·公孙丑上》）

更为重要的是，儒家注意到了个人责任的相互性。对于子张之问政，孔子答道："居之无倦，行之以忠。"（《论语·颜渊》）这一回答可以引申为臣民履行的职责。但是，臣民履行职责的前提是君主亦履行其职责，持守道义，用孔子分别回答齐景公、季康子之问政时的话来说，就是"君君，臣臣，父父，子子"，"政者，正也。子帅以正，孰敢不正？"（《论语·颜渊》）孟子更明确地阐述君臣的相互责任，他如此写道："君之视臣如手足，则臣视君如腹心；君之视臣如犬马，则臣视君如国人；君之视臣如土芥，则臣视君如寇仇。"（《孟子·离娄下》）并且，如果君主丧失仁义持守，那么君主不过一独夫而已，臣民不但可以不听其号令，甚至可以将其诛杀。齐宣王问："臣弑其君，可乎？"孟子答道："贼仁者谓之'贼'，贼义者谓之'残'。残贼之人谓之'一夫'。闻诛一夫纣矣，未闻弑君也。"（《孟子·梁惠王下》）

从以上论述来看，个人价值的实现就在于对各自责任的履行，并且在履行各自责任的过程中成就个人价值。这是就正面而言的。就反面而言，如果此方不履行其责任，那么彼方不履行相应责任就是合理的。在这个意义上，君臣父子等角色是礼之结构所内含的，并且角色的责任不仅是相互构成的，也是相互成就的。从君主与个人关系来看，君主作为道义秩序的化身，"忠君"不是个人对个人，而是个人对道义秩序的维护，因此，如果君主丧失对道义秩序的持守，那么"忠君"便转为孟子所言的"诛一夫"。由此来看，儒家不仅肯定个人价值，而且肯定上至君主、下至臣民的个人价值在成圣成贤意义上的平等性。这区别于柏拉图在《理想国》中的先天性的人的阶级差异。尽管在轴心时代中西哲人都不可能超越其阶级社会属性，但孔子和孟子看起来比柏拉图和亚里士多德更能够给予个人价值以肯定与尊重。

映射到今天的世界，我们不得不说，儒家在个人价值与社会价值上持有模糊的态度。但这种模糊，实质上反映了人类社会面对的一个永恒矛盾。正如经济学家阿罗的经典著作《社会选择与个人价值》所揭示的那样，基于个人价值的社会选择不总是符合理性的要求，换言之，个人价值与社会价值之间存在潜在的冲突。在西方，在罗尔斯自由主义之后出现的社群主义，意识到了这个冲突，试图用社群价值来对罗尔斯自由主义进行修正。20世纪的新儒家则试图引进对权利的论述来改善儒家对这一矛盾的处理方式。他们"从中国已经内蕴而未能发出的处所将其迎接出来，以与西方文化相融通，这是敞开东西融通的一条可走的路"[1]。在关于权利的正当性基础上，西方先是诉诸上帝，在"上帝死了"之后才诉诸原子化的个人，而儒家直接诉诸社会关系和秩序中的个人。从现实层面而不是纯哲学层面出发，也许我们就不得不接受儒家在个人价值和社会价值之间的模糊态度，在动态过程中不断改变两者之间的平衡。

近现代儒家在这方面做出过表率。近现代中国遭遇民族危亡的经历，让现代儒家（如张君劢）普遍对蕴含在儒家传统里的社会价值持有一种更为务实的态度。他们虽然给予个人价值以优先性，但是没有否定社会价值在一定范围内对个人价值的干预性，而这让他们的相关理论始终存在个人价值与社会价值之间的张力。在当前以民族国家为主权单位的世界政治格局中，这个张力可能是不可避免的，自由主义学说对此视而不见，反倒成为它走入死胡同的原因。

在儒家关于人性的关系性理解中，个人与社会是相互促成的，个人价值与社会价值亦是彼此构成的。据此，那种以自私或无私来诠释中国人的个人价值，是以不恰当的方式加入了私人和公共、个人和社会的划分，它无视中国传统中个人的不可化约的关系性。汉

---

[1] 转自谢晓东：《现代新儒学与自由主义——徐复观殷海光政治哲学比较研究》，东方出版社2008年版，第139页。

学家安乐哲深刻洞悉这一点,他在论及中西在权利议题上的差异时,提醒西方诠释者注意:"将无私的理念赋予中国传统的西方诠释者,往往将国家与个人看作是对立的,这一观念在我们这里将自由民主主义与集体主义思想家区分开来。但是这个模式很难照搬到中国来,对中国人而言,自我实现既不需要高度的个人自由,也无须屈从于公众意志,而是成员间的一种互利互惠,他们处于相互忠诚与责任之中,被这种忠诚和责任所环绕、激励,并确保了个人价值。"[1]

由此牵扯出当代人对儒家"群己权界"模糊的批评。的确,儒家没有意识到建立保障个人价值的权利体系的必要性。中国传统社会缺失权利保障架构,因而不能保障个人价值免于屈从于社会价值的权衡。这是值得当代儒家注意的问题。在现代的陌生人社会里,法治是国家治理的基石。但这并不意味着抛弃传统,相反地,现代儒家需要创造性地阐述和引申传统资源,以滋养现代社会。如哈耶克所说:"一个成功的自由社会,在很大程度上将永远是一个与传统紧密相连并受到传统制约的社会。"[2]

最后,在讨论儒家个人价值的时候,一个无法逾越的问题是家庭和男女平等问题。在先秦儒家生活的时代,"家"只意味着男人,女人不过是男人的从属而已。但是,站在今天的角度苛求古人是不公平的,横向的比较可能更有意义。就男人和女人的关系而言,孔子和同时期的柏拉图都缺失对女性权益的考虑,但原因不同。柏拉图在平民、护卫者、哲人王之间做了区分,女人虽然和男人一样可以成为护卫者,但护卫者(包括哲人王)阶级实行"共产公妻",

---

[1] [美]安乐哲:《以礼仪为权利——儒家的选择》,梁涛、高如辰译,载梁涛主编:《美德与权利:跨文化视域下的儒学与人权》,第245—246页。

[2] [英]弗里德利希·冯·哈耶克:《自由秩序原理》,第71页。

女性护卫者归男性护卫者共有，任何人都不能与其他人组成一夫一妻的小家庭。[1]孔子则在家、国、天下之间做了区分，并将女性权益问题归属于家庭之中，尽管夫妻各自负有相应的责任，但是仍以男人权益为依归。显而易见，在对待女性权益上，孔子比柏拉图更具有人本主义关怀。[2]事实上，女性权益问题的提出，是启蒙运动之后的事情，女性的参政权利要等到第一次世界大战结束之后才得以确立，而女性的社会地位至今仍然没有达到和男性同等的高度。

儒家眼里的个人自决

个人自决，就其在自由主义理论中的基本含义而言，指的是一个免于外界干预的、个人可以独立做出决定的自主空间。在现实层面，这个空间受制于社会结构，后者决定其大小以及具有平等分享权利的群体数量。在价值层面，一个社会存在一组对个人自决的规范性叙事（认可、批判乃至推翻）。人类社会已经经历了传统社会向现代社会的转型，社会结构发生了很大变化，因而个人自决的内容也随之变化。如果不明晰这一点，那么在比较自由主义和儒家在自由、权利等议题上的不同观点时就会出现时空错乱。以下，我们从传统社会和现代社会两个层面来论述儒家视域中的自主空间。

就传统社会来看，儒家强调每个人要遵守礼的约束。礼确定

1　［古希腊］柏拉图：《理想国》，第171、180页。
2　谭平：《面对女性:孔子是温和的人本主义者——兼评"五四"以来名家对孔子妇女观的解读》，《新疆大学学报（哲学·人文社会科学版）》2010年第3期；曲宁宁、陈晨捷：《儒家女性观及其对女性主义的可能应对——以〈礼记〉为中心的考察》，《厦门大学学报（哲学社会科学版）》2018年第6期。

了尊卑长幼等一套行为规范，在这套规范中留给个人自决的空间很小，除非把选择遵守行为规范也视为一种个人自决。的确，相对于选择不遵守行为规范而言，选择遵守在现代人看来也是一种个人自决。但是在儒家那里，这与其说是个人自决的选择问题，不如说是个人德性的存废问题。因此，以守礼来否定儒家的个人自决是对儒家的一种误读。问题不在于儒家要求守礼，而是在于礼本身过于严苛。但是，即使在这里，也不能把《礼记》当作历史现实。孔子虽然很讲究按周礼行事，但只是在与君主、贵族打交道的时候如此，在日常生活中，他更多地表现出务实的一面。汉武帝接受董仲舒"独尊儒术"的建议，也只是把儒家思想作为国家治理的政治哲学，而没有要求事事按《礼记》行事，更没有"罢黜百家"。

相较于政治关系，儒家在处理个人之间的关系时，更为尊重个人自决。儒家的关系性思想为个人自决预留了足够的空间。比如，就个人的诸多角色而言，一个人既是其父母的儿子，又是其子女的父亲；既是其老师的学生，又是其学生的老师；既是其妻子的丈夫，又是其同事的同事……当这些角色发生某种张力时，个人需要自主地做出权衡，以求恰当地处理这种张力，其原则是中庸之道。"中庸之为德也，其至矣乎！"（《论语·雍也》）从儒家的相关论述来看，中庸大致有三层含义。其一是中正。如子贡与孔子关于颛孙师（子张）与卜商（子夏）的对话所提示的。"子贡问：'师与商也孰贤？'子曰：'师也过，商也不及。'曰：'然则师愈与？'子曰：'过犹不及。'"（《论语·先进》）孔子的意思是，子张好过了，但并不比没有好到家的子夏更好。君子当如舜那样有大智慧，"好问而好察迩言，隐恶而扬善，执其两端，用其中于民。"（《礼记·中庸》）其二是时中，凡事不强求。"君子之于天下也，无适也，无莫也，义之与比。"（《论语·里仁》）君子不用墨守成规（无适），不用自我设限（无莫），做事唯求符合大义。认死理的人，得不到儒家的赏识，如孟子对子莫的批评："子莫执中。执中为近之。执中无权，犹执一也。……举一而废百也。"（《孟子·尽心上》）子莫坚持原则，不权衡利弊，等于是"举一而废百"。其三是中和，即尊重他人。"君子和而不同，小人同而不和。"（《论语·子路》）"喜怒哀乐之未发，谓之中；发而皆中节，谓之和。中也者，天下之大本也；和也者，天下之达道也。致中和，天地位焉，万物育焉。"（《礼记·中庸》）这三层含义从不同维度展示了中庸之道的内涵：中正，侧重本体论上的正确、适度，是做人的原则；时中，侧重方法论上的持中调和、权衡，是实践的手段；中和，侧重目的论上的多样、和谐，是最终的状态。

但是，不是所有人都能够秉持中庸。"君子中庸，小人反中庸。君子之中庸也，君子而时中；小人之反中庸也，小人而无忌惮也。"（《礼记·中庸》）中庸是最好的德行，能够做到遵守中庸之道的人并不多，即便能够做到，也难以长期坚持遵循中庸之道，即"人皆曰予知，择乎中庸而不能期月守也"（《礼记·中庸》）。究其根源，如孔子所言："道之不行也，我知之矣：知者过之，愚者不及也。道之不明也，我知之矣：贤者过之，不肖者不及也。"（《礼记·中庸》）达致中庸的关键是个人的选择。在这方面，儒家给予个人充分的自我裁量空间，允许个人因地制宜地处理事情。但是，这个自由是以不伤及他人为界，"己所不欲，勿施于人"就是最好的表述。

以今天的眼光观之，儒家定义的自主空间没有明确的边界性。但这并不是中国所独有。事实上，西方传统社会对自主空间同样缺乏明确的界定和法律上的规制。在对古代自由和现代自由的论述中，贡斯当注意到，在古代社会，"社会的权威机构干预那些在我们看来最为有益的领域，阻碍个人的意志……而且公共权威还干预大多数家庭的内部关系……法律规制习俗，由于习俗涉及所有事物，因此，几乎没有哪一个领域不受法律的规制"[1]。

当人类确立一个明确的私人领域的时候，传统社会也便发生了面向现代社会的转型。古代自由在于以集体方式行使完整主权的若干部分，现代自由在于个人享有不受侵犯的以法律为后盾的各种权利。但是，在如何处理古代自由和现代自由的关系上，贡斯当的如下警示并没有得到应有的重视：

> 古代自由的危险在于，由于人民仅仅考虑维护他们在社会权力中的份额，他们可能会轻视个人权利与享受的价值。现代自由的危险在于，由于我们沉湎于享受个人的独立以及追求各自的利益，我们可能过分容易地放弃享受政治权力的权利。……因此，先生们，我们决不是要放弃我所描述的两种自由中的任何一种。如同我已经展示的那样，我们必须学会把两种自由结合在一起。研究中世纪共和国历史的著名作者曾经说过，制度必须完成人类的使命，如果某种制度能使尽可能多的公民升华到最高的道德境界，它便能最好地实现这一目标。[2]

当现代儒家以自由重释个人的主体性，以权利重释礼制的礼仪性，自主空间便获得由宪法法律确立的权利体系所赋予的个人免

---

[1] [法]邦雅曼·贡斯当：《古代人的自由与现代人的自由》，阎克文、刘满贵、李强译，上海人民出版社2017年版，第72页。

[2] [法]邦雅曼·贡斯当：《古代人的自由与现代人的自由》，第90—92页。

于受强制的法定形式。在这一点上，徐复观等现代儒家学者与自由主义者并无分别。他们的差别主要表现为，在回应各自面临的现代性问题过程中对自由、权利等现代性概念的理解，以及阐释这些概念时所诉诸的传统资源不同。当自由主义成为现代儒家视域中的竞争者或对话者的时候，"己所不欲，勿施于人"和"己欲立而立人，己欲达而达人"成为现代儒家自由叙事的基础，并且在晚近被一些学者视为与伯林的消极自由与积极自由相对应的学说。但是这种对照具有一定误导性。

"己所不欲，勿施于人"与伯林的消极自由是一致的，但是，孔子在这里是从积极的方面来获得消极自由的。"己所不欲"指的是"我"自己认为"我"不应该做的事情，通过"勿施于人"，"我"给他人带来了消极自由。在伯林或者哈耶克那里，消极自由最终需要法律加以保护；在孔子那里，群体中的消极自由可以出自每个人的自我克制。这样说来，好像又要掉入"西方讲究法治，中国讲究人治"的窠臼了。然而，把两者看作互补关系可能是一个更好的进路：法律是基础性的，但它不可能无所不包，因而个人的自我克制是必要的。在国与国的关系方面，这可能更加重要。当今的世界上，尚没有出现一个全球治理框架，国际法尚不健全，而法律的执行就更差。在这种情况下，每个国家特别是大国的自我克制就显得尤为重要，因而就国际关系而言，儒家的"己所不欲，勿施于人"可能比任何自由主义的原则都更加重要。

把"己欲立而立人，己欲达而达人"当作积极自由的问题比较大。伯林否定积极自由，理由是它极容易导致极权干预。与此不同，现代儒家一般而言并不否定"己欲立而立人，己欲达而达人"（简称"达人原则"）的进取精神，而是将之作为"己所不欲，勿施于人"（简称"勿施原则"）的补充。然而，将达人原则当作积极自由并不符合伯林对积极自由的定义。"能……"是从人的能动性方面出发的，关乎的是个人的能力，而达人原则关乎的是对他人施加的干预，让别人做"我"认为应该做的事情。对于道德高尚者而言（如伏尔泰自认为的那样），坚持达人原则似乎是理所当然的，否则的话，他们就没有必要面对大众去宣讲自己的理念了。然而，在一般意义上，达人原则与勿施原则之间是存在冲突的："我"认为好的、别人不一定认为好，如果"我"还要别人按照"我"的意思行事，"我"就违背了勿施原则。有学者据此否认达人原则和勿施原则的当代道德价值。[1]但是，只要稍微回归贡斯当揭示的现代自由的危险及其处理方法，或者考察当代西方左翼自由主义者的正义理论，我们便会发现真正的问题不是要不要达人原则，而是如何在勿施原则与达人原则之间进行排序。在我们看来，如果达人原则是建立在高尚道德的基础之上的话，那么，在道义上达人原则就和勿施原则具有同等的重要性；但是在制度层面，勿施原则应该优先于达人原则，这样才能保证达人原则不被别有用心之人所利用。

儒家现代自由观与森的自由观也存在差异。森的自由观是以个人能力为其内容的，并且，个人能力清单的宽窄以及能否运用，分别度量了个人自由的机会的多少和个人追求其目标的自主程度。[2]勿施原则在消极意义上确立了个人自由所必需的自主空间（对应于森的机会集），而达人原则确立了在触及他人自决的边界时

---

1 俞吾金：《黄金律令，还是权力意志——对"己所不欲，勿施于人"命题的新探析》，《道德与文明》2012年第5期。
2 [印]阿马蒂亚·森：《理性与自由》，李风华译，中国人民大学出版社2012年版，第537—638页。

合理的干预范围——这里的"合理的"是由"立己立人""达己达人"所阐释的。森的自由观是实质的，它的机会方面并不是制度性的，这也是为什么森后来再三提示，要将其能力自由观与程序制度关联在一起，才是完整的。与此不同，儒家自由观并不关注程序，而是从"我"的角度出发，关注如何给他人留出自主空间，并在何时可以对他人的自主空间施加干预。以下，我们进一步讨论勿施原则和达人原则在确定自主空间（选择集）方面的作用。

上面的分析已经多次指出，勿施原则和达人原则都是从"我"出发的。这一点把儒家与古典自由主义者区分开来。古典自由主义者，如伯林和哈耶克，是从被动者角度来定义自由的，要求的是"免于……"的自由。在他们那里，施加限制的一方是缺位的。这种由被动者来定义的自由是否足以阻遏有能力施加限制的人？在自主空间是天然给定的情况下——如"天赋人权说"宣称的那样——答案可能是肯定的。问题在于，这样的自主空间是不存在的。在一篇短小精悍的论文中，森令人信服地论证了在满足帕累托原则的情况下，先定的私域（或我们说的自主空间）是不存在的，而是必须经由集体决策才可以定义。[1]那么，对参与集体决策的个人做出一些限制，就变得重要了。在现实中，这些人往往是社会中享有更多

---

[1] Amartya Sen, "The Impossibility of Paretian Liberal", *Journal of Political Economy*, 1970, 78(1): 152-157。帕累托原则的意思是，如果所有人都认为A比B好，那么社会也应该认为A比B好。先定的私域给予每个人选择自己偏好的权利，即如果一个人认为A比B好，那么社会也应该认为A比B好。假设社会中有三个人和三个选择A、B、C，每个都代表一种行为（如侧身睡觉、趴着睡觉和仰躺着睡觉）。再假设在私域里，第一个人认为A比B好，第二个人认为B比C好，而第三个人认为C比A好。根据帕累托原则，社会就要认为A比B好，B比C好，C又比A好。这样就出现了逻辑矛盾，原因就在于对私域的认定和帕累托原则不一致。但是，帕累托原则是一个公理性的直观原则，所以，问题只能出现在对私域的认定上。解决方式是放弃先定私域，把它变成一个集体决策。

权力的人，极有可能做出对他们有利的决定。在这个层面来理解勿施原则和达人原则才能够准确地把它们与现代自由概念勾连起来。勿施原则要求制度设计者换位思考，把自己放在平民的角度来考虑，什么样的限制可能是他们不愿意接受的。达人原则的要求更高一些，它要求在尊重勿施原则的前提下，给一般人实施一定的教化。这样做，不一定会对他人的自主空间实施限制，但却要求他人主动做一些符合高尚道德的事情。这是儒家与古典自由主义的一个很大的差别，也使之区别于森从能力方面对自由的论述——森强调的是"能……"，儒家强调的是"应该……"。当然，伯林的警告是不能忘记的，如何保障消极自由不受侵害，也是儒家必须考虑的问题。这是我们将勿施原则放在达人原则之前的原因。

　　自主空间不仅存在一个有无的问题，而且还存在一个大小的问题。自主空间的大小既与个人能力相关，也与社会结构相关。在儒家看来，每个人都具有同等的潜能，所以在原初意义上，每个人平等地享有同样的机会。但是在现实中，由于个人偏好和努力程度等不同，个人最终达到的能力是多样的，在同一种能力上也有强弱之别，因此人的自主空间也是不同的。比如，A和B都拥有同样的机会（由法律所确立的），但如果A是个跛足者而B是个健全者，那么在其他条件同等前提下，与A相比，B享有的由职业选择、迁徙选择等构成的自主空间就更大。

　　在制度设计上，自由主义右翼主张放任人们在自主空间上的差异（仅仅承诺同一性的自由权利），自由主义左翼主张减少人们在自主空间上的差异（同时承诺同一性的自由权利和平等主义的制度安排）。与这两种主张不同，儒家主张导引人们在自主空间上的差异，承诺对称性的自由权利，但坚持贤能主义的制度安排。具体而言，一方面，儒家认为个人在潜能意义上具有等价的能力集，因而儒家确认了形式上的机会平等；另一方面，儒家认为个人在现实上的能力有强弱之别，而能力强者应当承担更多的责任、担任更高的职位，并享有与之相应的自主空间。这后一点落实下来，便是政治结构的层级性特征。

由此而来的问题是，在由一定规模人口组成的社会中，每个人的自主空间的边界何在？在《自由论》中，密尔以不伤害原则作为边界，即你的自主行为不能伤及他人，他人的自主行为不受侵犯，这就是你的自主行为的边界。[1]但这不能合理地解决自主空间的不平等问题。比如，A的自主空间虽然不受B的侵犯，但是由于A的能力缺失或经济困难，致使他的自主空间极其微小，而这在直觉上是不公平的，尤其当A的能力缺失或经济困境不是他的主观过失所造成的，并且只要施以合理救助便能够得到拓展的时候，这种不公平更为凸显。在《正义论》中，罗尔斯以两个正义原则作为边界，第一个正义原则确立了每个人都对大致相似的自由权利项享有平等权利，在不违背第一个原则前提下，第二个正义原则中的机会平等部分确立了政治职位向所有人开放，而差异原则部分确立了经济和社会的不平等安排要使得最少受惠者的利益最大化。[2]罗尔斯的两个正义原则很好地解决了密尔留下来的自主空间存在的不平等问题，但是他的差异原则没有考虑个人自主性及其责任问题，其平均主义倾向容易造成能力强者的挫败，[3]而罗尔斯提供的激励论证

---

1 ［英］密尔：《论自由》，许宝骙译，商务印书馆2013年版，第11页。

2 ［美］约翰·罗尔斯：《正义论》，第237页。

3 Ronald Dworkin, *Sovereign Virtue: The Theory and Practice of Equality*, Cambridge, MA: Harvard University Press, 2000, p.2.

并不能证明差异原则的正当性。[1] 与此不同，儒家以关系平等原则作为个人自主空间的边界，可以解决这个问题。

儒家的平等观

以今人之标准观之，孔子的政治主张具有强烈的不平等色彩，体现了强烈的以"服从"为主轴的等级观念。然而，孔子的这些思想，并不比同时代其他文明的先贤们（如柏拉图）的思想更加倾向于维护固定的等级观念。如徐复观所言，相对于西周社会而言，孔子的思想具有平等主义特征：

> 在中国文化史上，由孔子而确实发现了普遍的人间，亦即是打破了一切人与人的不合理的封域，而承认只要是人，便是同类的，便是平等的理念。……孔子发现了普遍的人间，可分三点来加以说明。（一）孔子打破了社会上政治上的阶级限制，把传统的阶级上的君子小人之分，转化为品德上的君子小人之分，因而使君子小人，可由每一个人自己的努力加以决定，使君子成为每一个努力向上者的标志，而不复是阶级上的压制者。……（二）孔子打破了以为推翻不合理的统治者即是叛逆的政治神话，而把统治者从特权地位拉下来，使其应与一般平民受同样的良心理性的审判。……（三）孔子不仅打破当时由列国所代表的地方性，并且也打破了种族之见，

---

[1] ［英］G·A·科恩：《拯救正义与平等》，陈伟译，复旦大学出版社2014年版，第41—42页。

对当时的所谓蛮夷,都给予平等的看待。[1]

就平等而言,孔子也不比同时代其他文明的先贤们更倾向于维护不平等。他本人是没有封地的贵族后裔,早年阳虎把他拒于贵族聚会之外,对他一生都有影响。他毕生以士的身份参与鲁国政治,也鼓励自己的学生参与各国政治,践行以德性和才能为标准的政治用人之道,这与晚他167年出生的亚里士多德的想法有异曲同工之处。尽管亚氏相信君主政体、贵族政体和城邦制(混合政体)依据公民和社会的天然条件都可以成为优良政体,但是,无论是哪个政体,其内部公职的分配都必须遵从贤能原则:

> 考虑到对城邦存在的贡献,依据上述所有(至少其中一些)因素(指财富、出身、才能等),要求分享公职荣誉的做法是正当的,但若考虑到城邦的优良生活,那么让我重复一遍,教育和德性是最重大的依据。我们已确立这样的原则:仅在某一方面平等的公民不应该享有各个方面的平等,仅在某一方面优越的公民不应要求在各个方面占据优越地位。[2]

上面这段引文揭示了亚氏的平等观,特别是在政治领域的平等观,即比例原则——一个人的所得应该和他的努力或正当的禀赋相称。这也许是人类在文明的孩提时代习得的一个生存原则:如果一个氏族不奖励努力,不承认个人或家庭的积累,那么这个氏

---

[1] 徐复观:《中国人性论史·先秦篇》,上海三联书店2001年版,第57—60页。
[2] [古希腊]亚里士多德:《政治学》,第79、80页。

族迟早会被外族所消灭。如亚氏一样,孔子既承认人固有的不平等(孔子的"唯上智下愚不移"、亚氏的财富和出身论),也相信教育对人的改造(孔子的"中人可教"和"有教无类",亚氏的教育论)。孟子比孔子更加开明,其所谓"人皆可以为尧舜",就是说人人具有成为贤能者的平等机会。这是起点上的平等。尽管在终点上并非所有人都成圣成贤,但是这与其说是人在身份、地位上的不平等,不如说是在"尽心""践行"的功夫上的不平等:有些人能彻底地尽心、践行,有些人则不能,因此这个不平等是努力积累的结果。这种基于努力积累而成圣成贤之人,其高于普通人的部分是品德意义上的,是"仁者,爱人"和"推己及人"之人格典范。就此而言,这种不平等并不是压迫性的,而是如森所言,是单边义务得以施行的基础。森如此写道:"着眼于因权力不对等产生的单边义务,这种视角不仅在今天的人权活动中得到大量运用,而且在早期为争取自由以及相应的人权而进行的斗争中也可以看到。"[1]在孟子那里,高尚者自愿选择承担更多的责任和义务,由此而产生的不平等不是实质性的不平等。孟子之后的荀子,在人性论方面回到孔子的差异论,但他的思想中也可引申出平等思想。他所谓的"涂之人可以为禹",就表明人人可以通过不断地"积伪"或修善自身而成为禹一样的人。这点与孟子的"人皆可以为尧舜"具有异曲同工之处。

在古典儒家思想的基础上,现代儒家可以发展出现代意义上的关系平等观念。事实上,当代西方政治哲学议题正在经历从元素

---

[1] [印]阿马蒂亚·森:《正义的理念》,王磊、李航译,中国人民大学出版社2012年版,第193页。

平等向关系平等的转移。[1] 由此，沉积于儒家传统中的丰厚的关系性思想也呈现在聚光灯之下。从形式上讲，同一性和对称性是平等的两面，在学理传统上至少可追溯到亚里士多德的数量平等和比例平等。在启蒙运动中，同一性作为对等级制的批判武器取得了巨大成就，但同时也伤及了对称性，即把比例平等连同等级制一起打掉了。[2] 但是在现实中，真正被摧毁的是固化的等级制度，而非一切层级性。如第七章所阐述的，即使不考虑历史的黏性，在抽象层面，层级也是必要的。这里关键的不是层级性制度的有无，而是层级性制度的上下左右流动的程度。

中国传统文化蕴含着丰富的数量平等和比例平等思想，拒斥比例平等、张扬数量平等的启蒙运动传播至中国是晚近的事情，现代儒家得以在更为全面的中西理论互照基础上来评估和吸收儒家学理传统的平等思想。从儒家丰富的关系性思想和注重对称性的比例平等思想（比如德福相应、善有善报、恶有恶报等）出发，可以自然引申和发展出儒家的关系平等理论。具体而言，儒家的关系平等是一种基于资质的平等，即在相同资质的条件下，每个人在政治上都是平等的。儒家政治结构中的某一个特定的层级不是向所有人都开放的，而是只对满足这个层级所需的资质——包括能力和德性（为了简化表述，以下简称"能力集"）——的人士开放，这显然有别于自由主义所推崇的抽象的平等。

为了便于说明，让我们设想一个简单的社会结构，其中包含一个三层级政治结构，由低到高，每个层级对应的机会集记为机会

1　秦子忠：《什么的平等：从可行能力转向社会关系》，《道德与文明》2020年第1期。
2　秦子忠：《正义的测量：从能力平等到关系平等》，中国社会科学出版社2018年版，第124—135页。

1、机会2、机会3。我们可以想象，第一个层级包括社会的基本构成单位以及附着其上的权利，如学校、企业、社会团体等以及与它们相对应的权利；第二个层级包括基本的政治参与活动，如选举、监督等；第三个层级包括与管理国家相对应的职务和权利。按照自由主义的逻辑，所有机会都向所有人开放。与此不同，儒家会区别对待三个机会。具体而言，机会1向所有人开放。因为每个人都有成圣成贤的潜能，开放这个机会打开了成圣成贤的大门。在这个最低层次上，现代儒家和自由主义者一样，承认所有人在形式上的自由平等权利。由于每个人都具有同等的价值，因此每个人都具有与这些价值相配的自由，包括选择的自由、言论的自由等等。就政治参与而言，一个人可以选择进入层级，也可以选择不进入。如果选择进入，他就必须获得相应的资质。这个要求并不过分，就如同一个人要想上大学必须通过一定的考试一样。但是，如果他选择不进入，也不等于说他就低人一等。政治层级只是生活的一个部分，政治之外还有巨大的空间可供人们去追求卓越。[1] 由此，机会2和3向具有相应资质的人开放，而且机会3的要求比机会2的更高。现实中人的能力集是不同的，而更高的职位对应着更高的责任（影响力），因此需要与之相匹配的能力集。就此而言，儒家的平等观是由对称性所规定的，在形式上就是中西文化中所共有的、古老的比例平等。

  与自由主义的平等观相比，儒家的平等观可以更好地处理个人的责任问题。自由主义的平等观是由同一性规定的，因此个人责任问题是罗尔斯之后左翼自由主义者要着力解决的核心问题。德沃

---

[1] 姚洋、秦子忠：《人性的差异性与儒家政治结构》，《开放时代》2017年第6期。

金的解决途径是区分资源和偏好。在德沃金看来，资源（包括非人格资源如社会环境、家庭背景等，人格资源如个人的性别、身高、性格等）是客观的，是个人不能为之负责的，因此应当对资源缺失者施以平等主义帮助；与此对应，偏好是主观的，是个人应为之负责的，因此应当允许偏好导致的不平等。[1]通过资源与偏好的区分，德沃金确实在自由主义平等框架内关注到了个人责任问题。但是，在资源这边，个人的性格和能力的养成不纯粹是客观的，而在抱负这边，我们也无法排除客观因素，比如，个人偏好和目标的形成不可能完全是主观的，因此，德沃金并没有完美地处理个人责任问题。

与此不同，儒家的关系平等是由对称性规定的，因此它非常合理地处理了个人责任问题。关系平等直接关注诸要素之间的对应关系，并且给出这种对应关系的规范性表达。在儒家传统中，不仅充满注重关系性、对称性的思想，也充满关怀伦理，如孔子的"仁者，爱人"，孟子的"不忍之心"，荀子的"五疾，上收而养之……收孤寡，补贫穷"等。从这些思想资源中，我们可以发展出儒家关系平等的相关原则。为了深入讨论，让我们考虑一种包含禀赋、机会、努力和效用四个元素的关系平等。

关系平等有两方面的对称性。第一个方面的对称性，就是每个人的禀赋、机会、努力和效用之间的对应关系都遵循着同样一套法则（这套法则以宪法法律等为表达形式），它关系到个人作为一个整体是否受到公平的对待，在这方面缺失对称性将意味着社会成员处在一个不平等或不公正的社会关系之中，因而可将其表达为关

---

[1] [美]罗纳德·德沃金：《至上的美德——平等的理论与实践》，冯克利译，江苏人民出版社2003年版，第78、317页。

系平等的整体原则。据此，如果前文中的机会1、机会2、机会3不按照基于资质平等这个法则向所有人开放，那么就不符合整体原则。第二个方面的对称性，就是个人的禀赋、机会、努力和效用在元素层面的人际比较，它关系到构成人的诸元素是否等价，缺失这方面的对称性将意味着某种不平等，但是这种不平等不同于整体不平等，可以用补偿原则进行校正，即如果某个人的禀赋、机会、努力、效用等低于某个相应的给定值，就对他做出相应的补偿。[1]

第二个方面的对称性需要更多的解释。儒家关系平等不仅承认了个人禀赋、机会、努力、效用的人际差异，并在社会结构上体现了这种差异。这似乎与平等价值相冲突，实则不然。与罗尔斯等左翼自由主义者主张消除个人禀赋劣势不同，儒家承认并区别对待个人禀赋的差异性。因为在我们看来，个人禀赋的差异性是客观的，是不可以改变的，并且个人禀赋的差异性既不一定导致不合理的不平等，也不否定个人成圣成贤的可能性，除非认为成圣成贤只有唯一一条路径。但不可否认的是：（1）那些领受卓越禀赋的人在同等努力程度下更能够成贤成圣；（2）而对于领受一般禀赋的人来说，他们需要在后天付出更多的努力才能获得同等的成就；（3）至于那些领受残缺禀赋和家庭条件较差的人，除非基于人类尊严等价值的考虑对这些不幸加以纠正，否则他们就难以实现人生价值。这三种情形共同展示了禀赋层面的非对称性（即事实不平等），并且，若不加以纠正的话，就有损人类尊严等价值，由此适用补偿原则。问题在于如何确定补偿原则的临界线。在这三种情形中，（1）和

---

[1] 秦子忠、何小嫄：《关系性平等——对阿玛蒂亚·森的可行能力方法的一种解读》，载汪丁丁主编：《新政治经济学评论》第30卷，上海人民出版社2015年版，第118—119页。

（2）虽然存在某种差异，但是这种差异并不构成实现人生价值的障碍，因此临界线不应划在（1）和（2）之间；真正构成实现人生价值障碍的是（3），因此临界线应当划在（2）和（3）之间，补偿原则只需要对（3）加以纠正，比如改善残障人的条件、贫困家庭孩子的教育和生活条件等，以便提升他们人生价值的实现水平。这一划分与森的能力学说的精神是一致的，但并不要求完全平等的能力，而是一种指向能力建设的平等。[1]

小结

儒家不在一般意义上要求个人价值先于社会价值，对于儒家来说，个人价值是社会秩序的一部分。但是，在孟子的论述里，民众是摆在靠前的位置的，并且强调个人价值在仁的意义上的等价性，由此断言刺杀无道之君犹如杀一夫。即便如此，我们也依然要承认，孟子确实没有意识到群己之分。荀子的"明分使群"亦是如此。但我们也不能苛求古人，毕竟在他们那个时代，没有谁能把个人摆在社会之上。这一点中西皆然。从儒家重视个人修行的角度来看，个人价值包含个人努力的成分，而社会应该帮助个人的努力，如"有教无类""制民之产""收孤寡，补贫穷"等。另外，儒家不要求个人为社会做出牺牲，而只要求每个人在社会秩序序列里各得其所。因此，儒家可以接受一个薄版本的个人价值理论。

儒家从两个关系维度探讨个人自决问题。一个维度是个人与

---

[1] 姚洋：《论能力指向的平等》，载梁治平主编：《转型期的社会公正：问题与前景》，生活·读书·新知三联书店2010年版。

社会组织之间的关系。在这个维度上，儒家在下面的意义上偏向于否定个人自决，即每个人都要遵从礼的约束。礼确定了尊卑长幼，后者留给个人自决的空间很小。另一个维度是个人与个人之间的关系。在这个维度上，儒家尊重个人自决，"己所不欲，勿施于人"是最好的例证；中庸之道也是如此。中庸就是按常理办事，不走极端，因此可以包容他人的不同意见。但与古典自由主义者只强调消极自由不同，儒家肯定基于高尚道德准则对个人选择进行引导，"己欲立而立人，己欲达而达人"表达的就是这个意思。在勿施原则和达人原则之间取得平衡，是现代儒家必须做到的事情。我们在吸收现代权利理论的基础上阐发儒家对个人自决的态度，并将其原则表达为：在道义上勿施原则和达人原则具有同等的重要性，但是在制度上勿施原则优先于达人原则，即达人原则的建制以不违背勿施原则的建制为前提。

儒家的平等可以分成两个层面。首先，在个体比较层面，儒家肯定每个人具有平等地追求成圣的权利；其次，在政治层面，平等止于资质，即只有满足一定资质的人之间才能够平等地竞争政治地位。在这里，我们吸取了现代平等理论，从社会关系视角发展了儒家的平等观，得到一种关系平等，并初步勾勒出其平等原则的内涵。儒家的关系平等是由对称性规定的，它有两方面的对称性。第一个方面的对称性关系到个人作为一个整体是否受到公平的对待，它规范了关系平等的整体原则；第二个方面的对称性关系到构成人的诸元素是否实现了平等，它规范了关系平等的补偿原则。

总体而言，儒家对待自由主义有两种不同的态度：在个人层面，儒家与自由主义的各原则的重合度较高；在政治层面，儒家强调个体价值和选择必须服从于秩序，而个人间的平等只能是基于资质的平等。这种关系平等观念统一了中国人看似矛盾的两种特质：在私人生活中，中国人秉持的是个人主义；在政治生活中，中国人秉持的是集体主义。我们的工作进一步发展了儒家自由主义，将其明确阐述为一种基于秩序和资质的自由主义，并且证明，儒家自由主义不能化约为西方自由主义的那一部分，恰恰构成了中国文化得以存续的根基；而且，在处理由西方自由主义所引致的冲突性人际关系以及人与自然的失衡关系方面，孕育于儒家中庸思想中的和谐理念具有明显的优势。据此，儒家自由主义可以为人类走向和平共荣做出贡献。

第十四章
融入世界的姿态

在很大程度上,人类仍然生活在轴心时代思想家的阴影之下;时至今日,人类生活仍然围绕三大古文明所设定的问题展开,即人与自然的关系、人与人之间的关系、人的终极目标。尽管西方、东亚和印度三大文明早已不再独占其中的任何一个问题,但就精神实质和国民特质而言,三大文明仍然保留着各自偏重的问题的痕迹。西方人的求真、中国人的务实、印度人的淡然,都可以找到轴心时代的印记。这些特质,本应是一个完整的人所具备的。一个完整的人应该充满求知欲,勇于探索自然的法则、宇宙的奥秘、人性的真谛;但是,他还要适应世俗的生活,学会与其他人和平相处;最后,他必须接受生命的短暂以及在永恒的宇宙面前的渺小和痛苦,淡然对待自己有限的一生。今天的世界上,还没有完整的人。各个文明之间以及文明内部,还没有形成对这三个根本问题的一致认识。哲人们发明了无数的理论,或对立,或互补,当其中对立的理论付诸实施的时候,争斗乃至战争就不可避免。"这个世界会好吗?"梁漱溟先生晚年提出的这个问题会一直困扰世界,但这不应该成为阻止人类努力的羁绊。地球的生命是有限的，人类如果不想跟着地球一起毁灭的话，就必须不断在科技上取得进步，在地球毁灭之前离开地球。科技进步不可避免地把世界的每个角落连接在一起，"地球村"不再是一个想象的影像，而已然成为一个事实。在这种情况下，任何文明都不能独善其身，保持自己独有的特质；一个全球文明将是不可避免的结局。这个新生的全球文明将回答上述三个根本性问题，因而可以想见，它将吸收西方、东亚和印度三大文明的优势。

全球文明的形成当然是一个漫长的过程，但趋势却是明显的；作为中国人，我们应该以这个大趋势为方向来确定中国文化融入世界的姿态。按目前的可比价格计算，到21世纪中叶，中国的人均收入大概率将超过美国人均收入的一半，中国的经济总量将超过美国经济总量的2倍。[1] 中国注定将是此轮全球化的最大经济赢家，但全球化不可能仅仅存在于经济层面，而必将涉及社会、政治以及个人生活的方方面面。自1840年被迫打开国门之后，在与世界的交往过程中，中国一直没有摆脱汤因比的冲击-反应模式，原因在于我们处于经济和社会发展的双重弱势地位。今天，中国的经济规模已经位列世界第二，并极有可能在未来超越美国，成为世界第一。而且，越来越多的中国企业跻身世界500强，技术达到世界领先水平，我们因而可以更加从容地拥抱全球化。一方

---

[1] 按可比价格计算，2019年中国的人均收入是美国的27%，只要中国平均每年比美国增长快2.0个百分点，到2050年中国的人均收入就可以达到美国的一半，而中国的人口数量大约是美国的4倍，因此，中国的经济总量届时将是美国的2倍。美国的人均收入每年增长2%是一种常态，因此，中国的人均收入只要每年增长4%就可以了。中国的人均收入增长速度从2020年起匀速下降到2050年的2%（即收敛到美国的增长速度），每年的平均增长速度可以达到4.2%，超过赶超所需要的速度。

面，我们需要更加认真地对待其他文明所创造的人类价值；另一方面，我们需要认真思考，中国能够为世界贡献什么价值。马克思主义不是中国的原创，因而肯定不可能成为中国对世界的贡献；自由主义也是一样的。中国对世界的贡献，只能是从中国本土生发的东西。从轴心时代所确定的人类三大根本问题以及未来的世界文明的角度来看，中国能为世界做出显著贡献的，一定是中国处理人与人之间关系的经验和理论，而这正是儒家学说所擅长并且建树卓越的地方。儒家所推崇的道德观和政治哲学与其他文明的主张不同，但却直指完整的人和社会治理的要害之一，即人与人应该如何和平相处的问题，因此可以在未来的世界文明中占有重要的一席之地。事实上，儒家曾经走出国门，对欧洲特别是法国的启蒙运动思想家产生了实质性的影响。

儒家与西方的第一次相遇

西方对中国的实质性认识，起自到中国传播基督教的传教士。早在12世纪，西方传教士已经进入中国传教，但真正开始兴旺的时期是明末和清初。进入18世纪，中西贸易更加繁荣，中国的瓷器、丝绸和茶叶风靡欧洲上层社会，欧洲兴起了一股"中国热"。与此同时，传教士们把中国的文化、历史和哲学介绍到欧洲，让欧洲知识分子看到一个与西方不同的、建立在世俗原则之上且历史悠久的社会。18世纪是欧洲启蒙的世纪，而启蒙运动的重点是反对神权，创立理性在人类活动中的核心地位，而中国哲人们早在两千年前就基于世俗生活创立了一整套的道德体系和政治哲学，这不能不引起启蒙思想家们的注意。事实上，早于启蒙运动，莱布尼茨就已经开始关注中国。他特别赞赏中国天人合一的思想，并发现他所创立的二进制与《易经》里的卦象完全吻合。进入18世纪中叶，几乎所有欧洲大陆的重要启蒙思想家都开始关注中国。他们分成两派。一派对中国的道德哲学赞赏有加，对中国的开明帝制心向往之，如伏尔泰和魁奈；另一派则集中批评中国的专制制度，忽略中国哲学，如孟德斯鸠和狄德罗。双方对中国的认识都有很大的想象成分在里面，因而以今天的眼光来看，他们的争论已经没有多大意义。但是，就他们共同的目标——反对宗教专制、树立理性在人性中的核心地位——而言，中国的出现无疑是起到了推波助澜的作用。传教士们积极介绍儒家学说，在很大程度上是想向欧洲的王公贵族说明，中国能够接受基督教，从而获得继续支持他们在中国传教的资源，没有想到的是，这却让欧洲的启蒙思想家看到了一个历史悠久的世俗社会，而启蒙思想家之间的争论也强化了他们反对神权的决心。由此想来，这的确是一件颇具讽刺意味的事情。

基督教在欧洲以外的传播，与欧洲列强征服世界的步伐同步。在扩张的过程中，基督教奉行的一个原则是"不能混入低下的外国文化因素"，但是，当他们遇到中国这个先进文明之后，他们就不得不在接受什么和排斥什么之间做出选择。明末进入中国最有影响的基督教团体是耶稣会。以利玛窦为代表，耶稣会士选择了与中国文化妥协的传教方式。他们的传教目标锁定在中国的文人阶层。在明末，儒家的地位有所下降，儒释道的结合成为文人们追求的目标。耶稣会不能接受这种结合，因为这对基督教的权威构成挑战，"但他们确实利用了这种'求同'倾向，不过不是儒释道的融合，而是设法将基督教与儒学融合在一起。他们让基督教代替了佛教和道教的位置，创造一种基督教和儒学的综合体"[1]。儒学是在中国文人中间占据主导地位且是关于世俗生活的学说。"儒学在宗教层面的缺失，使它不用面对强烈的指责，而它对道德修养的重视与基督教对宗教力量的崇尚、对上帝一元论的信奉并无冲突。"[2]所以，耶稣会选择儒学作为自己在中国的同盟军是有道理的。

耶稣会士在欧洲对儒家的第一次较为完整的介绍是1687年出版的《中国哲学家孔子》。这本书里有一幅孔子的画像。"这幅肖像把孔子描述成在图书馆内的学术贤哲而非在庙宇中的神祇先知。这种描绘显示了耶稣会士是如何强调孔子理性的一面，这正是欧洲人推崇孔子的重要原因。"[3]欧洲的少数知识分子（如莱布尼茨）接受了新儒家（即宋明理学）的心性儒学，但多数知识分子对经典儒学以及中国借此而建立的世俗秩序更感兴趣。重农学派的代表魁奈和法国最重要的启蒙思想家伏尔泰是其中的代表人物。

重农学派是流行于18世纪中期法国的经济学派，主张发展农业，并基于农业建立自然法，以实现一个理想社会。传教士描述的中国符合这样的一个理想社会。"遥远的中华帝国成为许多法国改革家心目中的典范，而这种普遍的情感影响着经济学家，使他们更愿意去赞扬中国的经济制度和政治制度。"[4]魁奈是其中比较突出的一位。《中华帝国的专制制度》是他于1767年在重农学派刊

---

1 ［美］孟德卫：《1500—1800：中西方的伟大相遇》，江文君等译，新星出版社2007年版，第32页。

2 ［美］孟德卫：《1500—1800：中西方的伟大相遇》，第32页。

3 ［美］孟德卫：《1500—1800：中西方的伟大相遇》，第137页。

4 ［美］刘易斯·马弗里克：《中华帝国的专制制度·英译本绪论》，载［法］魁奈：《中华帝国的专制制度》，谈敏译，商务印书馆2018年版，第13页。

物《公民日志》上分四期发表的文章的结集。[1] 在前七章里，他引用传教士著述提供的材料，介绍了中国的历史、法律、政治制度、农业、税收、行政等方方面面的情况，其中不乏对中国的溢美之词。比如，他认为中国的皇帝是遵守法律的，法律鼓励和劝诫皇帝，而监察机构和高级官员也总是直率勇敢地劝谏皇帝。这显然与清朝的实际情况有很大的差距。但他正确地观察到，农业在中国具有高于商业和工业的地位，国家通过保护财产权鼓励农业的发展，而商业是在农业的基础上生发出来的。这符合他关于只有农业生产纯产品的理论。而且，他还观察到，中国对农业的税收是基于土地征收的，因而对租赁土地的农民有利，这也与他的重农主义思想一致。在最后一章（第八章）里，魁奈总结了中国的制度和他自己愿景里的自然法之间的关系，阐述了他关于国家和经济组织形式方面的主张，核心是国家应该按照自然法来进行治理。自然法由基本物质法则和基本道德法则构成，中国的制度是实施自然法的典范。"中国是有一个专制的帝王，但是他要按照自然法来实行统治，他本人也隶属于这个法则；如果他迈错了步，偏离了正确的道路，忠实的大臣们会立即向他指出来，结果是他得纠正自己的行为。"[2] 我们当然可以指出，魁奈的上述陈述不符合清朝的现实，但"要紧的一点，是魁奈与启蒙时代的一般哲学见

---

[1] 魁奈在原书的前言里对用"专制制度"（despotism）来描述中国做了说明。他使用的"专制君主"，是对君主、皇帝、国王等的总称。他并不认为中国的皇帝是独裁的。"中国的制度系建立于明智和确定不移的法律之上，皇帝执行这些法律，而他自己也审慎地遵守这些法律。" 这个判断与康乾时代的清朝有较大的距离，魁奈显然是受到传教士们对中国溢美之词的影响。

[2] ［美］刘易斯·马弗里克：《中华帝国的专制制度·英译本绪论》，载［法］魁奈：《中华帝国的专制制度》，第20页。

解有相同处，即认为国家的目的在于谋人民的'和平及幸福'。在中国，这样的政府几千年来为人民谋'和平及幸福'的事实，曾激发了伏尔泰和其他所有以开明专制为政治理想的同时代人的钦羡，其中包括魁奈在内"[1]。

从东西方文化交流的角度来看魁奈对中国的误读，可能更有意义。18世纪中叶的法国，帝制已经进入了风雨飘摇的时刻，改革成为上至君主、下至一般民众的共识。像魁奈和伏尔泰这样的启蒙思想家，他们反对宗教教条，但不反对君主制，而是希望对其进行改良，实现开明政治以及自由和繁荣的社会。传教士向他们介绍的中国，恰好为他们提供了一个世俗的开明君主制的模板。这个模板存在于儒家学说之中，这是中国第一次与西方发生实质性相遇的意义所在。

如果说魁奈对中国帝制的推崇是出于"托华喻欧"目的的话，那么伏尔泰对孔子的推崇则是发自内心的心灵共鸣。根据孟华教授的研究，伏尔泰对孔子的理解经历了三个阶段。[2]第一阶段是他于1745年写作《人类思想史新提纲》（简称《提纲》）的时候。在此之前，他在写作《论风俗》这部恢宏巨著的时候，已经注意到了解欧洲以外文明的重要性。在《提纲》里，他第一次提到了孔子，但是把孔子当作一个宗教圣人来对待的，这可能与他反对基督教、推崇自然神教有关系。但是，这个阶段很快就过去了，到1751年发表《路易十四时代》的时候，他对孔子的认识进入第二阶段。他不再视孔子为一个宗教教主，而视孔子为古代的一位贤哲。此后，他

---

[1] ［德］利奇温：《十八世纪中国与欧洲文化的接触》，朱杰勤译，商务印书馆1991年版，第94页。

[2] 孟华：《伏尔泰与孔子》，中国书籍出版社2016年版。

发表剧本《中国孤儿》，阐明中国士人简朴、明智、崇高的品格和中华文明的包容性。十多年后，他对孔子的认识进入第三阶段。他开始直接阅读儒家的经典，对孔子所确立的道德原则有了更深的认识。

启蒙运动的一大贡献是让道德脱离上帝，成为每个人心中自发的情感。伏尔泰写作《中国孤儿》这部悲剧的目的，是借中国之名告诉世人，人是可以被道德教化的，文明可以战胜野蛮。这个剧本是对《赵氏孤儿》的改写。后者是由耶稣会士翻译成法文的，但是译者删去了剧中的所有唱词（因为它们太难翻译了），而仅翻译了该剧中的宾白部分。伏尔泰认为该剧在美学上是粗俗的，但极为欣赏剧中所表现的教化和习俗所起到的积极作用。这促使他写出了《中国孤儿》这出悲剧。他把剧情发生的时间推进到蒙元初期，把屠岸贾换成了成吉思汗，把程婴等换成了南宋遗臣张惕和夫人伊达梅，把孤儿换成了南宋的皇子。推动剧情的也不再是程婴等对主公的忠诚，而是成吉思汗对伊达梅的向往以及张惕和伊达梅所表现的在强权下的不屈。在剧本的献辞里，伏尔泰这样说："《赵氏孤儿》是一篇宝贵的大作，它使人了解中国精神，有甚于人们对这个帝国所曾作和所将作的一切陈述。"[1] 这个"中国精神"就是儒家伦理道德，而剧中的主角就是实践这些道德的英雄，"他们重气节、讲情义、明大理，在祖国危难之时，不惜'杀身以成仁'"[2]。伏尔泰从不掩饰《中国孤儿》是为了在舞台上传授孔子的道德观，甚至设想在舞台上悬挂孔子像，把张惕设计为孔

---

[1] 孟华：《伏尔泰与孔子》，第151页。
[2] 孟华：《伏尔泰与孔子》，第152页。

门之后,让他以孔子的口吻说出孔子的道德主张。

伏尔泰对孔子的重视,在他晚年的著作里有了更深的反映。此时,他对孔子的认识已经接近孔子思想的精髓,在某些方面甚至超过了中国人自己的理解。比如,对于孔子"己所不欲,勿施于人"和"己欲立而立人,己欲达而达人"这样看似矛盾的表达,伏尔泰就有自己独到的观点。首先,他认为"己所不欲,勿施于人"不是简单地不应对他人做我们不愿他人对我们做的事情,而是在于防止恶,不对他人施加恶行。其次,对于自己认为正确的事情,我们就不应该回避,做到"己欲立而立人,己欲达而达人"。伏尔泰崇尚自然神论,认为人从自然神那里获得道德,美德是人的自然属性。既然如此,如果一个人发现了美德,就应该毫不犹豫地昭示给世人。孔子是一个有原则的人,当他认识到他的主张符合仁的时候,他就会毫不犹豫地把这个主张推出去,哪怕这样会得罪世人。这是一种积极的推行仁的态度,而伏尔泰在他的政治生活中正是秉持这种态度,从来没有停止为反对宗教专制而奔走呼号。

自18世纪末起,欧洲大陆的"中国热"开始降温,到19世纪,西方对中国的认识发生了180度的转弯:中国不再是田园诗般的国度,而是专制、落后甚至愚昧的国度。马戛尔尼使团带回的乾隆时期中国的真实情况对这个转变起到了一定的作用,但更为重要的是欧洲自身发生的变化。其一是法国大革命唤醒了第三等级,伏尔泰和魁奈所推崇的开明君主制的吸引力大为下降。其二是欧洲经济的大发展。一方面,过去由中国垄断的产品如瓷器、茶叶和丝绸,欧洲要么已经能够自己生产,要么可以从其他地方获得,欧洲对中国的依赖程度下降；[1]另一方面，大工业的兴起和成功让重农主义学说不攻自破，魁奈创立的国民经济学说被斯密的自由经济学说所替代，他所推崇的自然法以及在他心目中实施自然法的中国也"自然"地失去了吸引力。

今天的中国人不必为中国对欧洲曾经的影响沾沾自喜，也不必为19世纪以降欧洲对中国的轻视而愤懑不平。儒家与欧洲的第一次相遇给我们的启示应该是：既然儒家思想可以在推动欧洲现代化的进程中发挥积极作用，那么，我们今天就更应该在中国的现代化进程中回望儒家的智慧，并在此基础上构建我们自己的现代化叙事。从中国的角度来看，儒家与欧洲的第一次相遇是被动的；今天，我们应该采取主动的姿态，把儒家再次推向世界。

儒家能够为世界贡献什么？

在启蒙运动时期，儒家学说主要是以道德哲学的形态被引入欧洲的。今天以及未来一段时间里，儒家应该以什么样的姿态展现给世界？儒家学说形成于2500年前，汉代和宋明的发展也过去了

---

[1] 欧洲开始生产丝绸的时间比较早，拜占庭在6世纪就开始养蚕业，到7世纪，养蚕业传播到欧洲其他地方，但中国的丝绸出口直到鸦片战争的时候都很活跃。长久以来，茶叶一直是中国的特产。1763年，欧洲获得第一颗茶树，之后英国人多次试验在中国以外种植茶树，并最终于19世纪中期在印度和锡兰获得成功，英国不再依赖中国提供茶叶。欧洲学会生产瓷器比较早，但质量远不如中国本土生产的。1713年，德国迈森瓷厂烧制出高品质的白瓷，瓷器生产开始在欧洲普及开来；进入19世纪之后，中国对欧洲的瓷器出口几乎消失。欧洲对中国三大产品的依赖程度下降，除欧洲自身生产能力大幅度上升之外，另外一个很大的原因是欧洲从事海外贸易的商业资本衰退（如东印度公司的衰落），地位被从事工业的工业资本所取代。参见武斌：《文明的力量：中华文明的世界影响力》，广东人民出版社2019年版。

很长时间，许多具体内容受当时的历史条件所限，到今天已经不再具有意义。在当代重新讲儒家，回到原原本本的儒家不是正确的打开方式，而是应该从儒家经典出发，发现儒家在今天的价值。当代世界的主流价值观是从西方生发出来的，如我们在第二章和第三章所阐述的，它是经由一系列残酷的斗争演化而成的。西方的文明进路是在斗争中寻找均衡，但这个进路越来越不适应今天走向多元和多极的世界。今天的世界需要更多的包容，而不是争斗和征服；今天的世界也需要建立新的全球秩序，以避免无谓的混乱和不可治理性。儒家学说恰好在这些方面可以为世界提供新的思路。

具体而言，儒家学说能够在四个方面为世界提供新的东西。

第一个方面是在认识论层面，儒家信奉一种积极的现实主义态度，相比于占据西方主流的建构主义态度，这种态度更有利于我们认识世界的本质，并找到解决问题的可行路径。本书立论的起点是儒家的人性论。当代的西方价值观是建构的产物，它起始于"人性为己"的假设。无论是霍布斯"人性恶"的假设，还是洛克的"人生而自由"的假设，抑或当代"无知之幕"的假设，归根结底是"人性为己"的假设的变种。因为人只为自己而生，所以，在没有国家权威的情况下，一个社会总会产生不适之处，重者如霍布斯的"丛林法则"的残酷性，轻者如洛克的自然法的瑕疵。为避免这些不适之处，人们自愿放弃一些自然权利，组成政府，并对政府施加约束，由此产生了责任政府以及支撑它的自由主义原则。这背后的支撑力量，是自然状态种种不适所产生的威胁：如果我们不遵守自由主义原则，那么我们就会受到自然状态的悲惨遭遇的惩罚。由此，我们可以把自由主义以及保护它的自由主义政府看作是一个"恐惧支撑下的均衡"。在很大程度上，这样的一个均衡是稳定的，因为自然状态的惩罚本身就是一个均衡，换言之，惩罚本身是可信的。然而，细想一下，我们难免会觉得这样的均衡过于赤裸裸，抽掉了人类文明的许多成就，矮化了个人的道德水准。儒家的人性论不是建构的，而是基于对人的现实观察。人性是多样的、流变的和可塑的，这个结论与生物学家对灵长目动物的观察一致，也与我们的日常经验以及一系列的科学实验与发现一致。人是动物界的一部分，因而具有动物的一些本能；但是，人更具有社会性的一面，我们的家庭、社区、文化等因素作用于我们，而我们每个人的努力程度也有所不同，因而我们变成了多样的。正因为此，人类社会才变得如此丰富多彩。儒家人性论因此比西方的单一人性论更接近现实，也更能够给世界一个一以贯之的解释。

那为什么说儒家的现实主义是"积极的"呢？这里有两个含义。其一，"积极的"包含"勇敢"的意思。人性是参差不齐的，因而在社会层面人性是不完美的。儒家人性论勇于承认这种不完美，而不是躲避，因此是积极的。其二，在承认人性不完美的基础上，儒家可以建构更加具有现实可操作性的政治哲学和政治形态，在这个意义上，它也是积极的。自由主义及其政治形态是建立在恐怖惩罚的基础之上的，儒家的政治哲学和政治形态则是建立在由"己欲立而立人，己欲达而达人"观念推动的演化过程之上的。日常观察和科学实验告诉我们，我们当中存在一些更关心公共福祉的人物，他们愿意扮演罗宾汉式的角色，在人群中扬善惩恶，感化他人。演化理论则告诉我们，如果这样的人物起初达到一定的比例的话，那么社会中的大多数人最终也会变得和他们一样。

这就引出了儒家第二个方面的贡献，即道德观层面的贡献。西方文化强调人的进取心，这是其好的一面。但凡事都有两面性。

西方进取的人生态度反映在政治层面就是不断地索取——从国家索取、从其他人手里索取，其危害已经由今天盛行于欧美的民粹主义政治暴露无遗。儒家道德观的核心是自我克制和自我完善，这构成了东亚人性格中最显著的底色。面对利益分配的时候，东亚人不会像西方人那样冲上去，而是尽量表现出克制和谦让。这不是说东亚人没有自私的基因，而是说，相较而言，东亚人比西方人更能够克制自己的欲望（显然，这种差异不是生物意义上的，而是家庭和社会教化的结果，再次证明儒家人性论的准确性）。不仅如此，儒家还强调自我完善的重要性，随之而来的是社会的等差结构以及附着其上的资质要求。每个孩子从小接受的家庭教育是："如果你不……将来就不能……"未来的成就取决于你今天的努力，而不是你的天资或"我不比别人差"的信念。今天的西方教育恰恰相反，以为仅凭"我不比别人差"的信念就可以让孩子成为人才。吊诡的是，西方文明强调个人主义，但却发展出福利社会，国家成为一个人生老病死的依托，而在所谓的强调集体主义的东亚，国家提供的福利却没有西方国家多。原因在于，集体主义在东亚社会并没有我们想象的那样强大，它只是国民希冀国家来提供秩序的表象；实质上，东亚社会更看重个人的努力，更不依赖国家来保证个体的福祉。福利社会已经让西方各国疲惫不堪，民粹主义更是火上浇油，而儒家的道德观可以成为西方福利社会的一剂解药。

与此相关，我们可以更加清楚地认识美国金融资本主义所带来的问题。美国拥有强大的金融体系，它创造了许多效率极高的金融工具，促进了美国乃至世界的创新活动。这是美国金融资本主义的优势。但是，凡事都有两面性。美国金融资本主义的问题是，金融天生具有不稳定性，很难避免过度投机，且极容易被市场情绪所左右，因而会给经济带来不必要的动荡，2008年的全球金融危机就是一个明证。能否找到一个中间地段，既发挥金融的高效功能，同时又避免金融的不稳定性呢？就美国所奉行的极端个人主义而言，答案是"很难"，因为只要极端个人主义还存在，就不能阻挡投机者无节制的投机活动。美国制造业的就业率不到其全部就业率的十分之一，原因之一是金融资本不愿意投资回报率较低但有利于普通人就业的中间产业。奥巴马曾经公开地说，华尔街的贪婪导致了金融危机。但是，单单责怪华尔街是不公允的；事实是，美国的制度就是鼓励贪婪，鼓励快速致富，而不是踏踏实实地做好实业。儒家秉持中庸之道，从制度层面开始就防止极端化出现。所以，在构建更加稳定的经济结构方面，儒家的道德观也是有所裨益的。

儒家对世界第三个方面的贡献是贤能主义。在经济领域，贤能主义和亚里士多德的比例原则是一致的，相信多劳多得。马科维茨试图在《贤能主义陷阱》里告诉我们，美国的贤能主义过度了，已经是造成美国分裂的罪魁祸首。然而，仔细想一下就会发现，这个判断是错误的。美国的问题不是贤能主义过度，而恰恰是丧失了贤能主义。美国的金融资本主义是这方面的罪魁祸首。一个物理学家如果有幸进入金融业，那么他的收入至少会翻番。这不是因为突然间他的知识和技能突飞猛进，也不是因为他的工作强度超过做物理研究时的两倍以上，而纯粹是因为金融业的性质使然。对这位物理学家个人来说，他进入金融业的额外收入完全是"天上掉馅饼"，与他的努力或技能没有关系，因而不符合贤能主义的比例原则。马科维茨试图论证，华尔街具有超高的吸引力，但绝大多数人进不了华尔街，因此感到绝望，而华尔街的精英们又有被追赶的压力，因此始终生活在巨大的压力之下。但是，不是所有人都想进华尔街，社会也不只需要金融人才；美国的问题是没有给这样的人提供足够的激励，而不是激励过头了。贤能主义不是单就给定的经济制度下个体所得而言说的，而是关乎经济制度本身，它要求一个国家按照贤能原则来设计经济制度。

贤能主义与发达国家的福利社会安排之间的关系需要更加细致的讨论。总体而言，贤能主义不鼓励不劳而获，因此反对过于慷慨的福利主义，但这不意味着贤能主义反对所有社会福利，因为适当的福利不仅不会养懒人，而且会给予个人努力付出的动力。想象一个卧床不起的病人，或者一个失业的工程师，抑或一个破产的小工厂主，如果国家不给他们任何救济，让他们渡过难关，他们以及他们的家人就可能陷入较长时间的困顿，他们纵有十分的才华，也不可能得到十分之一的发挥。在一个能够保障个人免于疾病、饥饿和失业等风险袭扰的社会，人们没有后顾之忧，因此可以尽情地发挥他们的潜能。从这个意义上说，追求平等具有激励作用。贤能主义的核心是奖励个人的才能和努力；如果社会可以消除个人发挥潜能的障碍，鼓励个人努力付出，贤能主义一定会欢迎的。

在政治领域，儒家贤能主义的意义更加显著。从第二章和第三章的回顾可以看到，现代民主政治的一大缺陷是夸大了民众在政治决策中的作用，同时贬低了政治家和官员在政治决策中的作用。和民主政治一样，儒家政治肯定人民主权，但在实施方式方面，儒家的建议与民主政治不同。在民主政治下，议会是立法的主动承担者，政府派生于议会，在原则上只是议会决策的执行者。当前，许多国家更进一步，采取全民公投的方式决定大政方针，如英国的"脱欧"行动。在儒家政治下，人民主权体现在主权机构对中央机构的决策的审议和同意权上；换言之，中央机构的行动是主动的，而主权机构的行动是被动的。我们不想把这种安排强推给民主制度，但是，在儒家政治对于民众在政治决策中所扮演的角色持谨慎态度这一点上，我们认为民主制度可以借鉴和吸收。完全平等的政治参与具有非常高的道德感召力，但是，过分强调道德会让一个社会进入虚幻的乌托邦，成为不可治理之邦。可惜，当今的西方社会已经走上了"民主斜坡"，政治人物即便心知肚明，也没有人敢站出来告诉国民"民主已经过头了"。实际上，自20世纪60年代开始，政治家的地位在西方社会就直线下降；时至今日，西方已经没有statesman（政治家），而只剩下politician（政客）了。政客把政治看作一种职业，而政治家把政治看作一种事业。前者只需要一些技能，而后者却需要眼界和领袖风采。把政治家贬为政客，实现了政治家和民众形式上的平等，但留下了两个后遗症：一是剥夺了政治家引领国家的权利，让他们成为民意的傀儡，给民粹主义创造了空间；二是降低了政治家的门槛，给投机政客可乘之机。时下的民主国家，经常会出现政治素人成为国家领导人的事情，如美国的特朗普、乌克兰的泽连斯基，给人的印象是，只要能够迎合民意，什么人都可以成为国家最高领导人。然而，明眼人都明白，这背后正表达了民众对政府和官员的不屑。在这样的情绪下，我们还能够期待优良政治吗？

  在这个背景之下，儒家学说重新登上世界舞台具有重要的意义。民主政治要想从内部找到改造的突破口是困难的，儒家作为一种外在于民主政治的学说，或许能够起到更大的作用。它可以成为民主政治的一面镜子，让身处民主政治的人们更清楚地认识民主的缺陷，并找到弥补这些缺陷的办法。

  但是，儒家政治不必成为民主政治的对立面；相反，儒家学说能够强化民主政治自由的一面。这就是儒家对世界的第四个方面的贡献。如我们在本书中反复强调的，儒家学说虽然拒绝抽象的平等，但却和自由主义的个人价值和个人自决原则有许多相通之处。具体到现实政治，儒家在两个层面上强化自由主义政治价值。在基本层面上，儒家与政治自由主义是相通的。政治自由主义是在认识到其他人的价值体系具有和自己的价值体系一样的重要性时，每个理性的人所采取的行动原则，其核心与"己所不欲，勿施于人"是一致的。政治自由主义的潜台词是，每个人的价值体系都是同等重要的，而"己所不欲，勿施于人"为它建立了一个从自我出发的逻辑，即："我所秉持的价值体系对于我来说是正确且必要的，我不想改变我的价值体系；由此推及他人，我也不会去改变他人的价值体系。"但是，儒家如果只停留在这一步，就会陷入和政治自由主义一样的"什么都可以"的泥淖；儒家还有超越政治自由主义的一面，就是在提倡"己所不欲，勿施于人"的同时，也提倡"己欲立而立人，己欲达而达人"。如伏尔泰所理解的，后者意味着一个人应该坚守自己认准的道德信念，并毫不犹豫地展示给他人，说服他们也采取同样的信念。儒家接纳他人，但坚持自己的原则。在这一点上，儒家接近罗尔斯在《正义论》里所表达的自由主义，即自由主义是一种全面的价值体系，而不仅仅是为实现和平相处而采取的策略。

  投射到现实中，儒家采取的态度就是中庸之道，和为贵。这一点对于国际关系更加重要。不同的国家拥有不同的历史、不同的文化、不同的制度，需要得到国际社会的尊重；但是，不同的国家也拥有一些共同的价值，违背这些价值的国家必须采取改正措施。尊重和改正的界限划在哪里，是一件需要在全世界范围内认真讨论的事情。当前的危险在于，西方国家利用自己在过去三百年里建立的经济和军事优势地位,在全世界推行自己的价值观,根本不顾及他国的国情和历史文化。从世界上最强大的国家美国传出的声音,要么是"硬实力",要么是"软实力",或者是"巧实力",总之是离不开"实力"二字,一副要以实力制人的架势。这还是西方"从斗争中寻求均衡"的思想在作祟。作为这种思想的制衡力量,儒家"和"的概念可以在国际关系中扮演重要角色。"和"意味着出发点不是让别的国家服气,甚或用武力打垮它们,而是寻求和平相处的解决之道。由此而生发的解决国际冲突的最主要机制是对话,而不是立即诉诸制裁或武力。当然,一个真正的儒家也会坚守自己的原则,在事关国际共同价值的领域,不会放弃对这些价值的维护。

打开新叙事的篇章

把儒家学说推向世界,需要国内做相应的改变,严肃地对待儒家学说。道理其实很简单:如果儒家学说在国内得不到应有的承认,那么我们凭什么要求国外接受儒家学说?那么,儒家学说能否成为国家意识形态的一部分呢?蒋庆处于一个极端,要求国家把儒家学说变成国教;更多的儒家学者持谨慎的态度,认为儒家学说可以部分参与国家意识形态的形成;还有一些学者认为,儒家只能作为一种学说参与思想领域的讨论。在最后这类学者当中,任剑涛的观点最具代表性。他认为,儒家已经从"经"变成了"经典",即从一个主导意识形态变成了一种学问研究的对象。他给出了两条理由:一条是马克思主义是执政党坚持的意识形态,没有给儒家学说留出空间;另一条是,"在现代处境中,国家中立性成为国家的一个基本特征,没有一种思想能够力拔头筹、力排众议,与国家权力全面结合,成为国家意识形态"[1]。第二条理由混淆了两个层面的问题。在一个层面,一个获得正当性的政权相对于社会应该是中立的,允许不同意见的交锋。正如在自由主义民主之下可以有人谈论社会主义一样,在儒家政治之下也可以有人谈论自由主义民主。即使是在当今的中国,谈论自由主义民主的渠道也是畅通的。任剑涛的第二条理由在这个层面上是正确的。但是,正如我们在第一章里所论述的,一个政权的正当性不仅依赖于它的表现,而且依赖于它所立足的政治哲学。换言之,国家相对于社会的中立性并不代表国家本身不应该建立在一种意识形态之上。在这个层面上,儒家学说可以为当代中国体制提供一种政治哲学。任剑涛忽视了儒家学说在这个层面上的作用。真正具有挑战性的,是任剑涛提出的第一条理由,这条理由逼迫虔诚的儒家学者回答下面的问题:在马克思主义的框架下,儒家能否登堂入室,成为国家意识形态的一部分?

事实上,这个问题也是困扰党的理论界的一个重大问题。党已经意识到儒家学说在党的实践和对外宣传中的重要性,在海外设立众多的孔子学院就是一个例子。在理论方面,党的取向是马克思主义的中国化,但是,这个工作如何展开,党的上下并没有形成一致的意见。马克思主义是一种革命的理论,目标是实现无产阶级对资产阶级的胜利,并最终实现无阶级差别的共产主义。在社会主义改造时代,党在马克思主义中国化方面取得了很大的成就。比如,按照马克思的设想,社会主义革命只能在高度发达的资本主义社会发生,但现实中社会主义革命却是在欧洲最落后的国家之一俄国率先发生的。孟捷通过重新解读毛泽东在《矛盾论》里对上层建筑和

---

[1] 任剑涛:《当经成为经典:现代儒学的型变》,社会科学文献出版社2018年版,第387页。

生产力之间关系的论述，展示了马克思主义中国化的一个范例。列宁在苏维埃政权建立之初，提出了两个问题，一个是马克思理论的普遍性和各国情况特殊性之间的关系，另一个是改变上层建筑能否促进生产力发展。第二个问题直指马克思历史唯物主义的核心命题：生产力决定生产关系，经济基础决定上层建筑。毛泽东在《矛盾论》里对这个命题进行了更正。"毛泽东提出，当不变革生产关系、不变革上层建筑，我们就不能发展生产力的时候，变革上层建筑就是矛盾的主要方面，或者说变革生产关系就成为矛盾的主要方面。"[1]中国共产党夺取政权，是对上层建筑的变革，而之后实施的一系列社会主义改造，是对生产关系的变革。如第十二章所述，这些变革以及由此而产生的人力资本和物质资本方面的积累，为改革开放之后中国经济的腾飞奠定了基础。然而，夺取政权和社会主义改造都是"破"的过程，而党在今天的任务不再是"破"，而是"立"。

马克思主义不能完全描述党在改革开放之后的实践。如第十二章所述，改革开放的成功首先要归因于邓小平带领党回归中国的务实主义传统，摒弃了阶级斗争理论，把党的工作重心转移到经济建设上来。在此基础上，改革摒弃了计划经济体制，建立了市场经济体制，党本身也经由"三个代表"重要思想开启了从革命党向宪制党的转变。马克思主义理论博大精深，但落实到现实层面，核心就是阶级斗争，而儒家思想无论是在理论还是在实践层面，核心都是"和"，两者很难相容。党需要另辟蹊径，找到既能够给予当代中国体制正当性，也与党在当代的实践保持一致的新叙事。我们

---

[1] 孟捷：《使命型政党与中国特色社会主义道路》，2024年3月8号，见 http://www.cpeer.cn/40ren/4646.html。

坚信，儒家学说必定在新叙事中占有重要的一席之地。

阻碍新叙事的一个羁绊是，民主叙事误导着中国的主流叙事。"民主是个好东西"，似乎是一个不证自明的命题。然而，说出这样一个命题，带有明显的向西方示好的含义：看呢，我们也认为民主好啊！然而，当代中国体制显然和西式民主有很大的差别，因此建立新叙事的起点是放弃民主叙事，消弭理论和现实之间的距离。

建立新叙事接下来要做的，是为当代中国体制找到足以奠定其正当性的政治哲学。本书就是这样的一种努力，概言之，我们推荐的新叙事的框架是这样的：

人性是多样和可塑的，因而国家的政治结构应该具有层级，个人的资质是进入不同层级的条件。中国共产党由公民中的优秀分子组成，构成国家的中央机构，职责是选拔人才、提供立法思想以及制定大政方针。国家的主权归人民代表大会，它的职责是对党提名的人选和给出的政策建议做出裁决，并将党的立法思想转变为正式法律。政府向人民代表大会负责，其成员由党来选拔，人民代表大会批准。人民政治协商会议对党和政府发挥协商民主和建言资政的作用。国家保护个人自由，鼓励个人资质的发展，并在资质的基础上给予每个人参与政治的平等权利。这是一个混合体制，足以保证个人自由以及经济和社会繁荣，实现良治。

一个国家要实现长治久安，就必须采纳与本国普通民众的文化心理相契合的治理模式。儒家学说无疑占据了中国民众文化心理最显著的位置。中国人崇尚务实精神和个体的完善，认可贤能对于官员品质的重要性，希望政府采取积极的姿态改善民生。本书所讨论的儒家政治契合了这样的国民心理，因此或可以作为中国共产党体制创造新叙事的模板。